systematic theology

조직신학개론

한국장로교출판사

† systematic theology
# 조직신학개론

초판인쇄	2019년 2월 18일
초판발행	2019년 2월 28일
기획 · 편집	대한예수교장로회총회신학교육부
편 집 인	대한예수교장로회총회교육자원부
	총무 김치성
펴 낸 이	채형욱
펴 낸 곳	한국장로교출판사
주 소	03129 / 서울특별시 종로구 대학로 19, 409호(연지동, 한국기독교회관)
전 화	(02) 741-4381 / 팩스 (02) 741-7886
영 업 국	(031) 944-4340 / 팩스 (031) 944-2623
등 록	No. 1-84(1951. 8. 3.)

ISBN 978-89-398-4347-9 / Printed in Korea
값 16,000원

편 집 장 정현선
교정·교열 이슬기, 김효진, 김지웅 **표지·본문디자인** 남충우
업무부장 박호애 **영업부장** 박창원

※ 이 출판물은 저작권법에 의해 보호를 받는 저작물이므로 무단전재와 무단복제를 할 수 없습니다.

머리말

총회신학교육부가 총회 산하 7개 신학대학교 학생들을 위해 「조직신학개론」을 출간하게 된 것을 기쁘게 생각하며 하나님께 감사드린다.

제101회기 총회신학교육부(부장 박웅섭 목사, 서기 서은성 목사, 회계 김동석 장로)는 특별위원회로 교단신학연구위원회(위원장 황명환 목사, 서기 정경호 목사)를 조직하고, 본 교단 산하 7개 신학대학교의 목회자 양성에 필요한 공통 개론서를 개발하여 교단의 분명한 교리와 신학을 가르치고, 한국 교회에 필요한 목회자를 배출해야 함을 논의하게 되었다. 이를 위해 7개 신학대학교 총장님들과 신대원장님들과의 협의를 거쳐 하나의 신학대학원을 위한 기초과목 중 조직신학개론서를 우선 펴내기로 하였다. 이어 제102회기 총회신학교육부(부장 서은성 목사, 서기 박석진 목사, 회계 진유신 장로)는 교단신학연구위원회(위원장 박남석 목사, 황규창 목사)를 새롭게 조직하여 이 사업을 연속성을 가지고 진행하였으며, 공통기초과목교재 조직신학분야 집필위원회와 연석회의를 열어 서명, 집필방향, 추가집필위원과 감수위원 선정, 출판 일정 등을 논의하였다. 집필위원들은 각 학교의 바쁜 일정과 수업을 소화하시면서도 귀한 원고를 집필해 주셨고, 함께 윤독과 귀견을 나누며 하나의 책으로 엮어 내게 되었다. 제103회기 총회신학교육부(부장 박석진 목사, 서기 김진국 목사, 회계 김창만 장로)는 이 책이 무사히 출판될 수 있도록 집필위원회의 존속을 허락하였으며 오늘에 이르게 된 것이다.

부디 본 교재가 교단 산하 7개 신학대학원 조직신학개론 수업과 이와 관련된 수업에 주요 교재로 사용되길 바란다. 또한 배움의 장에 있는 학생들이 이 책을 탐독하면서 장로교단의 신학이 무엇인지를 분명하게 숙지하고, 무엇보다 하나의 신학대학원생이라는 연대감을 얻는 장이 되길 소망한다.

바쁘신 가운데서도 옥고를 집필해 주신 이명웅 교수, 박형국 교수, 박만 교수, 황민효 교수, 김명용 교수, 윤철호 교수, 최윤배 교수, 김형근 교수, 최태영 교수님께 감사드리고, 감수해 주신 황승룡 전 총장님께 감사드린다. 또한 편집을 위해 수고한 김지연 목사와, 한국장로교출판사 직원 여러분께도 깊은 감사를 드린다.

2019년 2월 28일
김치성 목사
(대한예수교장로회총회 교육자원부·신학교육부 총무)

차 례

1장	서론	이명웅 교수	/ 6
2장	계시론	박형국 교수	/ 30
3장	신론	박 만 교수	/ 60
4장	그리스도론	황민효 교수	/ 98
5장	성령론	김명용 교수	/ 136
6장	인간론	윤철호 교수	/ 167
7장	교회론	최윤배 교수	/ 197
8장	구원론	김형근 교수	/ 239
9장	종말론	최태영 교수	/ 283

1장

서 론

이명웅(서울장신대학교)

1. 하나님 지식과 예배

제1 스코틀랜드 신조는 교회를 "하나님에 의해 선택되어 그리스도에 대한 참된 믿음 안에서 하나님을 올바르게 예배하고 하나님과 관계하는 사람들의 공동체"로 정의한다.[1] 믿음의 요소는 지식(notitia)과 의탁(fiducia)이므로, 이 정의에 따르면 교회는 그리스도에 대한 지식과 의탁 안에서, 참 하나님을, 그의 뜻에 맞게, 예배할 능력을 가진 공동체이며, 그 예배를 실천하는 공동체이다. 따라서 지상에 존재하는 그리스도의 몸으로서의 교회는 하나님을 올바르게 예배하도록 부름받은 인간의 공동체로서, 하나이며, 거룩하

---

1) *Confessio Fidei Scoticana* I(Art. XVI De Ecclesia), "…… unus coetus et multitudo hominum a Deo electorum, qui recte ac pie Deum venerantur et amplectuntur per veram fidem in Jesum Christum ……."

다. 나아가서 제2 스위스 신조의 천명대로 "하나님께서 태초부터 구원하기로 작정하셔서 진리의 지식에 이르게 하신 성도의 공동체는 과거에도 있었고 지금도 있고 세상 끝 날까지 있을 것이므로"[2], 교회는 시간적인 면에서나 공간적인 면에서 국지적이지 않고 보편적이다. 그리고 교회가 가진 이 진리의 지식은 선지자들과 사도들에 의해서 보존되고 전달된 것이므로 사도적이다. 니케아-콘스탄티노플 신조가 말하는 바 "하나이며, 거룩하며, 보편적이며, 사도적인 교회"는 그가 가진 진리의 지식과 그것으로부터 나오는 참된 예배를 통해서 하나 됨과 거룩함과 보편성과 사도성을 소유한다. 즉, 하나이며 거룩하며 보편적이며 사도적인 교회는 "그리스도 안에서 참 하나님을, 참되게 알고 올바르게 예배하여 섬기는, 성도들의 공동체"[3]로서 지상에 존재하는 그리스도의 몸이다. 교회는 참 신앙을 소유한 공동체이며, 하나님의 뜻을 알고 그 뜻에 따라 하나님을 예배하는 공동체로서 세상 끝 날까지 존재한다.[4] 하이델베르크 요리문답은 "이름이 거룩히 여김을 받으시오며"가 의미하는 것이 먼저 하나님을 바르게 아는 것이며, 거기에 따라 하나님을 영화롭게 하며 칭송하는 것이라고 설명한다.[5]

개혁교회 신조들에 의하면, 교회는 하나님에 대한 참된 신앙 안에서 하나님에 대한 지식을 가진 공동체이고, 그에 따라 하나님께서 의도하시는 대

---

[2] *Confessio Helvetica Posterior*, Caput XXI De Catholica et Sancta Dei Ecclesia, et Unico Capite Ecclesiae, "Quando autem Deus ab initio salvos voluit fieri homines, et ad agnitionem veritatis venire, oportet omnino semper fuisse, nunc esse. et ad finem usque seculi futuram esse Ecclesiam ……."
[3] ibid, "…… e mundo evocatum vel collectum coetum fidelium, sanctorum, inquam, omnium communionem, eorum videlicet, qui Deum verum, in Christo Servatore, per verbum et Spiritum Sanctum vere cognoscunt et rite colunt ……."
[4] *Confessio Fidei Westmonasteriensis* Caput XXV De Ecclesia Ⅱ. "Ecclesia visibilis ex iis omnibus constat, undecunque terrarum sint, qui veram religionem profitientur ……." V. "…… nihilominus tamen nunquam deerit in terris Ecclesia, quae Deum colat secundum ipsius voluntatem."
[5] 「하이델베르크요리문답」 Q. 122, "hallowed be thy name" ; ① to know thee rightly, ② to hallow, glorify and praise thee.

로, 그의 뜻대로, 하나님을 예배하는 공동체이며, 그 점에서 하나이며, 거룩하며, 보편적이며, 사도적이다. 즉, 교회는 하나님을 참되게 예배하는 공동체이며, 이 참된 예배의 능력은 그가 가진 하나님 지식으로부터 나온다. 칼빈의 말대로 교회가 가진 하나님 지식이 하나님을 올바로 예배하게 한다.[6]

믿음(fides)은 지식(notitia)과 그것으로부터 나오는 의탁(fiducia)이다. 성경은 믿음이 특별한 지식을 가지는 것임을 반복적으로 증언한다.[7] 벌코프(L. Berkhof)는 구원에 이르게 하는 믿음(saving faith)은 반드시 지식을 포함하며, 따라서 교회는 교인들이 이 진리를 명확하게 이해하도록 해야 하는데, 이것은 특히 현대 교회가 회복해야 할 과제임을 지적한다. 칼빈(J. Calvin)의 말처럼, 신앙은 먼저 "우리를 향한 하나님의 뜻을 아는 것, 즉 하나님의 뜻의 인식이고 지식"이다. 머레이(J. Murray) 역시 의탁으로서의 신앙의 논리적 전제가 지식임을 말하는데, 이것은 어떤 대상에 우리 자신을 의탁하는 것이 결정적으로 중요한 일이 될 경우에, 예를 들어 구원의 문제에서, 더욱 그러하다고 말한다. 즉, 믿음은 무엇보다도 먼저 유일하신 하나님인 삼위일체 하나님에 관한 지식이다. 삼위일체 하나님의 존재와 활동에 관한 지식이, 신앙 공동체로서의 교회가 세상과 구별되게 가지는 특별한 은혜의 선물이다. 교회가 가진 이 지식에 대한 봉사가 신학이며, 이 지식이 교회를 인간이 고안한 "종교적" 공동체로부터 분리시키는 교회적 정체성의 근간이 된다. 이 사실은 벌코프가 강조하는 대로, 오늘의 시대에 더욱 중요한 의의를 가진다. 왜냐하면 현대의 "교회"는, 웰스(D. F. Wells)와 브레이(G. Bray)[8]의

---

6) Calvin, *Institutes* 1559(tr. F. T. Battles), Westminster, 1960, p. 367
7) 딤전 2 : 4 "하나님은 모든 사람이 구원을 받으며 진리를 아는데에 이르기를 원하시느니라", 딛 1 : 1 "믿음과 경건함에 속한 진리의 지식", 벧후 3 : 18 "예수그리스도의 은혜와 그를 아는 지식에서 자라가라", 골 1 : 10 "하나님을 아는 것에 자라게 하시고", 딤후 3 : 7 "진리의 지식" 등
8) D. F. Wells, *No Place for Truth*, Eerdmans, 1994 G. Bray, *Creeds, Councils and Christ*, Mentor, 1984, chap. 1.

지적처럼, 하나님에 관한 이 절대적 지식과 무관히 존재할 수 있다는 신념에 정초해 있으며, "신학"은 묵시적으로나 명시적으로[9] 더 이상 하나님에 관한 지식이 아닌 어떤 다른 것으로—예를 들어 문화인류학적 공상이나 삶의 기술(ars vitae) 등으로—환원된 것처럼 보이기 때문이다.

칼빈은 「기독교강요」를, 1536년의 초판에서 1559년의 최종판에 이르기까지, 하나님과 인간에 관한 지식에 대한 논의로부터 시작한다. 왜냐하면 하나님에 관한 지식(Cognitio Dei)과 참된 성도의 삶(Pietas et Religio)은 하나이기 때문이다. 성경은 이 지식을 "경건함에 속한 진리의 지식"(딛 1:1)으로 표현하는데, 하나님에 관한 지식은 초월적 신성에 관한 사변의 전개가 아니라 하나님에 대한 사랑과 경외로 우리를 인도하기 때문이다.[10] 하나님의 지극히 높으심에 관한 지식과 인간의 지극히 낮음에 관한 지식은 하나님을 향한 참된 경건을 일으키기 때문이다. 달리 말하면, 인간이 고안한 인간의 자기 높임의 행위가 아닌, 하나님께 합당한 영광을 오직 하나님께 돌리는 것으로서의 예배, 즉 "경건과 참 예배"(Pietas et Religio)는 하나님에 관한 지식과 인간에 관한 지식을 반드시 전제하며, 이것이 없을 때 "예배"는 참 예배가 아닌 우상숭배의 행위가 될 수밖에 없다. 이 지식이 없을 때 인간은 로마서가 탄식하듯이 하나님의 자리에 하나님 아닌 다른 것 예를 들어 인간 자신을 올려놓을 수밖에 없다. 즉, 참 예배의 형식은 오직 하나님 자신에 의해서만 결정되며, 따라서 하나님 지식의 부재는 필연적으로 참 예배의 부재를 함의한다.[11] 이런 점에서 루터에게 있어서 로마 천주교회의 타락은 로마서 1:17의 진리를 방해한 것에 있는 데 반해서, 칼빈은 로마서 1:18 이하의

---

9) 토란스가 러셀이나 도킨스의 노골적 무신론이 교회의 존립에 대한 차라리 깨끗한 반대라고 하듯이, 신학은 인간학일 뿐이라는 명시적 주장이 차라리 신학에 대한 깨끗한 반대라고 할 수 있다.
10) *Institutes* 1559 I. ii, 1.
11) M. Watts, *What Is a Reformed Church?* Reformed Heritage, 2011, p. 49.

진리를 무효화한 것을, 즉 하나님에 관한 지식이 가장 명증적인데도 불구하고 그것을 왜곡하여 하나님 아닌 것을 하나님의 자리에 올리는 행위를 로마천주교회의 타락으로 보았다는 배틀즈(F. L. Battles)의 주장은 타당하다.[12]

칼빈은 교회가 실천하는 참된 예배와 분리된 하나님에 관한 지식이 불가능한 것과 마찬가지로 하나님에 관한 참된 지식과 분리된 참 예배는 불가능함을 강조한다.[13] 참 예배는 오직 하나님에 관한 지식으로부터—그의 영광과 은혜에 대한 지식으로부터—발생하는데, 교회는 이 점에서 참 예배의 공동체이며 참 지식의 공동체이다. 따라서 「기독교강요」 제3권에서 칼빈은 신앙을 먼저 지식으로 정의한다.[14] 그리고 이 지식의 본질적 특징은 하나님에 대한 인간의 올바른 태도로서의 경건을 갖게 하는 것이다.

칼빈에 의하면, 하나님에 관한 참된 지식은 언제나 '경건의 지식'이다. 즉, 교회의 하나님 지식은 참된 예배에 이르게 하는 지식이다. 하나님에 관한 모든 진술의 진정성을 판별하는 기준은 참된 경건의 열매를 산출하는지의 여부이다. "우리는 하나님에 관한 지식에로 부름 받았음을 기억해야 하는데, 이 지식은 공허한 사변으로 이루어져서 단지 우리의 뇌 속에서 떠돌아다니는 지식이 아니다. 이 지식은 올바로 인식되었을 때 우리의 심장에 온전한 열매를 맺는 지식이다."[15] 따라서 칼빈은 참된 경건에 이르게 하지 못하는 하나님에 관한 모든 철학적 논의와 진술을 공허한 것으로 거부한다.

---

12) *Institutes* 1536 영역본 서문.
13) D. J. Hoitinga, "Faith and Reason in Calvin's Doctrine" in *Rationality in the Calvinian Tradition*, Hart et. al. ed., WIPF, 1983, p. 23, "[J]ust as Calvin refuses to define our proper knowledge of God apart from piety(our right response to God), so too he refuses to define piety, this response to God, apart from a knowledge of his benefits to us. (or, as he says, what is to our advantage to know of him)."
14) *Institutes* 1559(Battles) III. ii. 7., p. 551, "Now we shall possess a right definition of faith if we call it a firm and certain knowledge of God's benevolence toward us ……." Hoitinga, *op. cit.*, p. 35, "[W]hen he finally defines faith ……, he does it not in terms of belief, but in terms of knowledge."
15) *Institutes* 1559 I. v. 9.

지식은 인간의 사고 행위의 결과로서의 견해들(opinions, beliefs) 중에서 참되며 동시에 정당한 것들이다. 참일 뿐만 아니라 동시에 정당한 견해가 지식이다. 행위에서 윤리가 요청되듯이 인식의 행위에서도 윤리, 즉 정당성이 요구된다. 인식의 정당성은 여타의 행위에 있어서와 마찬가지로 인식의 행위에서 그의 의무와 책임을 다하는 것이다. 즉, 이치에 합한 지적 태도를 가진다는 것은, 다시 말해서 합리적(rational) 태도를 가진다는 것은, 지적 의무를 다하는 것으로서의 정당성을 가진다는 것을 의미한다. 이런 점에서 합리성(rationality)은 실현된 지적 정당성(intellectual justification)이다.[16] 신학 진술의 정당성은 그것이 오직 그리스도에 대한 신앙으로부터 발생하며, 참된 예배를 창출하는가에 의해서만 결정된다. 신학 진술의 합리성의 기준은 그리스도의 기초 되심, 그리고 예배 공동체로서의 교회의 보존과 강화 이외의 다른 것이 될 수 없다.

교회의 제1의적 활동으로서의 예배는 하나님 지식에 의해서만 가능하다. 예배가 인간의 자족적 의식이 아니라 하나님의 뜻에 인간을 맞추는 것이고, 그 점에서 하나님을 섬기는 행위라면, 거기에는 반드시 하나님에 관한 지식이 포함된다. 즉, 교회가 가진 하나님 지식이 교회의 예배를 적법한 것이 되게 하며, 예배의 이름으로 행해지는 인간의 자기 섬김, 즉 우상숭배로부터 예배를 지킨다.[17] 예배 공동체로서의 교회는 오직 참 하나님에 대한 참 지식 위에 정초된다. 이 점에서 바르트(K. Barth)가 강조하듯이 신학자의 과제와 목회자의 과제는 결코 분리되지 않는다. 신학은 특정 시대와 특정 공간에 예배 공동체로서의 교회를 지키고 세우는 것 이외의 다른 존재 이유

---

16) N. P. Wolterstorff, "Thomas Reid on Rationality," in *Rationality in the Calvinian Tradition*, pp. 45 - 46A. MacIntyre, *Whose Justice? Which Rationality?*, Univ. of Notre Dame, 2003.
17) *Confessio Fidei Westmonasteriensis*, Caput XXI.

를 가지지 않는다. 신앙은 개인의 주관적 신념이 아니며, 신학은 인간의 종교적 주관성의 전개가 아니다. 교회적 영성은 개인의 주관성의 강화가 아니라 하나님의 객관성에로의 탈출이며, 신학은 인간의 관념의 전개가 아니라 참 하나님에 관한 참된 지식이다. 신학이 하나님 지식으로서의 그 본연의 과제를 수행하는 한, 신학이 없는 곳에 교회는 존재하지 않는다. 신학이 엄격히 하나님 지식으로서의 객관성을 유지하는 한, 교회의 성장은 오직 신학의 기반 위에서 성취된다. 신학의 부재는 결코 예배 공동체로서의 교회를 성장시킬 수 없다. 오히려 교회의 소멸을 초래할 뿐이다. 신학의 부재는 예배를 영적인 것이 되게 하는 것이 아니라 예배의 자리에 우상숭배를 자리하게 하며, 교회적 영성을 강화하는 것이 아니라 교회적 영성의 자리에 세상의 영을 자리하게 할 뿐이다.

2. 하나님 지식으로서의 신학

신학은 하나님에 대한 지식(science of God)이다. 물리학이 물리적 현실에 대한 지식이듯이, 신학은 현존하시는 하나님, 영존하시며 유일하신 하나님, 삼위일체 하나님에 대한 지식 그 자체이다. 신학은 절대 이성에 관한 인간의 주관적 견해의 전개가 아니라, 창조주이시며 구속주이신 하나님에 대한 참되고 정당한 견해로서의 지식이다. 신학은 19세기 자유주의자들의 환원적 태도에서 주창되는 인간의 내면에 관한 지식도 아니고, 개인의 세계관의 표출도 아니고, 인생론도 아니고, 행복술(ars vitae)도 아니다. 물리학이 그 어떤 다른 것에로 환원되지 않는 실재하고 물리적인 현실에 관한 지식 그 자체이듯이, 신학은 어떤 다른 것에도 환원되지 않는 하나님에 관한 지식, 그 자체이다. 신학은 참된 예배 공동체를 역사 속에 존재하게 하는 하나님 지식 그 자체이다.

한 진술의 효과적 부정은 그 진술이 틀렸다고 말하는 것이 아니다. 그 진술의 논리적 성격이 실제로는 그 진술의 외관과 다른 어떤 것이라고 말하는 것, 즉 그 진술의 성격을 다른 어떤 것에로 환원시키는 것이다. 예를 들어 불트만(R. Bultmann)의 성경 해석에서 보듯이 복음서의 진술들은 어떤 사실을 증언하는 서술문의 외관을 가지고 있지만, 실제로 그 진술은 그 외관과 달리 도덕적 권면으로서의 명령문이거나 주관적 감정의 표현으로서의 감탄문이라는 환원주의적 주장은, 복음서의 진술의 의미를 가장 효과적으로 부정하는 방법이 된다. 예배 공동체로서의 교회를, 제1의적인 면에서, 사회적 기능 수행의 기관으로 환원시키는 것이 가장 효과적으로 교회를 소멸시키는 일이 되고, 목사의 사명을 그 기능의 담당자로 환원시키는 것이 가장 효과적으로 목사의 직분을 소멸시키는 일이 되는 것처럼, 신학을 하나님 지식이 아닌 다른 것에로 환원시키는 일이 가장 효과적으로 신학을 소멸시키는 일이 된다. 신학을 신학 아닌 것에로 환원시키는 것, 달리 말해서 하나님 지식이 아닌 어떤 것을 신학의 자리에 두는 것은, 하나님 지식의 소멸과 그 지식에 내적으로 연결된 예배 공동체의 소멸을 가장 효과적으로 실현하는 방법이 된다. 신학은 하나님의 은혜의 계시 안에서 인간에게 주어지는 하나님 지식 그 이상도 아니며 그 이하도 아니다.[18] 신학은 하나님 지식, 그 자체이다.

개혁교회는 하나님 지식의 가능성과 현실성의 문제에서 불가지론과 회의론을 거부한다. 인간이 초월자 하나님에 대한 지식을 가질 수 있는가의 문제에서, 불가지론과 회의론이 지적 겸손의 태도가 아님을 개혁교회는 인식한

---

[18] E. A. Dowey, *The Knowledge of God in Calvin's Theology*, Eerdmans, 1994, pp. 3 - 4. 칼빈에게 있어서 하나님은 'revealer'(계시자)이시고 인간은 'knower'(인식자)이다.

다. 개혁교회의 실재론적 인식론은 인간이 자신 밖의 것을 인식할 수 있으며, 하나님과 궁극적인 진리를 알 수 있음을 밝힌다.[19] 인간은 하나님을 알 수 있고, 알고 있으며, 그것에 따라 하나님이 기뻐하시는 예배를 실천할 수 있고, 실천하고 있으며, 실천해야 함을 교회는 인식한다.

하나님 지식의 소유는 인간 이성의 자율적 노력의 결과가 아니다. 하나님 지식은 인간의 지적 자율성에서가 아니라, 오직 하나님의 주권적 은혜에 의해서 인간 안에 발생된다. 구원에 있어서나 하나님 인식에 있어서 인간은 전적으로 무능하며, 이 일의 주체는 언제나 전적으로 하나님이시다. 세계 내 대상에 대해 가진 인간의 지적 주체성은 하나님 인식에는 작동하지 않으며, 따라서 인간에 의해서 파악된 '하나님'이 있다면, 우리는 바로 그 이유로 그가 하나님이 아님을 단언할 수 있다.[20] 그러나 이 사실이 하나님의 불가지성이나 모든 신학적 진술의 불확실성을 의미하지 않는다. 하나님께서 인간에게 자신을 계시하는 한에서 인간은 하나님을 알 수 있고, 그 하나님 지식에 따라 하나님을 예배하며, 하나님께 합당한 영광으로 하나님을 칭송할 수 있다. 즉, 하나님은 숨겨진 하나님이시고 동시에 계시된 하나님이시다. 그의 숨겨짐 가운데서 그의 계시됨에 노출된 공동체는 그의 숨겨짐 가운데 존재하는 그의 알려짐을 소유한 공동체이다. 인간의 자율성 안에서는 숨겨진 하나님을 하나님의 은혜의 주권 속에서 인식하는 공동체가 교회이며, 따라서 교회의 존재는 하나님의 은혜에 의한 하나님 지식의 현실성을 의미한다. 즉, 하나님 지식에 대한 불가지론과 회의론은 교회에 대한 불가지론과 회의론에 내적으로 연결되며, 역으로 역사 속에서의 교회의 존립은 역사 속에서의 하

---

19) D. F. Kelly, "The Realist Epistemology of T. F. Torrance" in G. C. Dawson(ed.), *An Introduction to Torrance Theology*, T&T Clark, 2007, p. 75, "We can know things outside ourselves, including ultimate truths and Him."
20) "Deus comprehensus non est Deus."가 이것을 말한다.

나님 지식의 존립을 증거한다. 참된 예배가 참된 하나님 지식으로부터만 발생한다면, 하나님 지식의 불가능성과 불확실성은 참된 예배의 불가능성과 불확실성을 의미하며, 역으로 참된 예배의 현실성은 참된 하나님 지식의 현실성을 의미한다. 이 지식은 교회에 현실적으로 주어지며, 이 지식은 세계에 가능성으로 제안된다.[21] 교회는 이 지식을 현재 소유하며, 세계는 이 지식에로의 외적 소명 안에 있다. 교회는 과거에도, 현재에도, 미래에도 반드시(omnino oportet) 존재한다.[22] 역사 속에 존재하는 그리스도의 몸으로서의 교회의 존재는 하나님 지식에 대한 불가지론과 회의론을 부정한다. 하나님 지식이 없는 곳에는, 즉 인간이 하나님과의 관련에서 불가지론과 회의론에 지배당할 때에는, 인간에게 "하나님으로 더불어 누리는 화평이"(롬 5 : 1) 불가능하며, 오직 하나님의 현존을 두려워하는 두려움만이 그를 지배한다.[23]

바르트에 의하면, 성육신 사건은 하나님의 말씀이 인간의 말씀이 되게 한 사건이며, 동시에 인간의 말이 하나님의 말씀에 참여하게 된 사건이다. 하나님의 인식이 인간의 인식이 된 사건이며, 인간의 인식이 하나님의 인식에 참여하게 된 사건이다. 즉, 그리스도 사건은 인간의 지식이 단지 현상적인(phenomenal) 것에 그치는 것이 아니라, 본질적인(noumenal) 것이 되게 하는 사건이다. 왜냐하면, 하나님께서 아시는 그것이 본질적인 것이기 때문이다. 본질적인 것과 현상적인 것의 구별은 하나님께서 아시는 대로의 것이냐 아니냐에 의해서 발생하기 때문이다. 본질적인 지식은 하나님께서 아시는 것과 동일한 지식이기 때문이다. 그리스도 안에서 인간은 하나님께서 의

---

21) A. McGrath, *Iustitia Dei*, Cambridge Univ. Press, 1993, p. 2.
22) *Confessio Helvetica Posterior*, Caput XVII De Catholica et Sancta Dei Ecclesia, et Unico Capite Ecclesiae, "Quando autem Deus ab initio salvos voluit fieri homines, et ad agnitionem veritatis venire, oportet omnino semper fuisse, nunc esse, et ad finem usque seculi futuram esse Ecclesiam."
23) *Institutes* 1559(Battles, 1960), III. iv.2, p. 625.

도하시는 그것을 하나님께서 의도하시는 대로 인식하며, 그에 따라 참 예배 공동체로서의 교회가 역사 속에 존재한다. 만약 인간의 모든 지식이 칸트의 주장대로 단지 현상적인 것이라면, 교회는 교회가 아니라 필연적으로 교회처럼 보이는 것 이상이 될 수 없다. 그러나 그리스도 안에서 인간이 가지는 지식은 본질적이며, 인간의 인식 행위는 구성(Konstitution)이 아니라 이해(intellectus)이다. 실재에 대해서 인간의 지식이 가지는 관계는[24], 무의미한 질료의 능동적 구성이 아니라, 실재하는 질서의 본질적 이해이다. 이런 점에서 토란스는 칸트적 인식론의 교회적 불일치를 말한다.[25]

인간은 자신의 자율성에 의해서가 아니라 하나님의 주권적 은혜 안에서, 그리스도의 신앙 안에서 하나님 지식을 가지며, 그에 따라 하나님께서 기뻐하시는 예배, 즉 영적 예배를 실천하는 공동체이며, 하나님의 능력과 영광에 합당한 칭송으로 그를 찬양하는 공동체이다. 즉, 교회가 가진 하나님 지식은 인간의 주체성에 의해서 획득된 것이 아니라, 하나님의 주체성에 의해서 은혜의 선물로 교회에 주어진 것이다. 그러나 신학의 주체는 하나님이시라는 이 사실이 하나님의 필연적 불가지성이나 하나님 지식의 필연적 불확실성을 의미할 수 없다. 나아가서 인간의 모든 지식이 단지 현상적이라는 구성주의를 의미할 수 없다. 오히려 신학의 주체가 하나님이시라는 사실은 그의 주권적 은혜의 대상인 교회가 가진 하나님 지식은 가장 확실하며 본질적인 것임을 말한다.

신학은 인간의 자율적 관념의 전개가 아니라 하나님의 말씀의 현존으로부터 나오는 믿음의 이해이므로, 그것은 하나님에 관한 객관적 지식(science of God)이다. 실재하는 하나님 말씀에 노출된 인간의 의식에 발생하는 믿음은,

---

24) A. McGrath의 3부작, *Nature, Reality, Theory* 참조.
25) D. F. Kelly, op.cit., pp. 78 - 87.

그 실재의 현장에서 배제된 사람의 의식에는 생길 수 없는 그 실재에 대한 승복이며, 이 믿음은 그 안에 이해의 욕구를 가진다. 신학은 오직 믿음의 이해로서 자신을 하나님에 대한 객관적 지식으로 정립하고 유지한다.

하나님과 하나님 아닌 것을 동일하게 하나님으로 부를 수 있다면, 그것은 극도의 어리석음이나 허무주의 또는 간교함의 산물이다. 안셀름(Anselm)이 말하듯이, 자신이 말하는 것의 의미를 이해하지 못하는 사람은 그의 어리석음에 따라 명백한 모순과 거짓을 고통 없이 진술하거나 수용할 수 있다.[26] 또 하나님의 현존에 대해서 허무주의적인 태도를 가진 경우에도, 하나님 아닌 것을 하나님으로 부르는 것에 대해서 심적 저항을 갖지 않을 수 있다. 왜냐하면, 하나님이 존재하지 않는다면 또는 누군가가 하나님의 실재를 진정으로 부정한다면, 무엇이 하나님으로 지칭되느냐 하는 것은 그의 삶에서 전혀 무의미한 문제이기 때문이다. 나아가서 삶의 목표를 진리가 아니라 다수에의 합류와 그것으로부터 오는 이익과 안전을 모든 노력의 궁극적 지향점으로 삼은 경우에도, 공동체의 다수가 하나님 아닌 것을 하나님으로 부를 때 그에 동조하여 하나님 아닌 것을 하나님으로 부를 수 있다. 즉, 우리가 하나님과 관련해서 극도로 아둔하지도 않으며, 허무주의자도 아니며, 간교하지도 않다면, 우리는 하나님 아닌 것을 하나님으로 부를 수 없다. 하나님 아닌 것을 하나님으로 부르는 그 일에 동참할 수 없으며, 그 일에 대해서 애통하며 탄식할 수밖에 없다.[27] 이것은 기초적 산수의 지식처럼 쉽고 자명하여 재론을 필요로 하지 않는 것처럼 보인다. 그러나 이스라엘의 역사와 교회의 역사는 이 쉽고 자명한 사실이 오히려 가장 어려운 신앙의 투쟁의 내

---

26) 안셀름은 *Proslogion* II 에서 어리석은 자(insipiens)를 이렇게 규정한다.
27) 에스겔 9 : 4.

용이었음을 보여 준다.[28] 역사는, 진리와 비진리의 싸움은, 하나님만을 하나님으로 부르느냐 아니면 하나님과 하나님 아닌 것을 동시에 하나님으로 부르느냐의 싸움이었음을 보여 주며, 어느 시대에나 절대 다수의 사람들이 후자에 속했음을 보여 준다.

앞서 말한 대로 신학은 하나님에 관한 지식(scientia Dei)이다. 물리학이 세계의 물리적 현상에 관한 지식이듯이, 신학은 하나님에 관한 지식이다. 그것이 '신학'의 본래적 의미이다. 사회학이나 심리학, 문화인류학 또는 인생론과 처세술(artes vitae) 그리고 심지어 만담의 기술이 아니라 오직 하나님에 대한 지식이 신학이다. 이것은 일견 기초적 산수의 지식처럼 자명하여 재론의 이유가 없어 보인다. 따라서 우리가 신학과 신학 아닌 것 사이의 경계를 허물고 신학 아닌 것을 신학으로 부를 수 있다면, 우리는 하나님에 관한 지식의 문제에서 우리 자신의 말조차 이해하지 못하는 사람이거나, 하나님에 관한 지식으로서의 신학의 성립 불가능을 확신하는 허무주의자이거나, 진리를 지향한다는 수사로 자신을 위장하는 현실적 기회주의자일 뿐이다.

3. 신앙의 한계 아래에서의 이성

조직신학은 교회가 가진 하나님 지식의 조직적 정립이다. 이 지식의 조직적 정립은 예배 공동체로서의 교회의 존립과 관련한 상대적 필요가 아니라 하나님 지식 그 자체와 동일한 절대적 필요이다. 왜냐하면 교회의 역사가 보여 주듯이 진리의 소멸은 진리 그 자체의 부정을 통해서가 아니라 진리의 부

---

28) Barth, *The Knowledge of God and the Service of God According to the Teaching of the Reformation*, Wipf & Stock, Oregon, 1938, Lecture 2.

당한 확장 또는 축소를 통해서 이루어지기 때문이다. 이스라엘 백성이 여호와 하나님을 떠났다는 것은 여호와 하나님을 예배하지 않았다는 것이 아니라 하나님의 자리에 하나님 아닌 것을 포함시켰다는 것을 의미한다. 진리 아닌 것에로 진리를 확장하였음을 의미하는 것이다. 갈라디아 교회가 그리스도에 대한 믿음 이외에 할례를 실천했을 때, 즉 진리를 할례에까지 확장했을 때, 그들은 그리스도와 무관한 공동체가 되었다. 로마 천주교는 그리스도께서 제정하신 성례를 부당히 확장함으로써 진리를 무효화시켰다. 반대로 신성의 단성론자나 인성의 단성론자는 진리를 축소시킴으로써 그리스도의 참 하나님 되심과 참 인간 되심을 부정한다. 진리의 보존은 진리의 부당한 확장과 축소로부터 진리를 지키는 것을 의미하며, 이 일을 위해서 교회의 하나님 지식이 조직적으로 정립되는 것은 단순히 상대적으로 필요한 것이 아니라 절대적으로 필요한 일이다. 진리의 조직적 정립이 없는 곳에서 진리는 부당히 확장되거나 축소되며 소멸된다. 조직신학의 부재는 교회의 성장과 부흥이 아니라, 교회의 소멸을 결과한다. 조직신학의 부재는 교회적 영성을 강화하는 것이 아니라, 교회적 영성을 세속적 영성으로 변화시켜 소멸시킨다.

교회의 하나님 지식의 조직적 정립은 진리의 조항들(articuli fidei) 상호 간의 통일성의 획득을 중요한 내용으로 한다. 지식의 체계가 통일적이지 않다면, 즉 상호 모순이 그 체계 안에 존재한다면, 그 체계는 조직적인 것이 될 수 없기 때문이다. 진리 조항들 간의 모순은 해소되어야 하며, 이 일을 통해서 조직화의 목표가 성취될 수 있다. 그러나 조직신학의 과제로서의 이 통일성은, 실재하는 하나님 말씀의 어떤 외부적이며 선험적인 이념에 의한 처방이 아니라, 철저한 내부적 이해를 통해서 성취된다.[29]

---

[29] Barth, 바젤대학 500주년강연, T. F. Torrance, *Karl Barth an introduction to his early theology*, 1910 – 1931, SCM, 1962, pp. 54 – 55.

존재에 대한 가장 포괄적 질문은 세계에 존재하는 것과 그것이 존재하는 방식이 인간의 의식에 의존적인가, 아니면 세계가 인간의 의식에 독립적인가이다. 존재론의 최상위의 질문은 존재자의 인간의식 의존성에 관한 질문이다. 이 질문에 대해서 관념론은 세계가 인간의식에 의존적이라고 답하는 반면, 실재론은 세계는 인간의식에 독립적이라고 답한다.

인간은 세계의 창조자가 아니다. 인간은 창조된 세계 안에 출생한다. 인간은 세계의 창조자도 아니고 그 자신의 창조자도 아니다. 인간의 주장에 의해서, 그의 판단에 의해서, 세계가 무(無)로부터 비로소 존재하게 되지 않는다. 인간은 세계를 창조하지 않는다. 인간은 그가 태어난 세계 안에서, 그의 의식에 무관히, 이미 세계에 제정된 질서에 따라 세계 안의 것들을 단지 이동(transfusio)시킬 뿐이다. 세계는 인간에 의존적이지 않다. 인간이 세계에 의존적이다. 이런 점에서 관념론을 유아(唯我)론과 연결시키는 비트겐슈타인의 이해는 타당하다.[30] 관념론에 따르면 개개의 인간과 그의 의식은, 존재의 면이나 인식의 면에서, 그리고 진리의 면이나 가치의 면에서, 모든 것의 창조자이며 기준이다. 인간이 세계 안에 출생하는 것이 아니라, 세계가 인간에 의해서 창조된다. 인간이 존재하기 전에는 어떤 것도 존재하지 않는다. 세계가 존재하는 것이 아니라 무의미한 감각대상(sense-data)만이 존재할 뿐이다. 교회는 이 관념론적-유아론적 존재론과 인식론을 거부한다. 인간이 그의 세계를 구성하는 것이 아니다. 세계가 인간으로부터 나오는 것이 아니다. 세계는 인간의 처방을 기다리지 않는다. 인간이 그 자신에 독립적으로 존재하는 세계로부터 세계에 대한 지식을 가질 뿐이다. 그가 가진 개념은 세계로부터 그가 획득한 이해의 표현일 뿐이다.

---

30) F. Kerr, *Theology after Wittgenstein*, Blackwell, 1986, p. 121.

하나님의 말씀은 이미 주어져 있는 것이며, 따라서 그것은 그 상위의 기준에 의해서 정당화될 수 없다. 실재하는 하나님 말씀을 정당화할 상위의 기준은 존재하지 않는다. 그 말씀의 이해의 결과로서의 신앙의 진리는 따라서 그 자체로서 합리적이다. 그것은 합리성의 획득을 위해서 어떤 다른 것에로 환원될 필요가 없고 환원될 수 없다. 신앙의 진리는 자신 아닌 것에로 환원되거나, 그것 아닌 다른 것으로 구성됨으로써 합리성을 가지는 것이 아니다. 하나님의 말씀은 거기 그렇게 존재하고 있는 것이며, 그것은 이미 주어진 것으로서 받아들여질 수 있을 뿐이다. 그것은 입증과 반증을 넘어서서 존재하며, 그것이 모든 입증과 반증의 기준이기 때문이다. 따라서 신앙의 진리는 하나님 말씀의 영역 밖에서가 아니라 그 말씀의 현장 안에서만 그 의미를 부여받으며, 이해된다. 그것은 선험적으로 이해되는 것이 아니라, 오직 실재하는 신앙의 삶에 참여함으로써, 오직 그 말씀의 현장에 참여함으로써 이해된다. 왜냐하면 언어는 선험적인 기호체계로서 독립적으로 그 의미를 소유하지 않으며, 언제나 사용되는 현장에서 그 객관적 의미가 유지되기 때문이다. 그것이 합리성의 문제에서 인간의 주관성을 철저히 배제하는 길이다.

참이며 정당한 견해는 인간으로부터 오는 것이 아니라 실재로부터 온다. 그 실재가 존재하는 삶의 현장에서만 인간의 개념은 자의적인 것이 아니라 실재로부터 나오는 객관적인 것이 된다. 이것이 실재론적 입장이다. 신학적 사고는 하나님의 현존 앞에서 이루어지는 삶의 현장에서만 자의적인 것이 아닌 실재로부터 오는 객관적인 것이 된다. 모든 인간의 모든 사고가 실재에 대한 객관성을 가질 수는 없다. 그 실재의 현존에 노출된 삶을 사는 인간에 의해서만, 인간의 주관성에 의한 자의적인 것이 아닌, 그 실재에 대한 객관적인 사고가 유지된다. 이것이 강화된 실재론으로서의 비평적 실재론이다. 실재는 모든 사람에게 인식되는 것이 아니라, 그 실재에 노출된 사람에 의해서만 인식된다.

인간의 개념 체계는 그 사용의 현장에서만 발생하고 유지된다. 즉, 한 대상에 대한 인간의 인식은, 대상이 현존하는 그 현장에 인간이 있을 때만 발생한다. 인간의 인식의 강화는—객관성의 획득은—그 대상이 현존하는 장소를 떠남으로써 발생하는 것이 아니라, 그 현장에 가장 깊이 들어갈 때 발생한다. 객관적 태도는 대상의 현장을 떠나는 것이 아니라 그 현장의 중심에 들어가는 것이다. 실재의 현장 외부에서 그것을 바라볼 때가 아니라, 오직 그 안에서 바라볼 때 객관성은 유지된다. 오직 실재의 현존으로부터 그 실재에 대한 지식은 발생하며 강화된다. 그 현장을 떠나는 것이 아니라 그 현장 안으로 들어가는 것이 지식의 길이며 객관성의 길이다. 외부적 이해가 아니라 내부적 이해가 지식이다. 하나님의 말씀은 그것이 현존하는 곳에서만 이해된다. 그 말씀에 대한 지식도 그 곳에서만 발생한다. 하나님의 말씀에 대한 봉사로서의 신학은 그 말씀이 현존하는 그 장소에서만 실현된다. 신학의 현장은 교회라는 인식론적 주장은 신학의 객관성을 포기하는 태도가 아니라, 신학의 객관성을 지키는 유일한 인식론적 원칙이다. 하나의 일반적 개념 체계가 모든 실재를 설명하는 것이 아니라, 자신의 고유한 질서 즉 합리성을 가진 실재 자체로부터 나오는 객관적(objective) 기준에 의해서만 실재는 인간에게 알려진다. 객관성(objectivity)은 실재 밖에서 고안된 선험적 기준을 그 실재에 적용시킴으로써 획득되지 않는다.[31]

실재론적 입장을 따르면 실재는 인간의 관념에 따라 변화하지 않는다. 따라서 인간이 실재에 대한 지식을 가지려 한다면, 인간의 이성은 확장되는 것이 아니라 실재 자체로부터 나오는 객관성의 기준에 따라 통제되어야 한다.

---

31) D. F. Kelly, op. cit., p. 76, "Our good professor always taught that 'knowing follows being'. ······ "True rationality never seeks to impose a preconceived pattern on to the material it wishes to know."

즉, 실재 아래에서만 인간은 그 실재에 대한 지식을 가진다. 인간의 이성은 실재 위에 있을 때가 아니라 실재 아래에 있을 때, 그 실재에 대한 지식을 가질 수 있다. 따라서 하나님 지식은 하나님 말씀의 현장인 교회 안에서만 발생한다. 이성이 실재하는 하나님 말씀을 그의 선험적 관념으로 처방할 때가 아니라, 인간 이성이 실재하는 하나님 말씀 아래에 있을 때 오직 그때에, 그 실재에 대한 지식이 발생한다. 실재하는 하나님 말씀의 현장인 교회 안에서 신학적 통일성을 추구하는 것은, 신학의 객관성을 부인하는 행위가 아니라 신학적 행위의 객관성을 보존하는 유일한 길이다.

신학적 객관성은 실재하는 하나님의 말씀으로부터 발생한다. 이 객관성은 인간의 선험적 이념에 의해서 획득되지 않는다. 이 객관성은 실재하는 하나님 말씀에 대한 가장 철저한 순종으로부터 발생한다. 하나님 말씀 이전에 인간이 가진 가치와 진리의 이념은 교회적 활동을 객관적인 것이 되게 하는 그 기준이 되지 않는다. 하나님 말씀은 오직 그 자신에 의해서만 객관적으로 이해된다. 인간이 가진 선험적 관념에 따라 하나님 말씀을 처방할 때가 아니라, 오직 하나님 말씀 그 자체로부터 나오는 진리의 기준에 따라 인간의 사고가 철저히 통제될 때, 하나님에 대한 객관적인 지식이 발생하며, 이로써 모든 교회적 활동은 하나님께서 제정하신 바로 그것이라는 의미에서 가장 객관적인 것이 된다. 이것이 개혁교회, 즉 장로교회의 자산이다. "Sola Scriptura"(오직 성경으로), "testimonium Spiritus Sancti internum"(성령의 내적 증거), "Credo ut intelligam"(나는 이해하기 위해 믿는다), "fides quaerens intellectum"(이해를 추구하는 신앙) 등의 말로 표현되는 교회적 진리가 이것이다. 사랑이 도덕을 폐기하지 않듯이, 신앙은 불합리성을 의미하지 않는다. 신앙은 가장 엄격하게 합리적인 태도를 지칭한다. 이 합리성은 실재하는 하나님 말씀에 대한 가장 철저한 순종을 의미한다. 인간의 관념에 의한 실재의 처방이 아니라, 실재에 의한 인간의 사고의 처방이, 그 실재에 대한 합리적 사고로서의 객관적 지식을 산출한다. 이것이 물리학을 가장 강력한 지식 체계로 만든 실재론적 인식론이고, 바르트로 하여금 자유주의를 완전히 떠나 교의학적 태도를 가지게 한 교회적 인식론이다. 신학을 인간의 이념의 전개가 아니라, 또는 위장된 인간학이 아니라, 가장 엄밀한 의미에서 하나님에 대한 지식(science of God)이 되게 하는 개혁교회적 인식론이다.

신학은 현존하는 하나님의 말씀으로부터 시작된다. 신학적 사고의 기준은 현존하는 하나님 말씀이다. 객관적 지식으로서의 물리학의 출발과 기준이 인간의 선험적 관념이 아니라 실재하는 물리적 현실인 것과 마찬가지로[32], 신학은 오직 실재하는 하나님 말씀으로부터 시작되며 그것에 의해 통제된다. 신학과 물리학의 객관성의 기준(norma normans)은 인간의 선험적 의식이 아니라, 하나님의 현존과 물리적 현실이다.

선험적 토대주의(foundationalism)는 인간의 의식을 만물의 척도로 규정하며, 이 기준에 따라서 거기에 부합하도록 처방된 인간의 견해만을 지식으로 인정한다. 지식은 실재와 일치하는 견해가 아니라, 인간의 선험적 의식 안에서 일관되게 유지되는 견해이다. 그에 따르면 모든 실재는 인간의 의식에 의존적이다. 인간의 의식이 실재의 창조자이다. 인간은, 특히 그의 이성은, 하나님에 의해서 창조된 피조물이 아니라 세계를 창조하는 창조자이며, 따라서 인간이, 그의 선험적 관념이 진리의 기준이다. 여기서 "만물의 척도로서의 인간"(Homo mensura)의 이념은 최고로 실현된다. 이성의 합리성이 실재에 의해서 결정되는 것이 아니라, 이성이 세계의 합리성을 결정한다. 실재에 의해서 이성이 판단되는 것이 아니라, 이성에 의해서 실재가 처

---

32) 이 점에서 토란스가 자주 지적하듯이 뉴턴에게는 한계가 있다.

방된다. 실재하는 하나님 말씀에 의해서 인간의 사고의 객관성이 결정되는 것이 아니라, 인간의 사고가 하나님 말씀의 합리성을 결정한다. 칸트의 말대로 이성의 한계 아래에서만 신앙은 인정된다. 인간은, 그의 이성은, 진리의 창조자이며 따라서 결정자이다. 인간이 가진 선험적 관념에 따라 처방된 그것만이 실재이며 진리이다. 인간의 이성은 더 이상 하나님의 피조물이 아니라 그 자신이 창조주이다.

그러나 교회는, 개혁교회는 인간의 의식이 다른 피조물들과 마찬가지로 하나님의 피조물임을 안다. 하나님의 말씀과 세계는 인간의식에 독립적인 실재이며, 따라서 인간의 의식이 하나님의 말씀과 세계를 지배할 수 없고, 오히려 인간의 의식이 그 실재에 의해서 통제될 때, 실재 자체로부터 나오는 객관성의 기준에 의해 처방될 때, 인간 안에 그 실재에 대한 객관적인 지식이 발생함을 안다. 이성의 한계 아래에 신앙이 있을 때가 아니라, 신앙의 한계 아래에 이성이 있을 때, 인간은 실재에 대한 객관적인 지식을 가질 수 있음을 안다. 우리가 그리스도 안에 있다는 것은 창조주 하나님의 현존 앞에 있음을 의미한다. 하나님의 말씀의 현존 앞에 있음을 의미한다. 인간은 홀로 있지 않으며 그의 창조자의 현존 앞에 있음을 의미한다. 자신이 창조주가 아니라 피조물임을 인식함을 의미한다. 인간은 말하는 자가 아니라 듣는 자임을 철저히 인식함을 의미한다.

교회의 이 지식은 인간의 지식을 상대화하지 않는다. 인간이 신(神)적 존재가 아니라는 것은 그의 지식이 실체적인 것이 아님을 의미하지 않는다. 오히려 인간의 지식이 절대적인 객관성을 가질 수 있음을 의미한다. 인간의 의식은 하나님의 피조물이므로 그것이 정상적으로 작동하는 한, 그것은 하나님이 의도하신 그것을, 하나님께서 의도하시는 그대로, 객관적으로, 실체적으로(noumenally), 동질적으로(univocally) 인식할 수 있음을 의미한다.

교회는 믿음의 공동체이다. 그러나 믿음은 제1의적인 의미에서 인간의 주관성을 의미하지 않는다. 믿음은 하나님의 말씀에 노출된 인간의 의식 안에 발생하는 불가항력적인 승복(acknowledgement)이다. 이 믿음의 이해가 지식이다. 인간의 이해가 믿음을 창조하지 않는다. 실재하는 하나님의 말씀과 그것에 대한 믿음이 인간의 이해를 객관적인 것이 되게 한다. 현존하는 하나님의 말씀으로부터 듣는 자의 믿음이 발생하며, 이 믿음의 이해로서 하나님에 대한 지식이 발생한다. 그리고 증명은 이해의 결과이다. 인간의 증명으로부터 하나님 말씀이 비로소 발생하는 것이 아니다. "내가 믿는다."(Credo)는 것은 내가 주관적 신념을 가진다는 것을 의미하지 않는다. 그것은 내가 하나님의 말씀에, 따라서 하나님의 현존에 불가항력적으로 노출되어 있음을 의미한다. 이 믿음은 오직 하나님의 말씀에 노출된 인간에게만 발생하며, 따라서 하나님 지식의 현장은 믿음의 공동체로서의 교회이다. 오직 믿음의 공동체로서의 교회 안에서 하나님의 지식은 발생하고 강화된다. 이 지식으로부터 교회는, 개혁교회는, 자신의 모든 활동을 절대적인 의미에서 객관적인 것이 되게 한다.

따라서 현대 신학의 가장 시급한 과제는 교회의 하나님 지식을 인간이 하나님 말씀 밖에서 고안한 공상들로부터 분리시키는 것이고, 그렇게 함으로써 신학적 사고의 객관성과 합리성을 회복하는 것이라는 토란스의 주장은 설득력을 가지며[33], 로마서의 메시지는 모든 문화적 차이에 무관하다는 것을 보이기 위해 쓰여진 바르트의 「로마서강해」가 가진 큰 교회적 의의가 이해된다.[34]

---

33) T. F. Torrance, *Karl Barth, Biblical and Evangelical Theologian*, T&T Clark, 1990, pp. 16 - 18, 88 - 89.
34) 「로마서강해 초판」 서문 첫 4문장은 다음과 같다(저자 역). "바울은 그 시대의 아들로서 그의 동시대인들에게 말했다. 그러나 더 중요한 사실은, 하나님 나라의 사도요 선지자로서, 그는 모든 시대의 모든 사람들에게 진실되게 말하고 있다는 것이다. 그때와 지금의 차이, 그곳과 이곳의 차이

4. Ecclesia reformata est semper reformanda : 개혁교회는 항상 개혁되어야 한다

'교회'는 가장 엄격히 객관적인 한에서 교회이다. 교회 안에서 행해지는 모든 것, 즉 하나님 말씀의 선포와 예배가, 그리고 '교인'들의 경건한 삶으로서의 하나님 칭송과 봉사와 교제와 전도가, 하나님께서 제정하신 바로 그것인 한에서, 그것은 그리스도의 몸으로서의 교회이다. 교회의 활동이 하나님께서 제정하신 바로 그것이라는 의미에서 객관적이지 않다면, 또는 교회가 자신의 활동의 객관성을 스스로 의심한다면, 그것은 교회가 아니라 '교회'로 불리는 어떤 다른 것이다. 앞서 말한 대로 교회는, 특히 개혁교회는, 교회의 객관성과 관련하여 불가지론적인 입장이나 회의적인 태도를 모두 거부한다. 교회는 가장 엄격히 객관적이기 때문에 교회이며, 모든 신학과 신앙의 교육은 이 엄격한 객관성에로의 교육이다. 교회는 하나님께서 제정하신 바로 그것, 즉 실체적인 것으로서의 하나님 지식의 공동체이며, 오직 그것으로부터 나오는 객관적 예배와 경건의 공동체이다.

교회의 역사상 현대는 이 개혁교회적 자산을 가장 부정하는 시대이다. '교회'는 스스로 자신의 활동이, 하나님께서 제정하신 바로 그것이라는 의미에서, 가장 엄격히 객관적이며 합리적이라는 사실을 부정하고 의심한다. 교회는 스스로 자신이 가장 엄격히 객관적으로 하나님을 예배하는 공동체이며, 하나님께서 기뻐하시는 바로 그것으로서 경건의 공동체라는 사실을 부정하거나 의심한다. 그리고 인간이 만든 선험적 기준들, 즉 지금 이곳에서 유행하는 시대적 풍조에 자신을 맞춤으로써, 자신의 존재 이유를 정립하고 확신

는, 의심의 여지없이, 정밀한 탐구와 모색을 요구한다. 그러나 그 탐구의 유일한 목표는 이 차이들이, 실제로는, 아무 차이도 만들지 않는다는 것을 입증하는 것이다."

하며, 그렇게 함으로써 자신을 안심시키려 한다. 모든 신학 교육이, 명시적으로 묵시적으로 또는 이론적으로 실천적으로, 이것을 지향한다. '신학'은 더 이상 하나님에 대한 객관적 지식으로서의 신학(science of God)이 아니다. 그러나 교회는, 개혁교회는, 물리학이 물리적 실재에 대한 객관적 지식 이외에 다른 것일 수 없듯이, 신학은 오직 하나님에 대한 가장 엄격히 객관적인 지식이며, 그 하나님 지식으로부터 교회는 가장 엄격히 객관적인 의미에서 예배와 경건의 공동체임을 증언한다.

신학은 역사 속에 그리스도의 몸으로서의 교회를 지키고 세우는 것 이상의 존재 이유를 가지지 않는다. 신학은 교회의 존립과 무관한 사변의 전개가 아니다. 신학은 예배 공동체로서의 교회가 반드시 가져야 할 하나님 지식을 특정 시대와 특정 공간에서 보존하고 강화함으로써, 하나님께 합당한 영광으로 그를 칭송하고 예배하는 교회 공동체를 우상숭배의 집단으로부터 보존하고 강화한다. 이것은 신학적 진술이 오류에 대한 반대(anti-these)로서의 성격을 가짐을 함의한다. 칼빈은 삼위일체를 설명하면서, 신학적 진술은 성경의 진리에 대한 신실한 봉사이며 따라서 그것은 거짓 선생들의 거짓됨을 드러내는 것이라고 말한다.[35] 교회가 참된 예배 안에서(lex orandi) 진리를 보존하고 있다면, 신학은 말하지 않는다. 그것이 교회를 보존하는 행위이기 때문이다. 그러나 예배 안에서 묵시적으로(implicitly) 보존된 진리가 부정될 때, 신학은 묵시적 진리를 명시적으로(explicitly) 천명함으로써, 진리를 보존한다. 따라서 오류가 강화되면 신학적 진술도 강화되어야 하며, 여기

---

35) *Institutes* 1559(Battles, 1960) I. xiii. 3, 4., pp. 124-125, "Thus men of old, stirred up by various struggles over depraved dogmas, were compelled to set forth with consummate clarity what they felt, lest they leave any devious shift to the impious, who cloaked their errors in layers of verbiage." "The ancients, to drag the man's versatile craftiness out of its hiding places, went farther ……" "The upright doctors, to shatter the man's wickedness, loudly responded that ……."

서 터툴리아누스와 어거스틴, 칼빈, 바르트의 차이를 인식할 수 있다. 그들은 모두 교회의 아버지들로서 그들 시대의 오류들로부터 교회를 지킨 사람들이다. 그들이 대처해야 했던 오류의 강도의 차이는, 그 오류에 대한 반대(anti-these)로서의 신학적 진술의 차이를 발생시키며, 이 차이가 교부들의 신학적 진술들 간에 존재하는 차이의 실제적 성격이다. 오류의 강화는 신학 진술의 강화를 반드시 필요로 한다. 낮은 강도에 대처했던 신학 진술로는 높은 강도의 오류로부터 교회를 지킬 수 없기 때문이다. 이것이 "항상 개혁되어야 함"(semper reformanda)의 의미이다. "전투하는 교회"(ecclesia militans)로서의 지상 교회는, 그리스도의 재림 때까지 오류에 노출되며, 그 오류로부터 진리를 지키는 전투를 수행하는 교회이다. 새롭고 강화된 오류는, 교회가 예배 안에서 묵시적으로 소유하고 있는 진리의 새롭고 강화된 천명에 의해서만 제거될 수 있다. 이것이 그 강도의 면에서 브루너가 칼빈에 더 일치한다[36] 하여도 실제로 칼빈의 신학적 성취는 바르트에 의해서 보존되고 있다고 말할 수 있는 이유이다. 칼빈이 대처했던 천주교의 오류보다 바르트가 대처했던 오류인 네오-프로테스탄티즘(neo-protestantism)이 더 강화된 오류이기 때문이다.[37]

---

36) 심지어 J. Baillie도 이 견해를 가진다. *Natural Theology*(ed. J. Baillie), Wipf, 2002, 서문.
37) 따라서 바르트는 천주교와 네오-프로테스탄티즘 중에서 선택해야 한다면, 내일까지 기다리지 않고 천주교를 택할 것이라고 말한다.

2장
계시론

박형국(한일장신대학교)

1. 계시, 하나님에 대한 지식과 이해의 원천

　기독교 신학은 신학의 가장 포괄적이고 비길 데 없는 주제인 하나님의 실재, 곧 하나님의 존재와 행위에 대한 신앙의 지식 또는 이해를 추구한다. 당연히 유한한 피조물인 인간은 하나님의 존재와 활동을 포괄적으로 알 수 없다. 하나님의 독특한 실재성은 신학을 다른 학문과 구별시킨다. 보통 학문에서 지식은 그 실재나 대상에 대한 감각 체험과 인간의 오성의 능동적인 종합 활동을 통해 이루어진다. 하지만 하나님에 대한 지식은 이와 다르다. 이런 차이는 신학의 대상인 하나님의 특성에 의해서 생겨난다. 하나님은 인간의 정신과 감각을 넘어설 뿐만 아니라 수동적인 대상이 아니다. 그래서 하나님을 이해하기 위해서는 계시와 은혜와 신앙이라는 또 다른 지식의 원천이 요청된다.

계시라는 개념은 하나님의 독특한 특성과 관련된다. 계시는 하나님의 존재와 행위를 알기 위한 근거와 원천을 가리키는 개념이다. 하나님 지식과 이해의 원천은 오직 하나님 자신 안에 있다. 계시는 하나님으로부터 인간을 향하는 활동, 곧 하나님이 자신을 내어 주시거나 드러내 줌으로써 알리는 활동을 가리킨다. 하나님 자신이 스스로를 내어 주시거나 드러내 주지 않으면 인간은 하나님을 만날 수도 알 수도 없다.

인간의 주체적이고 능동적 인식 활동을 지식의 전제로 당연시하는 흐름 속에서 전통적인 계시의 의미와 역할이 모호하다고 생각할 수 있다. 그럼에도 불구하고 계시는 기독교 신학이 결코 포기할 수 없는 핵심 개념임에 틀림이 없다. 하나님의 자기 계시에 기초하지 않는 하나님에 대한 지식은 참되거나 견고하지 못할 뿐만 아니라, 더 나아가 가능하지도 않을 것이다. 하나님에 대한 참된 지식이나 이해가 없이는 우리 자신과 세계에 대한 참된 지식이 가능하지 않듯이, 하나님의 자기 계시가 없다면 하나님에 대한 참된 인식이나 이해도 가능하지 않을 것이다.

2. 성경의 계시 형식들과 예수 그리스도의 계시

다른 모든 주제와 마찬가지로 성경은 계시를 이해하는 데 원천적이고 규범적인 지위를 지닌다. 성경은 독특한 의미를 지닌 계시 사건들에 대한 풍부한 증언들을 담고 있다. 성경은 다양한 장르, 곧 서사, 예언의 신탁, 잠언, 명령, 찬양, 탄원, 애가, 그리고 묵시적 환상 등을 통해 계시를 증언한다.[1] 성경에서 계시는 우선 하나님이 자신의 존재, 약속, 의지를 소통하기를 바라시는 사람과의 만남을 뜻한다. 신약성경에서 등장하는 '아포칼립테인', '파네룬', 그리고 '기노리제인' 등의 헬라어 동사들은 계시를 표상하고 있다. 이 단어들은 "덮개나 껍질을 벗기고 드러냄"을 뜻한다. 이 동사들이 전달해 주는 뜻을 종합해 보면, 이전에 감추어져 있던 인간의 능력이 다다를 수 없는 하나님의 신비가 벗겨지고 드러나며 밝혀지는 것이다.

하지만 성경에서 등장하는 계시 표상들을 이해하기 위해서 신약성경에 등장하는 위 단어들에 제한될 필요는 없다. 구약성경은 이미 하나님의 자기 소통을 증언하고 있다. 저 유명한 "아브라함의 하나님, 이삭의 하나님, 그리고 야곱의 하나님"이라는 표현은 하나님의 자기 소통을 표상한다. 신약성경에서도 하나님의 자기 소통의 표상들이 등장한다. "죽은 자들이 아닌 산자들의 하나님"(마 22 : 32)과 "죽은 자들로부터 우리 주 예수를 일으키신 하나님"(롬 4 : 24)은 하나님에 대한 어떤 정보가 아니라 하나님 자신을 계시한다.

하나님의 소통은 다양한 방식들, 곧 이야기들, 피조 세계, 그리고 사건들을 통해 일어날 수 있다. 계시는 사건처럼 일어난다. 그것은 신적인 어떤 것과의 만남으로부터 귀결하거나, 보관되고 유지될 필요가 있는 형식의 지식이 아니다. 하지만 계시는 이런 만남들에 대한 이야기 형식으로 다시 말해질 수 있고 다른 사람들에게 소통될 수 있다. 예언자 엘리야가 하나님과 만나는 이야기는 지진이나 천둥이나 불과 같은 자연의 '흔들리는 요소들'과 대조적으로 '완전한 침묵' 가운데서 일어난 하나님의 자기 계시를 보여 준다(왕상 19 : 11-12). 신약성경 역시 그리스도의 선포에서 알려진 하나님 소통

---

1) Paul Ricoeur, "Toward a Hermeneutic of the Idea of Revelation," *Essays in Biblical Interpretation*, L. Mudge, ed.(Philadelphia : Fortress, 1980), 73 - 118.

의 계시를 증언한다. 이런 방식의 계시는 인간의 역사를 조명하고 이 역사에 대한 다양한 증언들을 이해하게 한다. 이렇게 계시는 하나님이 누구신지(정체성), 하나님이 어떻게 행동하시는지, 그리고 하나님의 의도가 무엇인지를 알려 주는 사건이다.[2]

하지만 계시 개념이 성경에서 정말 중요한 기능을 하고 있는지에 대한 의구심을 보이는 학자들도 있다.[3] 그들에 따르면 성경 문헌들에서 계시라는 용어는 근본적이지 않고, 통일된 형태를 지닌 것도 아니라고 한다. 계시를 단지 신학적으로 체계화된 개념으로 보는 것이다. 그렇다고 해서 성경이 계시 개념을 포함하고 있지 않다는 뜻은 아니다. 성경은 계시 개념을 체계적으로 제시하고 있지 않을 뿐이지 그 뿌리인 것을 부인할 수는 없다. 성경은 하나님의 자기 계시를 체험하고 인식한 수용자들의 증언을 담고 있다.

따라서 다양한 용어와 표상 방식에도 불구하고 성경의 증언들이 하나님의 계시에 대해 분명히 표현하고 말한다는 것에는 논란의 여지가 없다.[4] 성경에는 수없이 많은 계시 체험이나 이해 형식들이 나타난다. 성경은 역사적으로 전개된 다양한 형식의 계시 이해들의 모체라고 할 수 있다. 역사를 통해 신학자들이 숙고한 계시의 다양한 개념들과 형식들은 성경에 뿌리를 두고 있다. 성경은 확실히 하나님의 특별한 계시를 증언한다. 하나님의 특별한 계시는 무엇보다도 성경의 서사 구조를 통해서 웅장하게 드러난다. 즉, 하나님은 창조와 구속과 종말의 완성을 통해서 자신을 삼위일체 하나님으로 특별하게 계시한다.

---

2) Cf. Gerhard Sauter, "Revelation," *The Cambridge Dictionary of Christianity*, ed. Daniel Patte (Cambridge : Cambridge University Press), 2010, 1074-1075.
3) Cf. F. Gerald Downing, *Has Christianity a Revelation?*(London : SCM Press, 1964), 20-125 ; James Barr, Old and New in Interpretation(London : SCM Press), 1966.
4) 볼프하르트 판넨베르크, 「조직신학 I」, 신준호, 안희철 옮김(서울 : 새물결플러스), 2017, 320.

구약성경은 창조 세계와 족장들의 역사를 통해서 하나님이 자신을 계시하심을 증언한다. 성경은 하나님의 특별한 계시의 증언이지만, 성경 자체가 하나님은 창조 세계를 통해서도 자신을 계시하심을 분명하게 말한다. 창세기에 서술되고 있는 하나님의 창조 활동은 하나님의 자기 계시 활동이다. 하나님의 실재는 창조 세계를 통해 알려진다. 창세기뿐만 아니라 시편 곳곳에서도 하나님의 장엄과 숭고가 창조 세계와 온 피조물들을 통해 보편적으로 드러남을 찬양하고 있다. "하늘이 하나님의 영광을 선포하고 궁창이 그의 손으로 하신 일을 나타내는도다"(시 19 : 1, 참조. 시 19 : 2-4a). 신약성경에서 바울 역시 로마서를 통해 모든 인간이 창조의 작품들로부터 하나님을 알 수 있다고 주장한다. 계시는 자연 세계를 통해 주어져서 하나님에 대한 일반적 지식의 원천이 되기도 한다(롬 1 : 19-20 ; 행 17 : 23-29). 그러므로 성경은 하나님의 특별계시뿐 아니라 일반계시 개념의 모체라고 할 수 있다.

특별히 이스라엘의 역사와 전승들은 하나님의 계시와 계시 인식의 보고라고 할 수 있다. 하나님은 특별한 약속을 통해 아브라함과 모세와 이스라엘 백성들에게 창조자요 이스라엘의 구속자 하나님으로 자신을 계시하신다. 모세와 이스라엘 백성들은 특별한 방식으로 하나님의 계시를 체험한다. 특별히 출애굽 사건은 이스라엘이 체험하고 인식한 하나님의 결정적인 계시라고 할 수 있다. 이스라엘 전승은 이스라엘의 역사를 통해 다양한 계시 체험과 표상이 있었음을 알려 준다.[5] 구약성경에는 전형적인 형식의 계시 표상들이 나타난다. 구약 전승에서 꿈, 제비뽑기, 표적이나 이적, 그리고 예언자들의 말씀이 하나님의 뜻을 인식하기 위한 매체로 인정된다(참조. 삼상 28 : 6).

---

5) 참조. 위의 책, 324-349.

첫째, 꿈이나 예언의 황홀경을 통해 하나님의 현현을 체험하는 계시 형식이 있는데, 이는 하나님을 직접 보거나 듣는 것이 아니라 단지 하나님의 영감으로 이해된다. 창세기의 족장 이야기들에서 꿈이나 환상은 하나님 계시의 매체로 인식되고 있다. 하나님은 족장들의 꿈이나 환상을 통해 현현한다(창 26 : 24 ; 28 : 13 이하). 이런 환상이나 황홀경은 족장들뿐만 아니라 예언자들에게도 하나님의 계시의 중요한 표상으로 수용되고 있다. 예언자들의 소명 체험들에서 자주 등장하는 꿈이나 환상이나 황홀경은 하나님의 자기 전달의 형식으로 받아들여지고 있다. 예를 들어 모세는 가시덤불의 불꽃 환상을 통해 하나님의 현현을 체험한다. 아모스는 벽돌공의 다림줄이나 과일 한 광주리를 보면서 다가올 하나님의 심판을 인식하고(암 7 : 8 ; 8 : 1), 예레미야는 살구나무 가지나 끓어 넘치는 가마를 보면서 하나님의 행위와 다가올 재앙을 인식하고 있다(렘 1 : 11 이하).

둘째, 제비뽑기나 표적이나 이적 등도 그 모호성에도 불구하고 계시 표상의 매개체로 간주되고 있다. 제비뽑기는 그 모호성으로 인해 아주 긴급한 필요가 있을 경우에 제한적으로 허용되었다. 이는 하나님의 뜻을 분별하기 위한 방편으로 아주 드물게 행해졌다(민 26 : 52-56 ; 삼상 28 : 6 ; 행 1 : 26 ; 참조. 출 28 : 30 ; 레 16 : 6-10). 또한 표적과 이적에 대한 열망은 하나님을 시험하는 것으로 간주되어 금지되지만, 전적으로 금지되는 것은 아니다(참고. 신 6 : 16 ; 출 17 : 7). 이 역시 하나님에 대한 인식의 매체로 간주된다. 예를 들어 출애굽에서 모세를 통해 행해진 표적들이나 이적들은 하나님 자신을 인식하게 하는 하나님의 자기 전달의 형식을 취하고 있다(참조. 출 10 : 2 ; 신 7 : 19 ; 4 : 34 ; 6 : 22 ; 26 : 8). 이사야나 에스겔 같은 예언자들 역시 표적이나 이적을 하나님의 징조와 예표로 이해한다(참조. 사 8 : 18 ; 겔 24 : 24, 27). 신약에서 예수님은 하나님에 대한 표적 요구를 거절하지만(마 12 : 38

이하 ; 16 : 1-4 병행구절), 자신의 등장을 하나님 나라의 현재성을 가리키는 표적으로 제시하고 있다(눅 11 : 30).

셋째, 구약성경에서 하나님 계시의 형식으로 가장 권위를 지닌 것은 예언 전승에서 드러나듯이 하나님의 말씀이다. 하나님의 말씀은 예언자들을 통해 주어지는데, 하나님의 의지를 알리는 결정적인 형식으로 간주된다. 하나님의 말씀과 더불어 하나님의 영에 사로잡힘 역시 하나님 계시의 중요한 형식으로 간주된다.

구약성경에서 이스라엘 공동체의 계시 체험과 인식은 특별히 포로기 이후 예언의 말씀을 수용하는 형식을 통해 결정적으로 변화하고 있다. 포로기 이후 예언의 말씀과 묵시적 비전을 통해 하나님 계시의 종말론적이고 보편적인 미래 지평이 더욱 뚜렷하게 인식된다. "여호와의 영광이 나타나고 모든 육체가 그것을 함께 보리라"(사 40 : 5). 예언서 전승과 묵시문학에서 구약성경의 계시 개념은 종말론적인 미래와 결합된다. 특히 묵시문학에서 계시는 이중의 형태로 알려진다. 첫째, 예언자에게 주어지는 환상을 통해 종말의 미래가 드러난다. 둘째, 하나님 안에 은폐되어 있던 것이 궁극적으로 현현하는 것을 계시로 간주한다.

신약성경에도 계시의 다양한 표상들이나 형식들이 등장한다. 특별히 구약 묵시문학의 계시 이해가 신약성경의 계시 표상들의 맥락의 틀을 형성한 것으로 인정된다. 신약성경에서 묵시문학에 기원을 둔 계시 개념은 명시적으로 예수의 인격과 활동에 적용된다. 예수 그리스도의 인격과 활동을 통해서 일어난 하나님의 자기 계시는 성경이 증언하는 하나님의 특별한 계시들 가운데 가장 결정적이고 궁극적인 계시로 간주되어야 한다. 하나님의 자기 계시는 나사렛 예수의 역사 속에서 절정에 이른다. 이런 뜻에서 예수 그리스도는 궁극적 계시 또는 계시의 정점이라 할 수 있다. 예수 그리스도의 죽음과 부활과 함께 신·구약성경이 증언하는 하나님 계시의 역사가 절정에 도달한다. 한편 예수 그리스도를 통한 계시가 하나님의 자기 계시의 역사에서 결정적이고도 궁극적인 절정이지만, 하나님의 계시는 예수 그리스도와 함께 종결된 것이 아니라 종말에 이르러 완성된 형식을 드러낼 것이다.

3. 계시에 대한 신학적 성찰들의 역사적 고찰

역사를 통해서 계시에 대한 신학적 성찰들이 다양하게 등장했다.[6] 계시에 대한 신학적 성찰의 역사는 모든 시대마다 다양한 대안적 계시 이해의 구상들을 보여 준다. 신학이 하나님의 계시를 통해 가능하다는 견해는 이미 고대 교부신학에서 확립되었다. 계시 개념은 교부신학에서 실제로 사용되지만, 교리를 서술하는 데 근본적인 기능을 수행하고 있다고 말하기는 어렵다. 사도적 교부들은 구약의 묵시문학의 언어를 그대로 사용하지만, 고전 교부들은 지금까지 숨겨진 것이 종말론적으로 드러난다는 묵시문학의 계시 개념을 점차 헬레니즘적인 현현이라는 표상으로 발전시킨다. 고전 교부들은 현현으로서의 계시 개념을 그리스도의 성육신과 밀접하게 관련시킨다. 고전 교부신학의 뼈대를 세워 나간 이레나이우스, 유스티누스, 클레멘스, 오리게네스, 아타나시오스 등의 고전 교부들은 성육신 신학을 발전시키면서, 성육신이 아들을 통한 하나님의 자기 계시, 곧 아들의 육체 안에서의 하나님 또는 로고스의 현현이라는 해석을 확립했다.

중세에 이르러서도 계시에 대한 고전 교부들의 기본 견해, 곧 신학은 근

---

6) 참조. 판넨베르크, 「조직신학 I」, 349-374.

본에 있어서 계시와 관계된다는 견해는 그대로 계승되고 있다. 중세 신학은 계시 개념을 성경의 권위와 밀접하게 연결하면서 그것에 근본적인 신학적 기능을 부여하고 있다. 중세 신학을 대표하는 신학자인 토마스 아퀴나스는 하나님 구원의 진리를 이성을 넘어서는 것으로 간주하면서 이 구원의 진리가 성경이 증언하듯이 이미 예언자들과 사도들에게 일어난 계시를 통해 전달되어야 한다고 주장한다.

계시와 성경 권위의 관계는 이미 오리게네스에게서 시작되고 중세기에 밀접하게 연결되었으며, 종교개혁자들과 개신교 정통주의에 와서 그 결속이 더욱 강화된다. 개신교 정통주의 신학에서 계시 이해의 중점이 성경의 영감 쪽으로 이동하게 된다. 개신교 정통주의는 하나님이 자신을 계시하는 수단인 하나님의 말씀이 율법과 복음으로 나타나는 것으로 이해한다. 아울러 모든 사람에게 주어지는 일반 또는 자연계시와, 말씀을 통해 주어지는 특별 또는 초자연계시로 계시를 새롭게 분류하는 유형을 정착시킨다. 개신교 정통주의는 특별계시를 성경의 저자들에게 주어진 직접 계시와, 성경을 통해 후세의 사람들에게 주어지는 간접 계시로 다시 구분하고 있다.

계몽주의에 이르러 타율적인 권위를 비판하는 시대정신이 대두함에 따라 계시 개념은 훨씬 깊은 변화를 겪게 된다. 하나님의 계시가 하나님의 영을 통해 예언자들과 사도들에게 문자로 전달되었다는 개신교 정통주의의 축자영감설이 타격을 받으면서 근대 신학에서 계시 개념에 관한 논쟁이 촉발되기에 이른다. 계몽주의자들은 일반계시 또는 자연계시를 특별계시의 규범으로 삼고 결국에는 후자를 전자로 대치하기에 이른다. 계몽주의자들은 특별계시와 일반계시라는 개신교 정통주의 구분 대신에 계시 종교와 자연 종교라는 새로운 구분을 제시한다. 가령 대표적인 계몽주의자인 레씽은 이웃 사랑의 자연 종교가 계시 종교의 가치를 판단하는 기준이라고 주장한다. 계몽주의의 영향으로 계시는 점점 개인의 주관 속으로 퇴각하고, 급기야는 칸트에게서처럼 기적과 예언들이 계시의 내용에서 빠지고 대신 도덕 종교가 계시의 내용이 되기에 이른다.

독일 관념 철학은 현대 신학의 계시 개념에 커다란 영향을 미쳤다. 관념 철학에서 계시는 오로지 하나님의 자기 계시로 이해된다. 하나님의 계시를 자기 계시로 이해하는 사고가 등장한 이유는 역사비평이 영향을 확대함에 따라 성경영감설과 계몽주의적인 자연신학이 붕괴한 점에서 찾을 수 있다. 헤겔이나 셸링 같은 관념철학자들은 계시를 계시의 주체와 내용이 엄격하게 동일한 하나님의 자기 계시로 이해하고 있다. 초기 셸링은 역사의 전체 과정, 더 나아가 포괄적으로 인간을 정점으로 하는 세계 창조를 하나님의 자기 계시가 일어나는 자리로 생각한다. 또한 헤겔은 하나님의 자기 계시를 인간의 하나님 인식 속에 집약되는 전체 과정의 결과와 관계되는 것으로 이해한다.

관념 철학의 영향을 받은 현대 신학은 계몽주의의 전제를 받아들여 간접 계시를 종교 체험이라는 직접 계시로 변형시키는 경향을 보인다. 슐라이어마허와 그 추종자들은 계시의 내용을 인격적인 하나님에 대한 종교적 의식의 근거로 주관화하고 있다. 하지만 19세기 개신교 신학은 하나님과 세계 과정을 일치시키는 범신론적 경향을 피하고, 역사 속에서의 하나님의 자기 계시에 관한 사고를 발전시키는 방향으로 나아간다.

20세기에 들어와서 19세기 계시의 주관화를 극복하기 위한 노력들이 전개되었다. 대체로 두 가지 계시 개념, 곧 하나님의 말씀과 보편사로서의 계시 표상이 논쟁의 형태로 제시되었다. 먼저 바르트는 교의학의 개념인 하나님의 말씀을 계시의 배타적인 표상으로 강조한다. 바르트는 개혁교회 신조를 따라 삼중 형식으로 이루어진 하나님의 말씀을 전개하면서, 직접적인 하나님의 말씀인 예수 그리스도만을 하나님의 참된 계시로 간주하지만, 세상 속에서 하나님에 대한 변증법적이고 유비적인 인식이 가능하다고 주장한다.[7] 20세기의 많은 신학자들이 바르트의 영향으로 하나님의 말씀과 예수 그리스도를 계시의 주된 표상으로 간주하지만, 판넨베르크는 그리스도 중심적인 하나님의 말씀의 계시 표상이 성경학적이고 교의학적 근거가 약함을 지적한다. 그는 성경 주석에 뒷받침된 역사신학의 기초 위에서 종말론적으로 정향된 보편 역사로서의 계시 이해를 주장한다.[8]

그리스도 중심의 계시 표상과 종말 정향의 계시 표상 사이의 논쟁은 계시가 그리스도와 함께 종결된 것인지, 아니면 종말을 향해 열려진 것인지에 대한 토론을 불러일으킨다. 바르트는 그리스도 중심의 계시 표상에 집중하는 가운데 계시의 종말론적 성격에 대해서는 거의 침묵함으로써 논쟁의 중심에 자리한다. 바르트와 비슷한 시기에 활동한 틸리히는 바르트와 달리 계시의 점진적 발전을 주장한다. 틸리히는 예수 그리스도 안에서 이루어진 계시를 '궁극적이고 원초적' 계시로 간주하지만, 예수 그리스도와 함께 계시가 종결되었다고 보지 않는다.[9] 판넨베르크 역시 예수 그리스도의 계시가 결정적임을 부인하지는 않지만 예수 그리스도의 부활과 함께 계시의 종말론적 성취가 예기되었다고 주장한다. 몰트만 역시 그리스도의 죽은 자로부터의 부활에서 나타난 계시는 종결의 성격을 띠는 것이 아니라 종말론적 약속의 성격을 지닌 것으로 이해한다.[10]

---

7) 김명용, 「칼 바르트의 신학」(서울 : 이레, 2007), 105 – 145.
8) 판넨베르크, 「조직신학 I」, 374 – 417.
9) Paul Tillich, *Systematic Theology*, vol. 1(Chicago : University of Chicago Press, 1950), 111.
10) 위르겐 몰트만, 「희망의 신학」, 이신건 옮김(서울 : 대한기독교서회, 2002), 98 – 109.

4. 계시의 특성

성경에 증언되어 있고 신학의 긴 역사를 거쳐 숙고된 계시는 독특한 특성을 띠고 있다. 계시 개념이 신학적으로 다양하고 심지어는 혼란스러운 점을 고려할 때 계시의 특성을 살피는 것은 계시를 이해하기 위해 도움이 된다.

1) 하나님의 자기 계시

계시는 고유하고 엄밀한 의미에서 하나님의 자기 계시라고 말할 수 있다. 계시는 하나님이 자신의 존재와 성품과 행위와 목적을 드러냄을 가리키는 개념이다. 달리 말해서 계시는 살아서 활동하는 하나님의 본성과 경륜을 드러냄을 표현하는 개념이다. 성경의 저자들은 하나님의 자기 계시를 하나님이 은혜 가운데 주권적으로 또 자유롭게 수용자인 인간을 찾아오시고, 만나시고, 말씀하시며, 행동하시는 것으로 증언하고 있다.

계시에 대한 신학적 성찰의 역사에서 살핀 대로, 하나님이 계시의 주체 또는 내용[11]이라는 자기 계시 개념을 독일 관념 철학이 확립한 사실은 다소 아이러니하다. 하나님이 계시의 주체라는 명제는 하나님의 자기 계시의 특성을 분명히 보여 준다. 이 명제를 깊이 숙고한 현대 신학자는 바르트라고 할 수 있다. 바르트는 데카르트가 문을 열고 독일 관념 철학이 발전시킨 근대 의식주의 또는 주관주의 전통이 현대 신학에 미친 부정적인 문제들과 씨름하면서 하나님의 대상성을 신학적으로 숙고하는 가운데 하나님이 계시의 주체임을 강조한다.

---

11) H. G. 푈만, 「교의학」 6판, 이신건 옮김 (천안 : 한국신학연구소, 2012), 45.

바르트는 관념 철학이 확립한 하나님의 자기 계시 개념을 수용하면서도 계시의 의식주관적 차원보다는 객관적 실재 차원을 강조하는 쪽으로 나아간다. 바르트가 수행한 객관적 실재로의 이행은 계시의 주관적 수용, 곧 주관적 체험과 인식과 해석 활동에 앞서 하나님의 자기 계시의 우선성을 부각하는 성격을 띤다. 바르트가 보기에 인간은 성경이 증언하는 계시 사건을 통해 하나님의 실재를 마주한다.[12] 계시 사건을 통해 일어나는 하나님의 실재와의 만남에서 강조되어야 할 점은 인간의 주관이 통제할 수 없는 하나님의 자유롭고 주권적인 행위이다. 그렇다고 인간의 응답 역시 수동적이지만은 않다. 칸트의 인식주관으로의 코페르니쿠스적 전회를 따라 경건한 감정이나 종교적인 자기 의식을 하나님에 대한 지식의 토대로 삼는 슐라이어마허[13]에 반대하면서, 바르트는 계시의 객관적 실재인 하나님의 말씀과 삼위일체 하나님이라는 교의학적 개념을 하나님에 대한 지식의 출발점으로 삼는다. 바르트는 하나님의 주체적 활동을 표현하기 위해 '하나님의 자기 드러냄' 또는 '하나님의 자기 내어 줌'이라는 개념을 사용하고 있다. 칼 라너 역시 하나님의 자기 계시 개념을 받아들이고 있는데, '하나님의 자기 소통이나 전달'이라는 유사한 계시 개념을 사용하고 있다.[14]

하나님에 대한 지식이나 인식에 선행하는 원천으로서 하나님의 자기 계시 개념은 많은 현대 신학자들에 의해 공유되고 있다. 하나님의 자기 계시를 두드러지게 강조한 신학자로 판넨베르크를 들 수 있다. 그는 바르트를 따르는데, 인간이 스스로 신적인 본질의 신비를 끄집어내는 식으로 하나님을 인식한다는 접근을 비판하면서, 하나님은 오직 하나님 자신이 인식되도록

---

12) Karl Barth, *Church Dogmatics* I/2, trans. G. W. Bromiley(Edinburgh : T&T Clark, 1956), 237.
13) Cf. Friedrich Schleiermacher, *The Christian Faith*, eds. H. R. Mackintosh & J. S. Stewart, 3 - 128.
14) Karl Rahner, *Foundations of Christian Faith*, trans. William V. Dych(New York : Crossroad, 1984), 116 - 137.

"스스로 내어 주실 때만 인식될 수" 있음을 주장한다.[15] 스코틀랜드의 신학자 휴 로스 매킨토시 역시 이 점을 강조한다. "하나님에 관한 종교적 지식은 어떤 것이든 '계시'를 통해 얻는다. 그렇지 않다면 우리는 하나님이 자신을 알리지 않더라도 하나님을 알 수 있다는 어처구니없는 착각에 빠지게 된다."[16]

하나님의 자기 계시에 대한 강조는 인간의 의식에 기초하여 주관적 체험이나 인식, 이해의 측면을 강조하는 편향을 수정하고, 하나님의 존재나 행위의 실재적 차원을 균형 있게 생각하도록 고무한다. 하나님의 자기 계시라는 실재의 측면을 소홀히 여기면서 주관적인 체험과 인식만을 강조하는 하나님 지식은 공허해지기 쉬울 것이다. 거꾸로 인간의 주관적인 체험과 인식의 측면을 해명하지 않고 하나님의 자기 계시의 실재 측면만을 일방적으로 강조하는 하나님에 대한 지식도 역시 맹목적인 편향으로 흐를 수 있을 것이다.

2) 계시의 인격적 특성

성경이 증언하는 계시 체험들은 두드러지게 인격적인 특성을 보여 준다. 계시에 대한 성경의 언어 자체가 두드러지게 인격적인 성격을 지닌다. 예를 들어 시편은 하나님에 대한 인격적 체험을 많은 곳에서 증언한다. 성경은 하나님의 자기 계시의 특성을 보여 줄 뿐만 아니라, 하나님의 자기 계시가 현저하게 인격적 특성을 띠고 있음을 보여 준다. 성경에서 계시의 인격적 특성은 하나님이 인격적 존재라는 근본적 사실에 뿌리를 둔다. 인격적 존재인 하나님의 자기 계시가 인격적 특성을 띠는 것은 어찌 보면 지극히 당연하다.

---

15) 판넨베르크, 「조직신학 I」, 311.
16) 알리스터 맥그래스, 「신학이란 무엇인가」, 김기철 옮김 (서울 : 복 있는 사람, 2014), 361에서 재인용.

성경이 증언하는 계시는 하나님에 대한 단순하고 추상적인 정보의 전달이 아니라 하나님의 본성과 목적을 소통한다.

성경에서 인격적 특성의 다양한 계시 체험 사례들을 확인할 수 있다. 족장들의 체험을 포함해서 모세의 소명, 다윗의 회개, 예언자들의 소명 환상, 그리고 바울이 부활하신 그리스도를 만남 등은 모두 계시의 인격적 특성을 보여 준다. 계시 사건을 체험한 사람들은 두려움과 떨림을 느낄 뿐만 아니라 더 나아가 세계관이나 삶의 방식이 바뀌는 변화를 겪게 된다. 말하자면 계시 체험은 마치 '새로운 세계가 열리는 문지방'[17]과 같아서, 세계를 바라보고 삶을 실천하는 방식의 철저한 변화를 수반한다. 이 문지방의 비유는 "네 발에서 신을 벗으라"(출 3:5)는 음성을 들었던 모세의 소명 체험을 이해하는 데 적절한 듯하다. 문지방을 넘어서면 완전히 다른 세계가 펼쳐지듯이, 하나님의 계시를 극적으로 체험한 사람들은 세계와 만물을 완전히 새로운 빛, 곧 하나님의 시각에서 보게 된다.[18] 계시 사건은 계시를 체험한 사람의 중심을 뒤흔들어 실존에 충격을 줄 뿐 아니라 일종의 죽음을 야기한다고 할 수 있다.

이러한 계시의 인격적 특성은 예수 그리스도 안에서 일어난 하나님의 결정적 또는 최고의 계시에서 가장 두드러지게 나타난다. 기독교 신앙은 성경이 증언하는 예수 그리스도 탄생과 사역과 죽음과 부활에서 하나님의 자기 계시가 가장 결정적이고도 궁극적으로 일어난 것으로 이해한다. 예수 그리스도의 인격과 삶을 통하여 하나님의 자기 계시의 온전함이 드러났다. 예수 그리스도 안에서 일어난 계시의 인격적 특성은 그 계시에 대한 지식이 생명

---

17) William J. Abraham, "The Offense of Revelation," *Harvard Theological Review* 95, no. 3(July 2002), 259.
18) Cf. John Baillie, *The Idea of Revelation in Recent Thought*(New York : Columbia University Press), 1956.

을 살리는 구원의 지식을 가져다준다는 점에서 찾을 수 있다.

따라서 계시를 통한 하나님 지식은 하나님과 이웃과의 관계 속에서 삶의 의미와 온전함과 성취를 결정적으로 가져온다. 하나님은 예수 그리스도 안에 나타난 하나님의 은혜가 하나님에 대한 우리의 사랑과 하나님의 뜻을 행하고자 하는 우리의 의지와 융합되는 곳, 곧 신앙의 자리에서만 자신을 알리신다.[19] 하나님의 계시는 오직 하나님을 전인격적으로 신뢰하고 순종하는 신앙 안에서만 올바로 인식된다고 말할 수 있다.[20] 이런 점에서 계시는 단순히 앎의 문제가 아니라 존재와 행위의 문제이기도 하다. 계시는 우리의 인격적 응답과 수용을 요구한다. 모세는 불타는 가시덤불 속에서 이스라엘 백성을 이집트의 노예 상태에서 인도해 내라는 하나님의 음성을 듣는다(출 3장). 바울은 부활하신 그리스도의 계시를 체험하고 교회를 핍박하는 자에서 이방인에게 복음을 전하는 사도로 인격적인 변화를 겪는다(갈 1:12; 참조. 행 9:3-9; 22:6-11; 26:12-19). 베드로 역시 꿈속에서 하나님이 차별 없이 유대인뿐만 아니라 이방인에게도 복음을 전하기로 작정하고 계심을 알게 된다(행 10:9 이하).[21]

계시의 인격적 특성은 주관적 진리가 중요하다고 본 쇠얀 키어케고어나 실존의 진리를 강조한 실존철학의 영향을 받은 신학들에서 두드러진 주목을 받았다. 불트만은 계시의 객관적 실재보다는 그 실존의 의미를 천착한다. 계시가 가져오는 응답으로서 신앙의 측면, 곧 순종적인 결단을 강조한 것이다. 실존주의적이지만 개인적이고 주관적인 접근이라 할 수 있다.[22] 바르트

---

19) John Calvin, *Institutes of the Christian Religion*, ed. John McNeil(Philadelphia : Westminster, 1960), 1. 2. 1.
20) 윤철호, 「기독교신학개론」(서울 : 대한기독교서회, 2014), 39.
21) 참조. 다니엘 L. 밀리오리, 「기독교 조직신학 개론」(개정 3판), 59 - 61, 72 - 73.
22) Cf. Rudolf Bultmann, "The Concept of Revelation in the New Testament," *Existence and Faith*, 58 - 91.

역시 한편으로는 하나님의 자기 계시의 객관적 실재 차원을 강조하는 데 심혈을 기울인 것이 사실이지만, 다른 한편으로는 매우 실존적인 인격적 특성의 계시 이해를 보여 주었다. 브룬너 역시 계시의 진리들을 하나님과의 인격적 만남과 관계된 것으로 이해한다.[23] 리처드 니버는 계시와 도덕적 가치들 사이의 상관성에 대해 깊이 숙고하면서, 십자가에 달리신 그리스도의 복음이 하나님과 세상과 우리 자신에 대한 이해를 영원히 혁명적으로 변화시킨다는 점을 강조한다.[24] 오늘날 많은 신학자들은 계시의 인격적 특성을 이해하는 실마리로서 서사(또는 이야기) 형식에 주목하기도 한다.[25]

3) 계시의 매개적 특성

하나님은 오직 하나님 자신을 통해서만 알려진다는 자기 계시의 우선성이 중요하지만, 인간의 수용과 응답의 차원이 없다면 하나님에 대한 인식은 이루어질 수 없을 것이다. 하나님의 존재나 행위를 스스로 알리는 계시는 수용자인 인간에게 어떻게 일어나는가? 이 물음은 계시의 매개라는 주제로 이끈다. 하나님은 매개체를 통해서 자신을 알리신다. 따라서 하나님의 계시를 이해하기 위해서는 그 매개적 특성에 주목할 필요가 있다.

계시를 모형이나 유형으로 이해하기도 하는데, 이런 이해는 계시의 매개 문제와 어느 정도 관련이 있지만 다른 성격을 띠는 듯하다. 덜레스는 계시를 이해하기 위한 다섯 가지 모형 또는 유형을 제시한다.[26] 즉, ① 교리 명제

---

23) Emil Brunner, *The Divine - Human Encounter*, trans. Amandus W. Loos(Philadelphia : Westminster, 1943), p. 110.
24) Cf. Richard Niebuhr, *The Meaning of Revelation*(New York : Macmillan, 1941).
25) 참조. 다니엘 L. 밀리오리, 「기독교 조직신학 개론」, 84 - 85에 인용된 문헌들.
26) Avery Dulles, *Models of Revelation*, 2nd ed., Maryknol, N. Y. : Orbis, 1992.

형식으로서의 계시, ② 성경에 증언된 특정 역사적 사건 형식으로서의 계시, ③ 특별한 내적 체험 형식으로서의 계시, ④ 말씀과 성령을 통한 변증법적 현존 형식으로서의 계시, ⑤ 변화된 행동을 초래하는 새로운 인식 형식으로서의 계시이다. 유형론이나 모형론은 계시의 매개 문제를 이해하는 데 어느 정도는 도움이 되는 듯하다. 계시의 매개 형식에 따라 다양한 유형을 따른다고 볼 수도 있다.

하나님의 자기 계시는 반드시 매개체를 통해서 계시의 수용자인 인간에게 온다. 계시는 피조 세계의 다양한 매체를 통해서 주어진다. 물론 객관적인 매개 과정을 소홀히 여긴 채 주관의 직접적인 수용의 측면을 강조한 흐름들이 있었다. 중세의 신비주의나 종교개혁 시기의 급진 종교개혁을 대표적 사례로 들 수 있다. 이들은 성령을 통한 직접적인 체험, 즉 하나님과의 직접 소통이나 전달을 강조한다. 그러나 계시의 매개성은 계시의 간접적이고 객관적인 차원과 밀접하게 관련된다. 하나님은 성경과 자연이라는 두 매체를 통해 자신을 계시하신다. 흔히 자연계시라는 개념은 계시의 매개 성격을 이해하는 실마리가 된다. 이 개념은 하나님이 피조물의 세계를 통해 자신을 계시하심을 함축하고 있다.

현대 신학에서 계시의 매개성은 바르트에 의해 다시 숙고되었다. 바르트는 하나님의 자기 계시에서 하나님의 주권과 자유를 강조하면서 하나님이 어떤 매개체를 통해서도 자신을 계시하실 수 있다고 말한다. 그는 적어도 이론적으로는 계시의 매개 범위를 제한하지 않지만, 실제로는 하나님의 자기 계시의 매개를 하나님의 말씀인 예수 그리스도로 집중시킨다. 바르트에게 있어서 하나님의 말씀인 예수 그리스도는 하나님의 자기 계시의 행위로 이해된다. 이처럼 바르트가 이론적으로는 하나님의 자기 계시의 제한 없는 매개 가능성을 인정하면서도 실제로는 예수 그리스도로 집중한 이유는, 신학적으로는 인간 중심적인 의식주관주의 신학, 정치적으로는 히틀러의 나치즘이 야기한 부정적인 역사와 깊은 관련이 있다.

바르트는 객관성을 강조하는 교의학에서 주관성을 강조하는 신앙론으로의 이행이 하나님의 주관화를 촉진시킨 결과로 포이어바흐의 비판을 초래했다고 간주한다. 그래서 신앙론을 다시 교의학으로 되돌리려는 맥락에서, 그는 하나님의 실재를 객관적으로 이해하기 위한 첫걸음으로 하나님 계시의 객관적 매개체로서 하나님의 말씀에서 시작할 것을 주장한다. 바르트는 개혁신학의 전통을 따라 하나님의 말씀을 삼중 형식으로 구분한다. 즉, 계시된 하나님의 말씀인 예수 그리스도, 기록된 하나님의 말씀인 성경, 그리고 선포된 하나님의 말씀이 그것이다. 바르트는 삼중 형식으로 된 하나님의 말씀 가운데 오직 예수 그리스도만을 하나님의 자기 계시로 간주하고, 기록된 하나님의 말씀인 성경을 계시의 증언으로 본다.[27]

판넨베르크는 바르트가 제한한 계시의 매개 성격과 범위 문제를 신학 토론의 장에 불러왔다. 그는 하나님의 계시가 반드시 전체 역사를 통한 매개의 방식으로 간접적이고 유비적으로 이루어짐을 강조한다. 그리고 하나님의 계시가 전체로서의 역사 또는 보편 역사를 통해서 일어난다고 주장한다. 판넨베르크에게 있어서 전체로서의 역사는 인간의 역사뿐 아니라 자연의 역사를 포함하는 포괄적인 역사 개념이라 할 수 있다.[28]

4) 계시의 역설적 특성

성경이 증언하는 계시 표상들은 역설적 특성을 띤다. 계시의 역설적 성격

---

27) Karl Barth, *Church Dogmatics* I/1, trans. G. W. Bromiley(Edinburgh : T&T Clark, 1936), 88 - 124.
28) Cf. Wolfhart Pannenberg ed., *Revelation as History*(New York : Macmillan, 1968).

은 하나님이 계시하시는 분인 동시에 감추시는 '은폐의 하나님'이라는 명제에서 잘 드러난다. 하나님의 자기 계시의 역설적 특성은 무엇보다도 인간의 개념과 인식의 한계를 지시하는 듯하다. 하나님은 자신을 알리시는 계시의 하나님이지만, 인간은 그 계시의 하나님을 완전히 이해할 수 없다.

구약성경은 하나님이 계시 사건 속에서 역설적으로 자신을 감추신다는 진리를 여러 곳에서 증언한다. 예를 들어 모세는 하나님의 영광을 보여 달라고 구하지만, 하나님의 얼굴은 보지 못한 채 오직 하나님의 등만을 본다(출 33 : 17-23). 이사야 역시 계시의 역설적 성격을 분명하게 인식하고 있다. "구원자 이스라엘의 하나님이여 진실로 주는 스스로 숨어 계시는 하나님이시니이다"(사 45 : 15). 폰 라트에 따르면 구약성경에서 하나님의 자유는 역설적 성격을 띤다. 그는 다음과 같이 주장한다. "야웨의 효과적인 현존의 약속은 동시에…… 파악하기 어렵고 이해하기 어렵다."[29] 이스라엘이 체험한 하나님은 자신을 자세하게 드러내지 않는 자유를 지닌 분으로 표상된다.

계시의 역설적 성격은 하나님이 자신을 인간의 신앙 언어와 생각을 통해 계시하지만, 그 계시 속에서도 인간의 생각과 언어보다 언제나 더 큰 분임을 보여 준다. 하나님은 인간의 언어와 생각을 통해 자신을 주시지만 늘 자유로우신 분이다. 이사야의 고백처럼 "하나님의 길은 우리의 길보다 늘 높고 하나님의 생각은 우리의 생각보다 늘 깊다"(사 55 : 9).

신약에서도 구약에서와 마찬가지로 하나님의 계시는 역설적으로 감추어져 있다. 하나님께서는 예수 그리스도 안에서 자신을 결정적으로 계시하셨다. 예수 그리스도 안에 드러난 하나님의 감추심은 종의 모습, 무엇보다도 그의 십자가의 죽음 속에 깊이 감추어져 있다. 예수 그리스도의 계시의 역설

---

29) Gerhard von Rad, *Old Testament Theology*, vol. 1(New York : Harper & Row, 1962), 180.

적 특성은 많은 사람들에게 걸림돌로 작용한다.

하나님 계시의 역설적 특성은 신학적 숙고의 역사를 통해서 지속적으로 강조되었다. 특별히 부정 신학 전통은 하나님의 불가해성을 늘 강조하는데, 많은 신비가들은 하나님의 암흑성 또는 구름이라는 은유적인 표현을 통해서 하나님의 계시가 지닌 역설적 특성을 강조한다. 종교개혁자들 가운데 마르틴 루터는 특별히 하나님의 감추어진 계시를 매우 두드러지게 강조한 것으로 잘 알려져 있다.

성경 계시의 역설적 특성은 현대에 이르러 루터의 전통을 잇는 키어케고어에 의해 현저하게 강조되고 있다. 바르트 역시 초기의 기념비적인 저작인 「로마서강해」 2판에서 루터나 키어케고어를 따라 계시의 역설적 특성을 두드러지게 강조한 사실은 매우 잘 알려져 있다.

5. 계시 이해를 위한 주요 개념들에 대한 이해

다양한 계시 이해가 혼란스럽게 공존하는 현실을 고려할 때, 핵심 개념들을 명확하게 해명하는 것이 계시를 명료하게 이해하는 데 도움이 된다. 아래에서는 혼선을 야기하는 몇 가지 개념들 사이의 관계를 밝혀 볼 것이다.

1) 계시와 신앙과 이성

위에서 살펴본 대로 계시는 하나님에 대한 지식의 원천이요 근거로서 무엇보다도 하나님의 자기 계시, 곧 하나님의 실재가 객관적으로 드러남이다. 그렇다면 하나님의 자기 계시, 곧 하나님의 실재가 객관적으로 드러남은 어떻게 수용자인 인간에게 알려지는가? 계시의 객관적 실재는 주관적 수용이나 응답의 차원을 통해 하나님에 대한 지식을 가져다준다. 계시의 주관적 수용이나 응답의 차원에서 상응하는 개념이 신앙과 이성이라 할 수 있다.

먼저 신앙과 이성의 관계를 규명할 필요가 있다. 계시를 자연이나 이성에 상응하거나 대립시키는 접근은 적절치 못한 듯하다. 앞서 살핀 대로 계시가 하나님의 행위라면, 계시의 수용자인 인간의 인식 활동이 계시에 상응하거나 대칭되는 것으로 보아야 할 것이다. 인간의 인식 영역에 속하는 이성과 신앙은 상응하거나 대칭되는 것으로 볼 수 있다. 자연은 계시의 매개 차원에 해당하고 신앙과 이성 모두 계시 수용의 측면에 해당하는 개념들로 볼 수 있다.

기독교의 역사를 통해 예루살렘으로 상징되는 신앙과 아테네로 상징되는 이성은 때로는 갈등을 빚기도 하고 때로는 조화를 이루기도 했다. 초기 교부인 터툴리아누스는 예루살렘과 아테네가 아무 상관이 없다고 주장했지만, 기독교가 서방 세계의 주축 종교로 자리매김한 이후 아우구스티누스를 포함한 기독교 신학자들은 대체로 신앙 안에 이성의 적절한 자리를 마련하려고 노력했다. 중세의 아퀴나스는 은혜가 자연을 파괴하지 않고 완성한다는 명제 아래 자연적 이성을 신앙에 도움이 되는 것으로 자리 매김하고 있다.

하지만 계몽주의 시기에 이르러 신앙과 이성의 관계는 극적인 변화를 맞이하였으며, 이성이 진리의 최고 법정이 되었다. 이 시대를 대표하는 철학자들 가운데 하나인 존 로크(John Locke)는 계시와 이성을 서로 보충하는 것으로 생각하지만, 이성을 표준으로 삼아 진리를 세 가지로 구분한다. 즉, 이성과 일치하는 진리, 이성을 초월하는 진리, 이성과 반대되는 진리이다. 로크는 앞의 두 가지 진리를 기독교 신앙의 합리성에 조화하는 것으로 보고, 이성에 반대되는 진리를 기독교 신앙에서 배제한다. 칸트는 계시의 가능성을 부인하지는 않지만, 계시의 실재를 순수 이성의 증명 너머에 있는 영역으로 생각한다. 실제로 칸트는 계시 종교에 대해 비판적 태도를 보이고 오직 이성의 종교, 곧 도덕 종교를 주장한다.[30]

계몽주의와 과학적 세계관을 수용한 이신론자들은 계시 종교를 자연 종교에 대립시키고 전자를 후자로 환원시킨다. 즉, 계시 종교를 단지 자연 종교 안에서 발견되는 것의 복사판에 불과한 것으로 본다. 그것은 계시를 폐기하고 이성과 도덕을 종교의 기초로 삼는 것으로 귀결되기에 이른다. 이리하여 도덕 종교와 이성 종교만을 참된 종교로 간주하게 된다.

신학은 하나님의 계시에 대한 학문이면서 동시에 이성적인 학문이다. 신학은 신앙과 이성의 적절한 협력을 통해 하나님의 계시를 이해하고 실천하려고 애쓴다. 계시가 하나님이 자신을 내어 주는 은혜의 선물이라면 신앙도 이성도 모두 하나님의 은혜의 선물이다. 신앙과 이성을 서로 대립적이고 배타적인 것으로 간주하는 것은 올바르지 않다. 계시를 인간의 이성이나 상상에 대한 초자연적 대체물로 이해하는 것은 계시 개념을 왜곡하는 것이다. 계시는 인간의 이성이나 상상을 파괴하거나 무력화하기보다는 인간의 이성이나 상상력에 새로운 비전과 방향을 제시한다.[31] 따라서 계시에 열려진 이성 또는 상상력이 더욱 진리의 풍성한 결실을 가져다줄 수 있을 것이다.

2) 계시와 경험, 인식, 해석

성경은 하나님의 자기 계시가 다양한 사람들에 의해 주관적으로 체험되고

---

30) 조지 스트룹, "계시," 『현대기독교 조직신학』, 윤철호 옮김(서울 : 한국장로교출판사, 1999), 190 - 196.
31) 개럿 그린, 『하나님 상상하기』, 장경철 옮김(서울 : 한국장로교출판사, 1996).

인식되며 해석되었음을 증언한다. 하나님의 자기 계시는 허공 속에서 일어나지 않고, 하나님을 만난 사람들에 의해 체험되고 인식되며, 때로는 해석된다. 하나님의 계시에 대한 경험과 인식 역시 인간 경험과 인식 조건의 제약을 받는다. 근대에 이르러 칸트는 이성의 한계에 대한 엄밀한 비판을 통해 인간 경험과 인식의 한계를 명확히 제시했다. 칸트는 하나님과 같은 초월적 실재는 직접적으로 알려질 수 없다고 본다. 슐라이어마허는 고전 형이상학과 그에 기초한 신학에 대한 칸트의 비판에 응답하여 계시에 대한 주관적이고 경험론적인 해석을 제시한다. 그는 하나님 말씀의 성경원리와 명제적 교리 대신에 주관적인 차원의 신앙 의식과 경험을 계시의 토대로 간주한다. 그는 계시를 '우주에 대한 근원적이며 새로운 직관'으로 규정한다.[32] 성경영감설의 객관주의에 반대해서 경험의 타당성을 주장한 것은 그 자체로는 틀린 것은 아니다. 계시 실재의 객관적 토대는 불가인식론적 영역에 놓이기 때문이다. 하지만 슐라이어마허는 신앙주관주의 길을 연 것으로 평가받는다.

바르트는 슐라이어마허의 신앙주관주의 문제를 예민하게 인식한다. 그는 옛 정통주의 성경영감설의 객관주의를 따르지 않으면서 계시의 객관적-주관적 실재를 예수 그리스도와 성령이 매개하는 것으로 구상한다. 그에 따르면 예수 그리스도는 계시의 객관적 현실이고 성령은 계시의 주관적 현실이다.[33] 틸리히 역시 계시의 주관적 차원과 객관적 차원의 상호 의존 관계를 주장한다.[34]

계시는 하나님의 자유로운 행위이다. 하나님은 계시 속에서 늘 자유로우시며 인간의 범주와 개념의 포로가 되지 않는다. 바르트가 비록 과격하지만

---

32) 프리드리히 슐라이어마허, 「종교론」, 최신한 옮김(서울 : 대한기독교서회, 2002), 107.
33) Karl Barth, *Church Dogmatics* 1/2, 1 - 44, 203 - 279.
34) Paul Tillich, *Systematic Theology* vol. 1, 111.

올바르게 주장했듯이, 계시의 수용자인 인간은 하나님의 자기 계시를 결코 통제할 수도 없고 통제해서도 안 되지만 통제하려는 유혹을 받는다. 따라서 특별계시든지 일반계시든지 하나님의 자기 계시를 철저히 은혜의 선물로 받아들일 때만 계시의 참된 체험과 인식과 해석의 길이 열릴 것이다.

계시는 하나님의 실재, 곧 그 존재와 행위를 드러내는 것이고, 이성과 감각은 드러난 계시를 체험하고 해석하며 이해하는 역할을 한다. 하지만 계시를 해석하고 이해하는 데 있어서 인간 인식이나 지식의 한계를 인정해야 한다. 계시의 실재를 바르게 체험하고 인식하며 해석하기 위해서는 이성만을 의지하기보다는 은총의 도움을 받아야 한다.

계시를 이해하는 데 있어서 주의해야 할 점이 있다. 계시는 하나님의 자기 계시이고, 성경이 알려 주듯이 여러 사람이 계시를 다양하게 체험하고 인식하고 해석하고 있음을 고려할 때, 계시에 대한 인간의 체험과 인식과 해석은 제한적이라는 점이다. 계시의 은폐성에 대한 신학자들의 숙고가 바로 이 점을 가리킨다. 달리 말하면 계시를 통해 드러나는 하나님의 실재 또는 존재는 인간의 체험이나 인식이나 해석보다 크다는 뜻이다. 그러기에 어떤 사람도 자신이 체험하고 인식한 하나님의 계시를 절대화할 수 없다. 인간의 이성과 체험 너머에 있는 하나님의 계시 자체만이 절대적이라고 말할 수 있다. 계시에 대한 인간의 증언이 지닌 모호성을 인식해야 한다. 따라서 계시의 수용은 변증법의 과정으로 이해되어야 한다.

3) 특별계시와 일반계시[35]

---

[35] 일반계시에 대한 상세한 설명을 위해서는 밀라드 J. 에릭슨, 「복음주의 조직신학」상, 신경수 옮김(서울 : 크리스챤다이제스트, 1995), 175 - 226 참조.

개신교 정통주의에 이르러 일반계시와 특별계시에 대한 신학적 구분이 확립된다. 성경 역시 특별계시뿐만 아니라 일반계시 모두를 증언한다. 성경은 특별계시를 많이 포함하고 있는데, 특별계시는 특정한 시간과 장소와 사람들에게 하나님 자신을 알려 주는 것이다. 특별계시는 초자연의 방식을 통해서 주어지기도 한다. 반면에 일반계시는 하나님께서 시대와 장소의 구애 없이 온 피조물과 사람에게 자신을 알려 주는 것이다. 일반계시는 신앙을 통하지 않고 이성을 통해서도 접근할 수 있는 것으로 인정된다. 일반계시를 가리키는 성경 구절들로는 시편 19 : 1 이하와 로마서 1 : 20이 잘 알려져 있다. 시인은 하나님의 영광과 솜씨가 하늘을 통해 드러나서 하나님을 알 수 있다고 고백한다. 바울은 하나님의 영원한 능력과 신성이 만물 가운데 분명히 나타난다고 주장한다. 이 구절들 외에도 성경에는 일반계시를 가리키는 구절들이 많다. 자연과 인간의 모든 종교적 또는 도덕적 본성과 역사가 모두 일반계시의 영역이라고 할 수 있다.

그런데 일반계시에 대한 신학적 입장은 다양하다.[36] 대체로 다섯 가지의 입장을 확인할 수 있다. 첫째, 중세 신학을 대표하는 토마스 아퀴나스는 일반계시를 적극적으로 옹호하면서 자연신학을 통해 하나님에 대한 보편적 지식을 추구한다. 물론 자연신학을 통한 하나님 지식은 예비적일 뿐 충분하지 않다. 하나님에 대한 온전한 지식은 특별계시를 통해서 오는데, 이는 신앙에 의해서 가능하다. 둘째, 종교개혁자들은 일반계시를 받아들이면서도 자연신학에 대해서는 부정적인 입장을 보인다. 종교개혁자들에 따르면 인간의 죄는 일반계시를 모호하게 만들었으므로 일반계시를 통해서는 하나님을 알 수 없다고 본다. 따라서 종교개혁자들은 특별계시를 통해 하나님을 분명히

---

36) 스탠리 그렌즈, 「조직신학」, 신옥수 옮김(서울 : 크리스챤다이제스트, 2003), 210 - 214.

알 수 있다고 주장한다. 셋째, 계몽주의자들은 자연과 이성을 토마스 아퀴나스보다 더욱 높은 위치로 격상한다. 물론 그들도 특별계시를 통한 하나님 지식을 완전히 부인하지는 않지만, 일반계시와 이성을 통한 하나님 지식에 종속시킨다. 넷째, 20세기 들어 바르트는 일반계시가 하나님 지식의 원천이 될 수 있다는 자연신학을 과격하게 부정한다. 바르트는 계시를 예수 그리스도에게로 축소하고 집중시킨다는 비판을 받는다. 마지막으로 판넨베르크는 하나님의 자기 계시가 전체로서의 역사를 통해 발견될 수 있다고 주장하면서 일반계시와 특별계시의 구분 자체가 타당하지 않다고 본다.

그러면 일반계시와 특별계시의 적절한 관계는 무엇일까? 앞서 본 대로 성경은 특별계시와 일반계시 모두를 증언한다. 성경에서 특별계시와 일반계시는 상호 보충적인 역할을 한다. 일반계시의 진리성을 완전히 부정하고 오직 특별계시만으로 계시를 축소하는 것은 균형 있는 이해라고 보기 어려울 듯하다. 하나님에 대한 참된 지식은 그리스도 안에서 드러난 궁극적 계시를 통해서 오는 것이 맞지만, 일반계시 역시 하나님에 대한 지식을 가져다준다. 실제로 일반계시는 도덕과 종교와 과학을 위한 하나님 지식의 광범위한 토대를 제공한다. 하지만 종교개혁자들이 주장하듯이 일반계시는 하나님에 대한 온전한 지식을 가져다주지 못하기에, 성경과 그리스도 안에서 드러난 특별계시의 도움을 받아야 한다는 균형적인 입장이 적절하다.

계몽주의자들처럼 특별계시를 결코 소홀히 여겨서는 안 되지만, 특별계시에 대한 강조가 모든 건강한 세계관들과 종교들에 대한 편협하고도 배타적인 태도로 귀결되면 안 될 것이다. 기독교의 특별계시가 갖는 특수성과 독특성을 확고하게 견지하면서도 일반계시에 근거를 둔 세계관들, 곧 이념들과 종교들과의 개방적인 대화와 협력의 자세를 증진해야 할 것이다.

4) 계시신학과 자연신학

자연신학은 본래 고대 스토아철학에서 유래하는데 자연의 사물들과 힘들의 본질에 대한 인식을 가리켰다. 기독교 신학의 역사를 통해 계시 개념과 마찬가지로 자연신학 역시 신학자들에 의해 통일적으로 이해되지 않고 다양하게 이해되고 있다.[37] 교부신학에서 자연신학은 명시적으로 비교적 드물게 논의되었다. 아우구스티누스도 참된 철학자는 신을 사랑한다는 점에서 철학자들의 자연신학을 긍정적으로 평가하지만 부차적으로 언급할 뿐이다. 중세기에 이르러 아리스토텔레스 철학의 영향이 커짐에 따라 전통적 의미의 자연신학 개념이 확립되었다.

전통적 의미에서 자연신학은 자연을 대상으로 탐구하는 신학이 아니라, 계시나 은총이나 신앙에 의지하지 않고 오직 이성을 통해 하나님에 관한 지식을 얻는 것을 뜻한다. 당연히 토마스 아퀴나스가 대표적 사례로 언급될 수 있는데, 그는 자연신학을 삼위일체나 성육신 같은 계시의 진리를 다루기 이전에 예비적 서론으로서 하나님의 존재를 증명하여 초자연신학의 터전을 닦는 작업으로 이해한다.

계몽주의 이전 개신교 정통주의 신학에서 자연신학은 계시신학의 상대 개념으로 이해되는데, 여기서는 '자연'의 의미가 '신의 본성에 적합한' 것이 아닌 '인간의 본성에 적합한' 것을 뜻하게 된다. 즉, 자연신학은 인간의 본성에 상응하는 하나님 인식을 뜻하게 되었다. 예를 들어 개혁주의 신학자 보에티우스는 이성으로 하나님에 관한 지식을 다루는 자연신학과 계시를 통해 하나님 지식을 다루는 초자연신학을 구분한다. 루터교 정통주의는 요한 게르

---
37) 참조. 판넨베르크, 「조직신학 I」, 133-188.

하르트 이래로 계시신학과 자연신학을 구분한다. 이미 개신교 정통주의 시기부터 자연신학과 자연 종교 사이의 구분이 없어졌다.

계몽주의가 시작되고 종말론을 역사화하면서 자연신학을 계시신학의 전제가 아니라 목적으로 삼는 견해가 생겨났다. 계몽주의자들은 이성 이전의 초자연적이고 특수하며 역사적인 계시신학 또는 계시 종교의 시대가 지나갔다고 보고, 보편적이고 윤리적인 이성 종교를 자연신학이라 불렀다. 슐라이어마허나 헤겔은 오히려 계몽주의의 자연 종교를 비판하면서 실증 종교를 복권시켰다. 슐라이어마허의 영향을 받은 19세기 독일 자유주의신학 역시 형이상학적인 자연 종교 개념에 대해 비판적이었다. 리츨의 자연신학 비판은 20세기 바르트의 자연신학 비판에 커다란 영향을 미쳤다.

잘 알려져 있듯이, 바르트는 자연신학에 대해 지극히 비판적인 태도를 보였다. 그에게 자연신학은 하나님의 계시와 은혜를 거부하는 인간의 자기주장으로 간주된다. 자연신학에 대한 바르트의 격렬한 비판은 맥락을 고려할 필요가 있는 듯하다. 바르트가 모든 유형의 자연신학을 모조리 비판했다고 보기에는 어려움이 있으며, 실제로 그가 이해하고 비판한 자연신학은 특정 유형의 자연신학이라고 보는 것이 타당할 수 있다. 자연신학을 계시와 전적으로 대립시키는 것은 성경적으로나 신학적으로 타당하다고 보기 어렵다. 자연신학이나 자연 종교에 대한 논쟁이 가장 활발했던 18세기에도 대부분의 신학자들은 자연신학 또는 자연 종교가 필연적으로 계시를 통해 보충되어야 한다는 생각을 견지했다.[38]

실제로 오늘날 자연신학이 기독교 신학의 필수적인 부분이라는 인식이 증대되고 있다. 몰트만 같은 신학자는 자연신학을 기독교 신학의 과제로 간주

---

38) 판넨베르크, 「조직신학 I」, 79.

한다.³⁹⁾ 판넨베르크 역시 전통적인 자연신학(natural theology)과 구별되는 자연의 신학(theology of nature)을 주창하고 있다.⁴⁰⁾ 최근의 이른바 과학신학자들은 개정된 형태의 기독교 자연신학 또는 자연의 신학이 시급한 의제임을 역설하고 있다. 여기서 자연신학은 하나님의 창조인 자연 세계를 탐구의 대상으로 삼는 신학을 의미한다.

6. 나가면서

하나님의 자기 계시에 대한 이해는 하나님 자신뿐만 아니라 인간을 포함한 온 피조 세계에 대한 참된 이해와 불가분리의 관계가 있다. 기독교 신학이 하나님에 대한 포괄적이고 참된 이해의 학문이라면 하나님의 자기 계시 개념을 결코 포기해서는 안 될 것이다. 우리가 하나님의 계시라는 주제를 숙고하고 이해하고자 할 때 주의를 기울여야 할 점을 짚어 볼 필요가 있다. 하나님의 계시가 하나님에 대한 지식의 참된 원천이라면, 그만큼 계시를 통한 하나님 지식이나 이해는 더욱 신실한 체험과 신중한 이성의 성찰을 거쳐야 할 것이다. 하나님의 계시를 인간의 이성이나 경험에 대립시키는 태도는 너무 단순하고 바람직하지도 않다. 또한 신학이 하나님에 대한 학문이라면 하나님의 계시 사건들의 독특한 중요성에 계속해서 호소하기를 주저해서는 안 될 것이다. 거꾸로 하나님의 의지와 본성이 매우 분명하게 나타났다고 믿게 하는 계시적인 사건들에 대한 인간의 신앙과 이성의 활동을 지지해 줄 아래로부터의 정당성도 계속해서 비판적으로 숙고할 수 있어야 할 것이다.

---

39) 참조. 몰트만, 「신학의 방법과 형식」, 김균진 옮김(서울 : 대한기독교서회, 2001), 81 - 100.
40) W. Pannenberg, *Toward a Theology of Nature*, Westminster John Knox Press, 1993.

3장

신 론

박 만(부산장신대학교)

1. 들어가는 말

영국의 계관시인 앨프레드 테니슨(Alfred Tennyson)은 이십대 젊은 나이에 세상을 떠난 친구 A. H. 핼럼을 애도한 장편 시 "인 메모리엄"(In Memoriam)에서 죽음의 허무와, 그 허무를 이겨 내는 하나님의 최후의 승리를 다음과 같이 노래했다.

오 그래도 우리는 믿습니다. 일말의 선이
아픔의 마지막 목적지가 되리라는 것을,
자연의 고통, 의지의 죄, 의심의 흠,

피의 흔적 같은 아픔의 마지막 목적지가.

(우리는 믿습니다). 하나님께서 건축을 마치시면,

그 어떤 것도 더 없이 목적 없이 방황하지 않고,

그 어떤 생명도 파괴되거나

쓰레기처럼 허공에 버려지지 않으리라는 것을.

(우리는 믿습니다). 그 어떤 벌레도 헛되이 허물 벗지 않고

그 어떤 나방도 헛된 욕망에서

불모의 불꽃에 타 죽거나

남의 먹이가 되지 않으리라는 것을.

아! 우리는 아무것도 알지 못합니다.

나는 믿지 않을 수 없습니다. 선이 마침내,

언젠가는 마침내 모두에게 이루어지리라는 것을.

그리고 모든 겨울이 봄이 되리라는 것을.

이것이 내가 꾸는 꿈입니다.

하지만 나는 대체 무엇이란 말입니까?

나는 밤에 우는 아이,

울음이 아닌 다른 그 어떤 언어도 갖지 못한 아이입니다.

오! 덧없고 하찮은 삶이여!

오! 당신의 목소리가 주는 위안과 축복이여!

응답과 회복의 희망이 있습니까?

베일 너머에, 베일 너머에.

—In Memoriam 54연과 56연

테니슨은 친구의 죽음 앞에서 살아 숨쉬는 모든 것들의 아픔과 허무를 깊

이 느낀다. 모든 생명체는 태어나 고통 속에 살다가 마침내 죽음을 맞는다. 이것으로 모든 것이 끝난다면 삶은 너무 비극적이고 허망하다. 그래서 희망한다. "하나님이 건축을 마치시는 마지막 날", "모든 겨울이 봄이 되고 선이 모두에게 이루어지는 그날"이 결국은 찾아올 것을. 그날이 되면 하나님의 은혜가 세상을 지배하여 "그 어떤 벌레도 헛되이 허물 벗지 않고, 그 어떤 나방도 헛된 욕망에서 불모의 불꽃에 타 죽거나 남의 먹이가 되지 않게 될 것을." 하지만 테니슨 자신은 이 시를 쓰고 나서도 한참 지나서야 하나님의 최후 승리를 믿는 믿음의 단계에 이를 수 있었던 것 같다.

어디 테니슨뿐일까? 이 땅을 사는 우리 모두는 때로 삶의 허망함과 유한성을 느끼며, 그런 것을 느낄수록 더욱 하나님의 영원한 불멸의 세계를 갈망한다. 신학자 폴 틸리히의 말처럼 우리 인간들은 영원을 질문하고 그 답을 하나님에게서 찾는다. "인간은 질문하고 하나님은 답변한다." 신론(Doctrine of God)은 이처럼 불멸과 궁극적 구원을 추구하는 인간 실존 앞에서 기독교 신앙이 말하는 하나님이 어떤 분인가를 모색하며, 그렇게 이해된 하나님이 개인의 신앙과 교회의 실천에 가지는 의미를 탐구한다. 보다 구체적으로 기독교 신론은 다음과 같은 질문들을 던지고 그 답을 찾고자 한다.

첫째, 하나님의 존재 문제이다. "과연 하나님은 존재하시는가?" 우리는 어떤 근거에서 하나님이 계신다고 말할 수 있는가? 이 질문은 뒤집어서 다음과 같이 진술할 수도 있다. 왜 어떤 사람들은 하나님이 없다고 하는가? 그들이 무신론을 주장하는 이유는 무엇인가?

둘째, "하나님을 어떻게 알 수 있는가?" 하는 문제, 곧 신 인식의 방법 문제이다. 하나님은 그의 계시 안에서만 알려지는가? 아니면 인간의 이성적 능력이나 영적 체험 혹은 윤리적 실천을 통해서도 알려질 수 있는가?

셋째, "기독교 신앙이 고백하는 하나님은 어떤 분인가?" 하는 문제이다.

여기에서 우리는 성경의 증언에 귀를 기울여야 하며, 이는 결국 삼위일체로 계시는 하나님에게로 귀결된다.

넷째, "선하신 하나님이 있다면 이 땅의 악과 고난의 문제를 어떻게 이해해야 하는가?" 하는 신정론(theodicy)의 문제 역시 신론과 연관하여 다루어야 하는 중요한 주제이다.

다섯째, "하나님의 세계 경륜 내지 섭리는 어떻게 이루어지는가?" 하는 질문 역시 신론과 깊이 연관되어 있다. 이는 "하나님은 주도하는 힘(power over)으로 피조 세계를 이끄시는가? 아니면 동반하는 힘(power with)으로 피조 세계와 함께하시는가?"라는 질문으로 표현될 수 있다. 이는 또한 "기도는 무엇인가?" 하는 문제와 연관된다. 하나님의 세계 경륜이 주도하는 힘으로 나타나는가 아니면 동반하는 힘으로 나타나는가에 따라 기도에 대한 이해 역시 달라질 것이다.

이외에도 신론에서 다루어야 할 여러 주제들이 있지만 여기에서는 앞의 질문들을 중심으로 하여 기독교가 말하고 고백하는 하나님이 어떤 분이신지 살펴보도록 하자.

2. 하나님의 존재 문제

하나님은 존재하시는가? 우리는 개, 고양이, 소나무, 바위가 존재하는 것은 안다. 우리의 감각 기관을 통해 들어오는 감각 자료들(sensory data)이 그런 것들이 있음을 말해 주고 있기 때문이다. 하지만 하나님은 우리의 감각 기관으로 포착할 수 있는 분이 아니다. 그렇다면 과연 신적 존재에 대해서 어떻게 '있다'고 할 수 있을까? 하나님은 '거기 계시며 말씀하시는 분'(프랜시스 쉐퍼)인가 아니면 '인간 욕망이 만들어 낸 환상'(루드비히 포이에르바하)이 거나 '가상의 질서'(유발 하라리)인가?

하나님의 존재에 대한 이런 질문은 모든 것을 결정하는 질문이며 근본적인 차이를 가져오는 물음이다. 절대자인 하나님이 존재하지 않는다면 선과 악을 구별할 절대적 기준도 사라지고, 인간 삶의 궁극적인 기준 역시 없어진다. 그러나 인간은 그런 기준 없이 살아갈 수 없기에 결국 하나님이 사라지면 인간 역시 사라진다. 도스토옙스키의 소설 「죄와 벌」의 주인공인 가난한 대학생 라스콜리니코프는 "신이 없다면 무엇이든 할 수 있다." 그리고 "신이 없다면 위대한 인물인 자신이 신이 되어야 한다."는 신념 속에 살아야 할 가치가 없어 보이는 포악한 전당포 노파를 죽이고 그녀의 돈을 가로챈다. 하지만 그를 찾아온 것은 뜻밖에도 자신에 대한 깊은 혐오감과 양심의 가책이었다. 마음의 고통으로 괴로워하던 그는 맑고 순결한 영혼을 가진 매춘부 쏘냐의 사랑의 힘으로 자수를 하고, 시베리아 유형지에서 마침내 자신에 대한 혐오와 죄책의 수렁에서 풀려나 인생을 새로 출발하게 된다.

신앙인들 역시 하나님의 존재에 대한 질문을 던질 수밖에 없다. 종교개혁자 마르틴 루터는 주기적으로 그를 찾아오는 의기소침함과 우울증에 맞서 싸우면서 "나는 일주일 이상 그리스도로부터 완전히 떠난 적이 있었다. 하나님에 대해 절망한 나머지 불경스러운 말도 서슴없이 내뱉었다."라는 말을 남긴다. 평생 경건하게 살았던 청교도인 인크리스 매더는 "하나님이 없다는 유혹에 가끔 시달렸다."고 일기에 쓰고 있다. 영국의 신비주의자 에블린 언더힐은 "모든 영적인 생각들이 의심스러워질 때가 있다."는 고백을 남긴다.[1] 여기서 우리는 신앙의 길이란 의심이 전혀 없는 길이 아니라, 의심 가운데서

---

[1] 필립 얀시, 『아 내 안에 하나님이 없다』(서울: 좋은 씨앗, 2000), 57-58에서 인용.

도 하나님의 진리를 붙잡고 또 거기에 붙잡혀 걸어가는 길임을 알게 된다. 한편으로는 우리 인간들의 무지와 죄성 때문에, 다른 한편으로는 인간의 모든 이해를 초월해 계신 분이 하나님이시기에 우리의 믿음은 '의심 속의 믿음'이요 '의심을 뚫고 나가는 믿음'이다.

그런데 시대적으로 보면 하나님의 존재에 대한 회의와 불신은 주로 근대 세계의 특징이다. 고대로 갈수록 하나님과 초월적 세계가 있음이 당연했고 오히려 이 세상의 실재성이 의심받았다. 성경 역시 하나님이 계심을 당연하게 여기면서 이 하나님이 어떤 분인가를 증언할 뿐이다. 성경시대의 문제는 무신론 아닌 다신론이었다. 다시 말해 수많은 신들 가운데 참된 신은 누구이며 그렇게 판단하는 기준이 무엇인가 하는 것이 문제였다. 이런 양상은 고대와 중세 전체에 걸쳐서 계속되었다.

하지만 근대에 들어서면서 상황은 달라진다. 서구의 경우 19세기에 들면서 무신론은 하나의 시대적 징후로 분명히 나타나고, 20세기 중반 이후에는 세속 사회를 주도하게 된다. 이 시기부터 포이에르바하, 니체, 프로이트, 마르크스, 까뮈, 사르트르 같은 대표적인 무신론 사상가들이 등장했고, 오늘날은 진화생물학의 발전에 기초한 무신론 사상가들(리처드 도킨스, 다니엘 데넷, 크리스토프 히친스)이 아주 활발하게 유신론적 신앙, 특히 기독교 신앙을 없애고자 애쓰고 있다. 도킨스는 신 신앙을 가진 사람은 슬프든지(sad), 미쳤든지(mad), 나쁘든지(bad), 아니면 이 모두라고 폄하하면서 스스로를 그냥 무신론자(atheist)가 아니라 호전적 무신론자(military atheist)라고 부른다.

1) 무신론 주장의 이유들

사람들은 왜 무신론을 주장할까? 몇 가지 주된 이유는 다음과 같다.[2]

(1) 어떤 사람들은 신을 인간 욕망이 빚어 낸 환상이라 하여 무신론을 주장한다. 이런 주장은 이미 고대 그리스의 철학자 크세노파네스(Xenophanes)의 다음 말에서 발견된다. "말이나 소나 사자에게 손이 있어서 그림을 그릴 수 있다면 그것들이 그리는 신은 소나 사자의 모습을 하고 있을 것이다. 이처럼 에티오피아의 신은 얼굴이 검고 들창코를 하고 있고, 트라키아인의 신은 파란 눈을 하고 있다." 근대에 들어와 이런 주장을 가장 분명하고 영향력 있게 제시한 이는 19세기 독일의 철학자 루드비히 포이에르바하이다. 그는 신이란 인간 욕망의 투사이며 신적인 특성이라 여겨진 것은 사실상 인간의 최고 특성들의 반영에 불과하기에, 인간은 무신론을 통해서만 인간으로서의 존엄성을 다시 찾을 수 있다고 말한다.[3]

흔히 투사이론(projection theory)이라 불리는 이런 주장에는 일말의 진리가 있다. 포이에르바하의 말처럼 우리의 하나님 이해에는 하나님의 모습이 아닌 우리의 경험(특히 아버지에 대한 경험)이나 희망 사항이 투영되어 있는 경우가 많다. 그러나 우리의 하나님 경험이 모두 인간 경험이나 욕망의 투사는 아니다. 이는 마치 열애에 빠진 사람들이 자신들의 소망을 투사하여 사랑하는 사람의 이미지를 만들 때, 그렇게 만들어진 이미지가 연인의 실제 모습과 동일하지 않다고 해서 그 연인이 실재하지 않는 것은 아님과 같다. 따라서 투사 현상이 있다고 해서 실체가 없다고 할 수는 없다. 어떻게 보면 투

---

[2] 아래의 내용은 S. P. 쉴링, 『무신론 시대의 하나님』, 조만 역(서울: 대한기독교서회, 1984)을 참고했다.
[3] 루드비히 포이에르바하, 『기독교의 본질』, 강대석 역(서울: 한길사, 2008).

사도 실체가 있어야 생긴다.

(2) 어떤 사람들은 과학이 발달하기 전에는 인간 사회와 자연 세계의 신비를 설명하기 위해 신을 필요로 했지만 과학과 기술의 발달로 인간과 세계를 신과 초월 없이, 곧 철저히 역사 내적 원리를 따라 자연주의적으로 설명할 수 있기 때문에 신이나 신에 대한 언어는 무의미하게 되었다고 주장한다. 이 경우 하나님에 대한 신앙은 불필요한 것으로, 무신론은 당연한 것으로 간주된다.

이런 주장 역시 나름의 진실을 포함하고 있다. 철저히 초월적 존재이기만 하거나, 이 세계의 비밀을 설명하기 위한 '설명 가설'로서만 요청되는 하나님은 엄밀한 객관성과 가치중립성을 주장하는 과학 기술의 발달과 함께 설 자리를 잃어 갈 수밖에 없다. 하지만 동시에 우리는 과학적 탐구 역시 가치중립적이고 객관적인 작업인지 질문할 필요가 있다. 일반적으로 과학은 관찰과 실험의 결과를 중립적으로 정리하여 거기에 따른 이론을 만들어 내고, 다시 그 이론을 경험적 자료로 검증하는 과정을 통해 점진적으로 발전해 가는 것으로 여겨진다. 하지만 오늘날의 과학철학은 과학 역시 이미 특정한 전제가 있은 다음, 그 전제를 검증하는 방식으로 이루어짐을 보여 주고 있는데 이때의 전제는 물론 유물론적이며 자연주의적인 전제이다. 곧, 과학 탐구는 세상의 모든 것이 신이나 초월 없이 탐구될 수 있고, 또 탐구되어야 한다고 미리 전제하고 이루어지고 있는 것이다.[4] 따라서 과학은 성격상 그 모든 것을 초월해 있는 하나님이 계심을 입증할 수도 없고 부인할 수도 없다. 만일 과학이 하나님의 존재를 찾아낼 수 있다면 그것이 오히려 놀라운 일이 될 것

---

[4] 이 주제에 대해서는 화학자이며 과학철학자인 마이클 폴라니의 책, 특히 M. Polanyi and H. Prosch, *Meaning*(Chicago: University of Chicago Press, 1975)을 참고할 것.

이다. 하나님은 여전히 과학도, 신비적 체험도, 영적 직관도 미치지 못하는 '세계의 신비'(에브하르드 윙엘)로 남아 있다.

(3) 어떤 사람들은 이 세상의 수많은 악과 고난으로 인해 무신론을 주장한다. 이들은 선하고 전능한 하나님이 있다면 왜 이처럼 세상에는 악이 가득하고 의로운 자는 고난을 당하느냐고 묻는다. 평생을 무신론자로 살다가 생의 마지막을 유신론자로 마친 철학자 앤서니 플류(Anthony Flew)는 이런 주장을 하는 사람들의 심정을 다음과 같이 대변한다. "어떤 이들은 아버지가 그의 자녀들을 사랑하듯이 하나님이 우리를 사랑한다고 말한다. 그래서 우리는 위로를 받는다. 그런데 우리는 수술로도 고칠 수 없는 후두암으로 죽어 가는 어린이를 보고 있지 아니한가? 그 아이의 세상 아버지는 극도로 초조하여 아이의 치료를 위해 모든 노력을 다하지만 하늘의 아버지는 관심조차 보이지 않는다."[5]

아마도 무신론을 옹호하는 목소리 중 가장 설득력 있게 신 신앙에 도전하는 것이 바로 이런 설명하기 어려운 고통의 문제일 것이다. 그러나 이것 역시 하나님의 근본적인 성품이 사랑이라는 점과, 하나님은 그 사랑으로 인해 피조 세계에 자유의지를 주셨지만 인간과 세계가 이를 잘못 사용한 결과 악과 고통에 빠지게 되었고, 따라서 이는 하나님이 아닌 우리 인간들의 책임이라고 답할 수 있다.

(4) 어떤 사람들은 인간의 자유를 확보하기 위해 하나님에 대한 신앙을 거부한다. 철학자 사르트르에 의하면 인간을 인간답게 만드는 것은 '자유'이기

---

[5] Anthony Flew, *New Essays in Philosophical Theology*, 108. 쉴링, 『무신론시대의 하나님』, 130쪽에서 재인용.

에 삶의 기준과 원리는 인간 외부에서 와서는 안 되고, 각 사람이 자유롭게 주체적으로 선택해야 한다. 하지만 모든 것을 그 뜻대로 주관하는 신이 있다면 인간은 결코 자기 삶의 주인으로 자유로울 수 없기에, 신과 신에 대한 신앙은 거부되어 마땅하다고 주장한다. 마르크스주의 철학자인 에른스트 블로흐 역시 동일한 이유로 신에 대한 신앙을 거부한다. "세상의 위대한 주가 존재하는 곳에서는 자유를 위한 여지가 없으며 심지어는 하나님의 자녀들의 자유마저 없다. 그러므로 인간은 무신론을 통해서만 자유로워질 수 있다."[6)]

이런 주장 역시 일말의 진실을 지니고 있다. 사르트르의 말처럼 자유 없이 인간일 수 없다. 그러나 동시에 자유에는 방향이 있다. 곧 자유가 인간 삶에 필수적이지만 그것이 자신을 중심에 두는 '자기중심적 자유'인가 아니면 진리와 생명의 원천과 조우함으로 진정 자유로운 존재가 되어 하나님과 이웃과 세계를 섬기는 자유인가 하는 문제는 여전히 남아 있다. 기독교 신앙은 사람이 자신의 창조주이자 구속자인 하나님을 만날 때 비로소 자유로운 존재가 되며, 인간과 현대 문명이 위기에 봉착한 것은 하나님이 아닌 자기중심주의에 사로잡혀 버렸기 때문이라고 말한다(요 14 : 6).

(5) 어떤 사람들은 유신론적인 전통이 사회의 불의와 거짓을 하나님의 뜻으로 받아들이게 함으로써 정의로운 사회 건립의 길을 막고 있다고 하면서 인본주의적인 무신론을 대안으로 제시한다. 마르크스는 산업혁명으로 야기된 숱한 사회 문제에 교회가 거의 관여하지 않았을 뿐 아니라 오히려 문제 해결에 방해가 되었을 뿐이라고 분노한다. 사르트르와 까뮈 역시 1940~1950년대의 교회가 사회악을 간과하고 히틀러와 무솔리니가 이끌던

---

6) Ernst Bloch, *Das Prinzip Hoffnung*, 1413. 위의 책, 131에서 재인용.

극우 민족주의를 오히려 축복했음을 지적한다. 지난 세대의 탁월한 인본주의자인 버트란트 러셀은 이런 관점에서 다음과 같이 다소 과도한 비난을 퍼붓는다. "기독교는 교회로 조직된 때부터 이 세상의 도덕적 발전에 중요한 적이었으며 지금도 적으로 남아 있다."[7]

이런 주장 역시 일말의 진리를 품고 있다. 복음이 제대로 선포되고 실천된 곳에서는 언제나 개인의 갱신과 사회의 변혁이 일어났으나, 역사 속의 교회는 곧잘 하나님의 이름으로 잘못된 사회 질서를 정당화했고 악을 선이라고 말해 오기도 했다. 하지만 이는 복음 아닌 교회의 죄악과 불순종의 결과이며 이런 점에서 교회는 버트란트 러셀 같은 무신론적 인본주의자들의 비판의 목소리를 귀담아 들을 필요가 있다. 이들은 복음에서 떨어져 있는 교회의 회개를 위해 하나님이 사용하는 '세속화 시대의 예언자'일 수 있는 것이다.

(6) 마지막으로 오늘날 가장 강력한 무신론적 도전은 진화생물학에 근거한 호전적 무신론 운동에서 발견된다. 리처드 도킨스나 다니엘 데넷은 '신이란 관념'(the idea of God)이 힘들고 고통스러운 진화 과정을 견뎌 내어 개체 보존과 종족 번식에 성공하도록 유전자가 만들어 낸 일종의 생존 메커니즘이라고 비판한다. 다시 말해 종교는 사랑의 하나님이 있어서 현세에서는 돌보아 주고 내세에서는 심판과 보상을 하신다고 믿게 함으로써 힘든 세상을 견뎌 내도록 도와주는데, 이는 실상 유전자가 만들어 내는 책략에 불과하다는 것이다.

이런 주장을 어떻게 이해해야 할까? 여기서 주목해야 할 점은 도킨스 등이 이를 과학적 근거가 있는 주장인 것처럼 말하지만, 실상 전혀 그렇지 않

---

7) Bertrand Russell, *Why I am not a Christian*, (New York, Simon and Schuster, 1962), 21.

다는 점이다. 과학 탐구가 '관찰이나 실험을 통해 재현할 수 있을 뿐만 아니라 새로운 발견들에 의해 계속 수정되고 보완되어 가는 계속적 과정'이라면 인간의 신 관념이 유전자의 생존 책략이라는 주장은 입증도, 논박도 할 수 없다는 점에서 결코 과학적 진술일 수 없다. 성격상 이는 무신론적이며 유물론적인 진화 사상에 대한 선언, 곧 일종의 세계관적 주장이다. 문제는 이런 주장이 과학적 권위를 가진 것처럼 보이기에 유신론적 세계관은 개인적인 선택과 취향의 문제이고, 유물론적 세계관은 믿을만한 과학적 사실이라고 여겨진다는 점이다.

지금까지 주요한 무신론적 주장과 거기에 대한 기독교 신앙의 응답을 살펴보았다. 이에 덧붙여 우리는 무신론자들이 공격하는 하나님 상이 사실상 전통적인 유신론의 신 이해임을 유념할 필요가 있다. 곧 거의 대부분의 무신론자들은 저기 하늘 위에 있는 초자연적 존재로서의 신성을 기독교 신앙의 신 이해라고 여기면서 이를 비판하고 부정하려고 하지만, 이는 공격의 대상을 잘못 잡은 것이다. 네덜란드의 개혁주의 신학자인 헨드리쿠스 벌코프(Hendrikus Berkhoff)는 "무신론자들에 의해 거부된 신성은 우리가 이해할 수 있는 세계 밖의 '저 위에' 있는 하나님이며, 우리가 논증을 통해 그 실재를 규명해야 하는 형이상학적인 실재이자 자연 신학의 신이며 스콜라주의에서 말하는 지고의 존재이지만, 성경이 증언하는 하나님은 그와 전혀 다른 하나님, 곧 그리스도를 통해 자신을 계시하며, 피조물의 아픔에 동참하시는 하나님이며, 이런 하나님은 결코 무신론에 의해 상처입지 않는다."고 정확하게 표현한다. 따라서 기독교 신앙의 입장에서 볼 때 무신론에 대한 가장 적극적이고 강력한 응답은 성경이 말하는 하나님, 곧 예수 그리스도 안에서 자신을 온전히 계시하신 하나님을 더욱 분명하게 알고 명확하게 제시하는 데 있을 것이다. "너희 속에 있는 소망에 관한 이유를 묻는 자에게는 대답할 것을 항상 준비하되 온유와 두려움으로 하고"(벧전 3 : 15).

3. 우리는 하나님을 어떻게 알 수 있는가?

우리는 하나님을 어떻게 알 수 있는가? 기독교 신학은 인간의 일반적이며 보편적인 신 인식의 능력에 근거해서 하나님을 말하는 길과, 하나님의 계시에 대한 증언인 성경에 근거해서 하나님을 말하는 두 가지 길을 이야기해 왔다.

1) 인간의 보편적 신 인식에 근거한 방법

인간의 보편적 신 인식의 능력에 근거하여 하나님을 말해 보려는 대표적인 시도는 피터 롬바르드(Peter Lombard)나 토마스 아퀴나스 같은 중세의 신학자들이 제시한 '탁월성의 길'과 '부정의 길'이다. 이들은 인간이 하나님의 형상으로 지어졌기에 하나님과 유사한 부분이 있고, 인간의 선하고 아름다운 부분을 최고로 확장한 것이 하나님의 속성일 수 있다고 하면서 이런 신 인식의 방법을 탁월성의 길(via eminentia / the way of eminence)이라 불렀다. 예를 들면 우리 인간들은 부분적으로 알지만 하나님은 모든 것을 아시며(전지), 우리 인간들은 약간의 능력이 있지만 하나님은 모든 일에 능하시다(전능). 이런 식으로 하여 하나님이 전지, 전능, 거룩, 사랑, 자비, 지혜 등의 속성을 가지고 있다고 간주되었다. 또한 창조자이고 거룩한 하나님은 피조물이면서 죄인인 우리 인간들이 가진 부정적 측면을 가지고 있지 않다고 보았으며, 이런 부정적인 측면을 부정한 것을 바로 하나님의 속성으로 볼 수 있다고 보았다(부정의 길, via negativa / the way of negation). 예를 들면 우리 인간은 복잡하고 분열되어 있지만 하나님은 이를 부정한 순수한 신적 단순성을 그 속성으로 갖고 계시고, 우리 인간은 변할 수밖에 없는 존재지만 하나님은 이를 부정한 불변성을 갖고 계신다. 또한 하나님은 인간의 유한성을 부정한 영원성, 장소에 제약되는 인간의 한계를 부정한 무소부재성(편재성), 인간의 의존성을 부정한 독립성(자존성)을 그 속성으로 갖고 계신다. 그래서 이런 신 인식의 방법에 의하면 하나님은 전지, 전능, 편재, 영원, 완전, 불사, 불변, 무감동 등의 속성을 지닌 분, 곧 천상에 높이 계신 영원한 절대자로 이해된다. 물론 사랑, 긍휼, 자비와 같은 속성들도 하나님께 속하나 이런 것들은 앞의 속성들에 비해 부차적인 것이 된다. 또한 이때의 하나님을 이미지로 표현하면 그는 남성이자 아버지이고 천상의 절대 군주 같은 분이 된다. 이런 하나님 이해는 교회 역사 속에서 전통적 유신론(traditional theism), 고전적 유신론(classical theism), 형이상학적 유신론(metaphysical theism), 혹은 단순히 유신론(theism) 등으로 불려 왔다.

하지만 이런 유신론적 신 이해는 몇 가지 문제점을 가지고 있다. 첫째, 이는 일반적이고 철학적인 신 이해이지 이스라엘 민족의 역사와 예수 그리스도를 통해 자기를 나타내신 하나님에 대한 이해라고 하기 어렵다. 둘째, 유신론이 말하는 천상에 있는 전능하신 하나님은 어쩔 수 없이 인간의 자유 및 주체성과 충돌하게 되고, 기독교를 인간의 자유와 주체성을 부인하는 종교로 오해하게 만든다. 실제로 18세기 이후 서구 사회에서 기독교의 영향력이 급속히 약해진 것은, 이런 유신론적 신 이해가 자유와 평등을 가장 중요한 가치로 여기게 된 서구 세속 사회에서 설 자리를 잃어 갔던 것과 연관되어 있다. 셋째, 영원히 초월해 있는 유신론의 하나님은 인간의 구체적인 일상생활과 아무 관계가 없고 따라서 무의미하다. 특히 과학기술의 발달로 인해 자연법칙이 발견되고 세계가 설명 가능한 것이 될수록, 하나의 설명 가설로서의 하나님의 자리는 약화되어 버린다. 넷째, 유신론은 아버지, 남성, 군주로 표상되며, 이런 하나님 이해는 결국 여성에 대한 차별과 억압을 종교적으로 정당화하게 된다. 여성신학자 메리 델리(Mary Daly)는 이를 "하나님이 남성이면 남성이 하나님이다"(If God is male, male is God)라고 표현한다. 마지막으로 유신론적인 신 이해는 하나님의 전능과 이 땅의 악과 고통의 문제의 관계, 곧 신정론(神正論, theodicy)의 문제를 거의 답변이 불가능한 과제로 만들어 버린다. 이런 여러 한계들로 인해 많은 현대 신학자들은 전통적 유신론의 신 이해를 강하게 비판한다.

2) 성경의 증언에 근거한 방법

하나님을 알아 가는 두 번째 방법은 성경의 증언에 근거하는 것이다. 곧 이스라엘 민족의 역사와 예수 그리스도의 삶과 죽음 및 부활, 그리고 초대교회에 역사하신 성령에 대한 증언으로서의 성경에 근거하여 하나님을 이해하는 길이다. 이는 계시에 근거한 방법이며, 본래적인 의미에서의 기독교적 신 인식의 방법이라고 할 수 있다. 성경이 말하는 하나님은 어떤 분인가?

(1) 은혜와 긍휼의 하나님

성경은 먼저 하나님을 은혜롭고 긍휼이 많으신 분으로 묘사한다. 그 은혜와 긍휼하심은 이 땅의 모든 피조물에게 미치지만 특히 사회적 약자에 대한 돌보심에서 더욱 분명하게 드러난다. 하나님이 믿음의 조상으로 삼으신 아브라함은 '히브리 사람 아브람'이라 불리는데(창 14 : 13), 여기에서 히브리는 고대 근동의 여러 문서에 등장하는 '하비루'와 언어적으로 동일하다. 하비루는 고대 근동 전역에 걸쳐서 나타나던 하층의 주변 인간들을 가리키는 말로, 경제적으로 곤궁하고 사회·정치적으로 무능력한 약자들을 총칭하는 말이었다. 다시 말해 하나님은 하비루 중 한 명인 아브람을 선택하심으로써 자신이 은혜롭고 긍휼이 가득한 분이며 사회적 약자들의 보호자임을 보이신다. 출애굽 사건 역시 은혜와 긍휼의 하나님의 모습을 잘 보여 준다. 성경은 이스라엘 백성이 출애굽할 때 이스라엘 백성뿐만 아니라 온갖 잡족들이 함께 나왔다고 하는데, 이를 통해 하나님은 모든 사람들에 대해 은혜롭고 긍휼이 많으신 분임을 보이신다(출 12:37-40). 출애굽은 파라오의 압제 속에 신음하고 있던 사회적 약자들을 긍휼히 여겨 새로운 삶의 길을 열어 준 하나님의 은혜와 긍휼이 분명히 드러난 사건이었다.

   하나님의 이런 모습은 십계명을 비롯한 구약의 율법에서도 잘 나타난다. 구약의 율법 중 정결법이 거룩하신 하나님께 나아가기 위한 정결 규정을 말하고 있다면, 사회법은 하나님의 공동체로 부름 받은 이스라엘 백성들이 살아야 할 구체적 삶의 방식들을 규정한 것으로서, 하나님의 은혜와 긍휼 안에서 모든 사람, 특히 사회적 약자들이 존중받는 공동체를 세우기 위해 주어진 것이다. 성경은 다음과 같이 사회의 가장 가난하고 약하고 의지할 데 없는 고아, 과부, 종, 이방인 나그네들에 대한 하나님의 관심을 계속해서 표현한다. "그의 거룩한 처소에 계신 하나님은 고아의 아버지시며 과부의 재판장이시라(시 68:5)", "여호와께서 나그네들을 보호하시며 고아와 과부를 붙드시고 악인들의 길은 굽게 하시는도다"(시 146:9. 또한 신 10:17-18, 시 10:14, 18). 이런 점에서 구약학자 서인석은 "율법은 가난한 사람들의 권리를 규정한 책이고 예언자들은 가난한 사람들의 대변인이며 성문서는 가난한 사람들에게 주어지는 기쁨을 노래한 책"이라고 말한다(서인석, 「성경의 가난한 사람들」). 이처럼 한편으로는 하나님을 경외하고, 다른 한편으로는 함께 살아가는(가난한) 사람들의 인간으로서의 권리가 보장되는 하나님의 긍휼과 사랑의 공동체를 세우는 원리로 주어졌다는 점에서, 율법은 그 자체로 거룩하며 일점일획도 없어지지 아니하고 다 이루어질 것이다(마 5 : 18).

구약성경의 하나님이 사랑과 긍휼의 하나님이며 사회적 약자들의 보호자가 되신 것처럼, 하나님의 아들로 이 땅에 오신 예수 역시 당시 유대 사회의 가난하고 굶주리며 억압과 착취를 당하고 있던 사람들을 불쌍히 여기시면서 그들의 편에 서신다. 마가복음은 처음부터 "예수 그리스도 하나님의 아들 복음의 시작이라"고 말함으로써 예수는 이미 하나님의 아들이요 그분 자체가 바로 복음임을 분명히 밝힌다. 그런데 '복음'(유앙겔리온)이란 말은 새로운 로마 황제가 즉위할 때 쓰던 말로서, 예수님 탄생 이전의 지중해 세계에서는 로마 황제가 이미 '하나님의 아들'로 혹은 '성육신한 하나님'으로 선포되고 있었다. 오늘날 우리가 예수와 연관시켜 사용하는 하나님의 아들, 주님, 해방자, 구원자, 구세주 같은 용어들은 모두 주전 31년부터 주후 14년까지 로마를 다스린 케사르 아우구스투스와 그 이후의 로마 황제를 부르던 칭호였다. 그런데 마가복음은 로마 황제의 즉위가 아닌 나사렛의 가난한 목수 예수 자체가 바로 복음이라고 말한다. 실상 정치적인 억압과 경제적인 수탈을 당하고 있던 가난한 사람들에게는 절대 권력자 케사르가 아니라 긍휼과 사랑의 사람, 나사렛 사람 예수가 구원이었고 복음이었다. 누가복음은 이를 요약하여 예수께서 공생애를 다음과 같은 말로 시작하셨다고 보고하고 있다. "주의 성령이 내게 임하셨으니 이는 가난한 자에게 복음을 전하게 하시려고 내게 기름을 부으시고 나를 보내사 포로된 자에게 자유를, 눈 먼 자에게 다시 보게 함을 전파하며 눌린 자를 자유롭게 하고 주의 은혜의 해를 전파하게 하려 하심이라 하였더라"(눅 4 : 18-19).

(2) 창조주 하나님

성경이 말하는 하나님은 온 세상을 창조하신 하나님이시다. "태초에 하나님이 천지를 창조하시니라"(창 1 : 1). "하나님이 이르시되 빛이 있으라 하시니 빛이 있었고"(창 1 : 3). 그런데 세상에는 성경의 창조 이야기 이외에도 수많은 창조 이야기들이 있다. 성경이 말하는 하나님의 창조는 어떤 특징들을 가지고 있을까?

① 무로부터의 창조(creatio ex nihilo, 창 1 : 1)

성경이 말하는 하나님의 창조는 '무로부터의 창조'이다. 구약성경은 이를 분명히 하기 위해 하나님의 창조에는 '바라'라는 단어를 쓰고, 인간의 창조에는 '아사'란 단어를 사용하여 두 종류의 창조를 구별한다. 바라는 아무런 원재료가 없는 가운데서의 창조를 가리키고, 아사는 이미 있던 재료를 변형하여 창조하는 것을 의미한다. 이 말처럼 인간의 창조는 이미 있던 것을 가공하여 이루어지는 반면 하나님의 창조는 없는 데서, 곧 오직 하나님 한 분으로부터 시작된다. 이 말은 곧 이 세상 모든 것이 하나님으로부터 시작되었고, 하나님의 뜻 가운데 잠시 있다가 때가 되면 하나님께로 돌아갈 것임을 뜻한다. 사도 바울은 모든 것의 시작이자 마침으로서의 하나님의 모습을 다음과 같이 요약한다. "이는 만물이 주에게서 나오고 주로 말미암고 주에게로 돌아감이라 그에게 영광이 세세에 있을지어다 아멘"(롬 11 : 36).

② 말씀에 의한 창조(창 1장, 요 1장)

하나님의 창조는 말씀을 통한 창조였다. 빛, 궁창 위의 물과 궁창 아래의 물의 분리, 인간을 비롯한 하늘과 땅 그리고 바다의 모든 생명체들은 하나님의 말씀을 통해 창조된다. 창세기 1장에만 해도 "하나님이 말씀하시니……

그대로 되었다"는 표현이 다섯 번이나 나온다. 이 말씀은 신약 시대에 이르러 독생자 예수 그리스도의 모습으로 나타난다.

하나님이 말씀으로 세계를 창조하셨다는 것은 하나님의 말씀으로 인해 비로소 세계와 그 존재 의미가 시작되었음을 뜻한다. 하나님이 말씀하시지 않으셨다면 이 세계에는 아무것도 존재하지 않고 오직 칠흑 같은 무의미만 있었겠지만, 하나님의 말씀이 있었기에 세계는 존재할 뿐 아니라 의미를 갖게 되었다. 이 점에서 세계는 "하나님의 말씀이 응결된 것"이다(발터 벤야민). 여기에서 우리는 말이 창조의 힘이요 말이 없으면 아무것도 알 수 없음을 알게 된다. 그리고 하나님의 형상을 받은 인간은 이제 말을 하는 존재가 되어, 그 말로 생명을 살리기도 하고 죽이기도 하는 존재가 되었다. 하나님이 아담에게 만물의 이름을 짓게 하시고 그렇게 지어진 것이 그 각자의 이름이 된 것처럼, 오늘도 우리 인간들에게는 만물의 이름을 새롭게 짓는 과업이 주어져 있다. 원래 하나님이 아담(인간)에게 주신 원래적 언어인 '아담의 언어'는 인간의 불안과 불순종 때문에 왜곡되어 '바벨의 언어'가 되었지만, 오순절 성령 강림으로 인해 하나님의 원래적 언어로 회복되었다. 교회는 이런 원래적인 하나님의 창조의 말씀을 선포하기 위해 부름받았다.

③ 하나님의 자유에 의한 창조

성경이 말하는 하나님은 주권자 하나님이며 그로부터 모든 것이 나오는 분이다. 따라서 하나님이 반드시 세상을 만드셔야 할 어떤 필연적인 이유는 없었다. 창조에 있어서 하나님은 완전히 자유로우셨다. 칼 바르트는 하나님의 이런 모습을 "하나님은 주님이시다"(Gott ist Herr)라는 말로 표현하였다.

④ 하나님의 사랑에 의한 창조

하지만 하나님은 사랑이어서 인간과 세계를 그 사랑의 대상으로 원하셨다. 인간과 세계는 하나님의 사랑의 대상으로 소중하게 지음 받았다. 그런데 이는 곧 창조가 하나님의 능력의 표현임과 동시에 하나님이 자기를 비우신 사건, 곧 하나님의 자기 제약 사건이었음을 뜻한다. 사랑하게 될 때 우리는 사랑하는 이의 주체성과 자유를 소중히 여기면서 이를 지켜 주기 위해 수고하고 희생하게 된다. 온전한 사랑이신 하나님은 더욱 그리하여 스스로를 제약하여 피조세계에 자유를 허락하시고, 그 자유로 인한 결과를 기꺼이 감내하고자 하신다. 이로 인해 존재의 수준에 따라 여러 형태의 자유가 피조물들에게 주어지며, 세계에는 하나님이 의도하지 않은 많은 시행착오와 부조리와 악이 일어난다. 하지만 하나님은 이런 인간과 세계를 버리지 않으시고 끝까지 지키시며 마침내 합력하여 선을 이루신다(롬 8 : 28). 이 주제는 뒤에 좀 더 자세히 살펴보도록 하자.

⑤ 무질서에서 질서를 만들어 가는 창조(창 1 : 2 - 3)

창세기 1 : 1에서 하나님이 세계의 창조주임이 선언된 다음, 곧 2~3절에는 혼돈과 공허의 모습이 나타나고 하나님의 영이 그 위에 임하여 새로운 질서를 창조해 나간다. 이 말씀에 대해 여러 해석이 있으나 여기에서는 하나님의 창조를 무질서에서 질서를 만들어 가는 창조로 이해할 수 있을 것이다. 그리고 이런 하나님의 창조는 지금도 계속되고 있다. 이처럼 하나님의 창조 행위가 지금도 계속되고 있기에 세계에는 이전에 없던 새로움(novelty)과 창발(emergence)이 계속 일어나고 있다. 실상 하나님의 세계 창조는 지금도 이루어지는 과정 속에 있다.

지금까지 기독교 신앙이 말하는 세계 창조의 특징을 다섯 가지로 살펴보았다. 이러한 창조 신앙이 뜻하는 바는 무엇일까?

첫째, 세계에 대한 궁극적 긍정이다. 하나님은 빛, 하늘과 땅, 여러 동물과 식물, 그리고 사람을 차례대로 만드시면서 "참 좋다."고 말씀하심으로써 (창 1 : 1, 4, 12, 18, 21, 25, 31) 피조 세계를 철저히 긍정적인 것으로 보신다. 성경의 창조 신앙은 물질보다 정신에 우월한 가치를 부여하는 영혼 우위의 이원론이나 금욕주의적이고 현실 도피적인 태도를 거부한다. 즉, 삶이 힘들 때 사람들은 피안이나 내면의 세계로 도피하여 거기에서 삶의 의미를 찾으려 하지만 성경은 이런 경향을 거부한다. 세상을 아름답게 만드시고 참 좋다고 하신 하나님은 오늘도 세상 안에서 일하신다. 그래서 하나님을 만나는 자리는 '교회' 못지않게 '세상'이다. 그리스도인들은 '교회의 빛'일 뿐 아니라 '세상의 빛'으로 부르심을 입었다.

둘째, 창조 신앙은 이 세계는 소중하고 아름다운 세계이지만 동시에 유한한 세계이기에 결코 궁극적인 가치가 없음을 선언한다. 이 땅과 그 안의 모든 것은 유한하고 제한된 가치만 가지기에 돈, 명예, 권력, 지식 등 그 무엇도 절대적인 것이 될 수 없다. 성경은 하나님이 아닌 것을 하나님의 자리에 두는 것을 우상숭배라고 하며, 우상숭배의 결과는 개인 삶의 파괴와 사회의 몰락이라고 경고한다. 그래서 창조 신앙은 오직 하나님에게만 궁극적 희망과 신뢰를 두는 신앙이다. 창조 신앙을 가지고 산다는 것은 이 세상을 마치 나그네로, 그러나 세상에 대해 깊은 책임을 지는 나그네로 살아가는 것을 뜻한다. 이런 점에서 창조 신앙은 저항하는 신앙이다. 역사 속에 멸망해 온 자본주의, 공산주의, 국가주의, 물질주의 같은 수많은 이념들은 모두 스스로를 절대화하는 성향이 있다. 그리고 창조 신앙을 가진 그리스도의 교회는 이들이 그 원래 자리를 벗어나 스스로를 절대화할 때 하나님의 이름으로 비판하고 저항했다. 그 예로 초대 그리스도인들은 예수 그리스도만을 주님(퀴리오스)이라고 고백함으로써 로마 황제를 신적 존재로 떠받드는 당대의 지배체제에 저항했다.

(3) 예수 그리스도 안에서 인간이 되신 하나님

일반적으로 유신론적 종교는 신을 지극히 높고 거룩한 분으로, 인간을 피조물이며 낮고 죄인 된 존재로 이해한다. 그래서 종교 생활은 낮고 죄 있는 존재인 인간이 높고 거룩한 신을 높이고 도움을 구하는 형태로 이루어진다. 기독교 신앙에도 이런 모습은 있다. 하나님은 전능한 창조주이시고, 인간의 모든 영광을 받기에 합당하신 지극히 거룩하고 높은 분이다. 하지만 동시에 기독교 신앙에서만 발견되는 독특한 신 이해는, 하나님의 아들이 예수라는 한 인간의 모습으로 이 땅을 찾아오셨기 때문에 이제 하나님은 이분과 완전히 동일하다고 선언하는 데 있다. 우리가 믿는 하나님은 우리와 같은 연약한 육을 입고 오셔서 우리들의 모든 희노애락과 피조 세계의 고통에 가장 깊이 참여하시며 결국 그 모두를 구원하시는 분이다. 그래서 이제 하나님이 어떤 분인지 알려면 복음서가 증언하는 예수를 보면 된다. 우리가 믿는 하나님은 예수와 닮았다. 종교개혁자 마르틴 루터는 이를 "십자가에 달린 예수 그리스도 안에 참된 신학과 하나님 인식이 있다."고 표현했다.

복음서는 예수를 어떤 분이라고 증언하는가? 예수는 가난한 목수의 아들로 태어나 일생을 유대 사회에서 버림지고 억압과 착취와 멸시를 받은 사람들과 함께 살았다. 그는 "세리와 죄인들의 친구"였다. 그의 일생의 과업은 하나님 나라가 마침내 도래했음을 선포하는 데 있었다. 그 나라는 죽은 다음에 갈 피안의 세계나 내적인 심령의 세계 이상의, 지금 이곳에서 성령의 능력으로 이루어지고 있는 구체적인 것이다. 이 세계에서는 하나님의 크신 궁휼과 사랑 안에서 서로 사랑하고 섬기며, 부자와 가난한 자, 유대인과 이방인, 남자와 여자, 종과 자유인 사이를 가르는 모든 인위적 차별이 극복된다. 절망, 좌절, 외로움, 열등감에 사로잡혀 있는 사람들이 하나님의 자녀가 되어 생명의 기쁜 잔치를 나누는 아름답고 거룩한 공간이 열린다. 예수로 인해 이런 하나님 나라의 백성이 된 사람들은 이전의 삶으로 돌아갈 수가 없었다. 간음하다가 잡힌 여인은 죄의 용서를 체험하고 새로운 삶으로 부름 받는다. 자신 안에 갇힌 삶에 붙잡혀 있던 삭개오는 마음을 열어 하나님과 이웃을 섬기는 길을 걷는다. 질병과 가난으로 절망하던 혈루병 여인은 몸과 마음이 온전히 회복되어 하나님 나라의 일꾼이 된다. 강박적인 바리새 율법주의자 사울은 눈물과 사랑의 전도자 바울이 되어 생의 마지막 순간까지 부르심의 길을 따라간다.

무엇보다 예수의 삶에서 하나님의 모습이 가장 극명하게 드러나는 것은 그의 십자가 죽음에서이다. 십자가 사건을 예수라는 한 인간이 죽은 사건으로만 보면 그것은 한 위대한 순교자의 가슴 아픈 죽음에 불과하다. 그러나 성경은 이 사건을 삼위일체 하나님 안의 신적 사건으로 이해한다. 십자가 고통에는 하나님의 아들뿐 아니라 아버지 하나님도 함께 참여한다. 아버지 하나님은 성령 안에서 십자가에 달린 그의 아들 위에 임재하면서 함께 죽음의 고통을 당하며, 이렇게 함으로써 아들의 고통을 아버지의 고통이고 성령이 함께하는 고통으로 만드신다. 그런데 이 고통은 실상 하나님을 떠나 있던 우리 인간들이 당해야 할 고통이었다. 예수 안에서 인간이 되신 하나님이 이를 대신 당함으로써 서기관들과 바리새인들의 의보다 '더 나은 의'(마 5 : 20)가 이루어지고, 우리들의 죄가 용서받는 길이 열린다. 그것은 하나님의 나라가 새롭게 열리는 구원의 사건이요 새로운 창조의 시작이다. 그래서 하나님은 예수의 십자가 죽음 안에서 가장 분명하고 극적으로 자신을 드러내신다. 그는 우리를 사랑하여 자기 몸을 버리시는 사랑과 긍휼의 삼위일체 되신 하나님이다.

(4) 삼위일체로 계시는 하나님

예수 그리스도 안에서 알려지는 하나님은 천지의 창조주이며, 세상의 구속주이며, 인간과 온 세계를 새롭게 만드는 성령이시다. 즉, 예수 그리스도 안에서 알려지는 하나님은 성부, 성자, 성령의 삼위일체로 계신 분이다. 따라서 기독교 신학이 하나님을 말할 때는 일반적인 신 이해가 아닌 언제나 구체적이며 특수한 하나님 이해, 곧 이스라엘의 역사와 예수 그리스도를 통해 자기를 계시한 삼위일체 하나님을 말해야 한다. 기독교적 신 이해는 삼위일체론적이며 또 삼위일체론에서 출발해야 한다(마 3 : 16-17, 28 : 18-20, 고후 13 : 13, 벧전 1 : 1-2).

① 삼위일체론의 특징

삼위일체론은 어떤 특징을 가지고 있을까?

첫째, 삼위일체론은 특별히 그리스도교적인 신 이해이다. 이 세상에서 오직 기독교만이 하나님은 하나이지만 성부, 성자, 성령의 세 분으로 존재한다고 고백하며, 이런 고백을 통해 자신을 추상적이고 철학적 일신론이나 이교적 다신론과 구별한다.

둘째, 삼위일체론은 기독교적 믿음의 총괄이며 요약이다. 그리스도론이 기독교적 믿음의 내용적 중심이라면 삼위일체론은 기독교적인 믿음의 모든 내용을 그 안에 포함하는 형식적 원리로서 기독교적인 것과 비기독교적인 것을 구분해 내는 기준이다. 세계교회협의회(WCC)가 예수 그리스도의 주 되심과 삼위일체 하나님을 고백하는 교회를 그 회원교회로 받아들이는 이

유도 그리스도론과 삼위일체론이 기독교 신앙의 내용과 형식을 가장 포괄적으로 보여 주고 있기 때문이다.

셋째, 삼위일체론은 대단히 구체적이며 실제적인 교리이다. 삼위일체 하나님에 대한 신앙 고백은 원래 초대 기독교인들의 구원 경험에 근거해 있었다. 예수의 첫 제자들은 모두 야훼 유일신 신앙을 가지고 있었으나, 부활한 예수를 만나고 성령의 임재를 체험하게 되면서 점차 하나님은 성부, 성자, 성령의 세 인격으로 계신다는 삼위일체 신앙을 갖게 되었다. 즉, 삼위일체론은 교회가 만들어 낸 사변적 교리가 아니라 초대 그리스도인 공동체의 하나님 체험에 근거한 구체적이며 실제적인 교리이다. 삼위일체 고백의 삶의 자리(Sitz im Leben)가 하나님의 구원에 대한 고백과 감사의 예식인 세례식과 성만찬이었다는 점이 이 사실을 잘 보여 준다(마 28:18-20).

② 삼위일체론과 연관된 잘못된 이해들

하지만 삼위일체론을 이해하기는 결코 쉽지 않다. 그 결과 삼위일체론과 연결된 몇 가지 잘못된 주장들이 나왔다.

· 종속론(subordinationism)

4세기의 수도사 아리우스가 주장한 이 입장은 성부만이 진정한 하나님이고, 그 아들 예수 그리스도와 성령은 이 한 분 하나님의 피조물로 성부에게 종속된 것으로 이해한다. 그에 의하면 성자는 최고의 피조물이고 최초의 피조물이지만 어쨌든 피조물이기에 성부와 성자는 결코 동일하지 않으며, 성부와 성자 사이에는 오직 유사본질(homoiousia)만 있다. 여기에 맞서 아타나시우스는 구원론적 관점에서 예수 그리스도의 온전한 신성을 주장했다. 그는 신적 존재만이 우리의 구원자가 될 수 있기 때문에 예수 그리스도는 온전한 신성을 지니고 있음에 틀림없고, 따라서 성부와 성자는 동일본질(homoousia)이라고 역설했다. 아리우스와 아타나시우스 사이의 논쟁은 니케아 공의회에서 성부와 성자가 동일본질을 지니고 있다고 결론 내림으로써 일단락되었고 이 결론은 후대의 삼위일체 신학 발전의 기초가 되었다.

· 양태론(modalism)

양태론은 하나님은 한 분뿐이신데 이 한 분 하나님이 각각 성부, 성자, 성령의 세 가지 형태로 자기를 나타내셨다고 본다. 3세기의 신학자 사벨리우스가 주장했기에 사벨리우스 주의라고도 불린다.

· 삼신론(tritheism)

삼신론은 성부, 성자, 성령의 신성을 모두 인정하지만 이들의 통일성에 대해서는 말하지 않는다. 이는 사실상 다신론의 일종이 되는 잘못된 주장으로, 교회 역사에서는 거의 나타나지 않았고 영향력도 없었다.

③ 삼위일체 안의 삼위성(trinity)과 일체성(unity)의 관계 문제

삼위일체 신학의 중요한 질문 하나는 성부, 성자, 성령이라는 세 신적 존재가 어떻게 하나의 하나님일 수 있는가, 혹은 하나의 하나님이 어떻게 성부, 성자, 성령의 세 인격으로 계신가 하는 질문이다. 곧 하나님 안의 삼위성(trinity)과 일체성(unity), 혹은 복수성(pluraity)과 단수성(singulity)에 관한 질문인 것이다. 이는 삼위일체와 연관된 가장 어려운 문제의 하나로서 많은 학자들의 노력에도 불구하고 아직 충분히 만족스러운 설명은 나오고 있지 않다. 이 문제는 크게 보아 다음의 세 가지 방식으로 이해되어 왔다.

첫째, 동방교회는 성부의 우선성을 강조하면서 삼위 하나님의 통일성을 성부에게서 찾는다. 여기에서 성부는 모든 신성의 원천이며 기원으로서, 영원부터 영원까지 그의 전 실재를 아들과 성령에게 전달하고 이로 인해 성자와 성령은 성부와 함께 공동실재가 된다. 하지만 이런 이해에는 성자와 성령이 성부에게 종속되는 종속론(subordinationism)의 위험이 있다.

둘째, 서방교회 전통(로마 가톨릭과 개신교)은 삼위 하나님의 통일성을 하나의 신적 본성(one divine nature)에서 찾는다. 이 전통은 하나의 신적 본질에서 출발하여 성부, 성자, 성령이 다 함께 하나의 신적 본질에 참여하고 있다는 점에서 이들이 모두 동등하게 신성을 소유하고 있다고 말한다. 또한 이 전통은 성부와 성자, 성령 사이의 구별을 서로의 '관계들의 차이'(the distinction of relations)에서 찾는다. 즉, 성부는 시작이 없으면서 아들과 성령을 출생(generation)하고 출원(spiration)시키는 분이라는 점에서 성자 및 성령과 구별되며, 성자는 아버지로부터 출생되는 분이라는 점에서 성부 및 성령과 구별되고, 성령은 아버지와 (아들로부터) 출원됨으로 인해 성부 및 성자와 구별된다. 하지만 이런 이해에서는 성부, 성자, 성령 사이의 위격적 구별이 약하여 삼위 하나님을 한 신적 본질의 서로 다른 세 표현으로 오인하는 양태론의 위험이 있다.

셋째, 근래에 부각되고 있는 사회적 삼위일체론(social trinity)은 하나님 안에 이미 서로 완전히 독립되고 구별되는 성부, 성자, 성령의 세 신적 인격이 있음에서 출발하고, 이 세 인격의 일치 내지 연합을 이들 사이의 영원한 페리코레시스(통교)에서 찾는다. 곧 하나님은 원래 세 분이지만, 영원부터 영원까지 가장 깊은 사랑과 나눔으로 온전히 연합되고 온전히 하나 되어 있음이 삼위일체의 신비라고 이해한다. 이런 이해에는 종속론이나 양태론의 위험은 없지만 삼신론의 위험이 있을 수 있다.

이처럼 삼위일체 하나님 사이의 단수성과 복수성을 이해하고자 하는 세 가지 시도는 모두 나름의 강점과 약점을 가지고 있다. 그런데 이들 중에서 보다 적절하고 우리 삶의 현실에 의미 있는 것은 세 번째 이해인 사회적 삼위일체론이라고 할 수 있다. 첫째, 이런 이해는 앞의 두 이해보다 신약성경의 증언에 더욱 충실하다. 신약성경은 분명히 서로 구별되는 세 신적 인격이 존재하면서 이들이 가장 깊은 사랑 안에서 같이 연합되어 있음을 말하고 있다. 따라서 삼위일체 신학의 과제는 어떻게 하나이신 하나님이 서로 구별되는 성부, 성자, 성령의 세 신적 인격으로 존재하느냐를 설명하는 데 있지 않고, 서로 온전히 구별되는 세 신적 인격이 어떻게 온전한 연합 내지 일치를 이루고 있는지를 말할 수 있느냐 하는 데 있으며, 사회적 삼위일체론은 이를 설득력 있게 설명하고 있다. 둘째, 사회적 삼위일체 신학은 앞의 두 가지 모형보다 우리 시대의 필요에 좀 더 적절히 응답할 수 있을 것 같다. 오늘날 우리 시대의 심각한 문제 하나는 극단적인 개인주의 및 이기주의로 인한 이웃과 공동체의 상실이다. 과학기술의 발달로 경제 수준은 높아졌지만, 관계는 모두 피상적이 되고 파편화되어 사람들은 무력감과 고립감 속에서 자기의 존재 의미와 가치를 느끼게 해 주는 진정한 공동체를 갈망하고 있다. 이런 상황에서 하나님을 성부, 성자, 성령의 온전한 사랑과 평등의 공동체로 이해하는 사회적 삼위일체론은 인간 사회가 지향해 가야 할 이상적인 공동체의 모델을 제시하고 또 그런 공동체를 만들 신학적 토대를 제시해 줄 수 있다. 이를 조금 더 자세히 살펴보자.

· 첫째, 하나님이 삼위일체로 계신다는 말은 하나님이 영원부터 영원까지 온전한 사랑과 나눔의 삶 속에 계심을 뜻한다. 만약 하나님이 이런 분이라면 이 땅에서의 삶의 양태도 이러해야 할 것이다. 이 점에서 하나님을 성부, 성자,

성령의 공동체의 사랑과 나눔의 공동체로 이해하는 삼위일체론은 오늘날 여러 이유로 분리되고 갈등 속에 있는 사회를 건강하게 통합하는 기본 원리가 될 수 있다. 삼위일체론 안에 인종, 문화, 빈부, 지역, 성의 차이로 분열되어 있는 세계를 하나의 공동체로 만들기 위한 기독교 사회 윤리의 기본 원리가 들어 있는 것이다.

· 둘째, 하나님이 성부, 성자, 성령의 사랑의 공동체로 계신다는 것은 하나님의 삶이 본질적으로 자기를 내어 주고 희생하는 사랑임을 말한다. 앞에서 살펴보았듯이 구약성경의 하나님은 사랑과 긍휼의 하나님이요 그 사랑 때문에 고난당하시는 격정(pathos)의 하나님이시다. 하나님은 고아와 과부의 아버지이시며(시 68 : 5, 신 10 : 17, 24 : 17, 출 22 : 22-24) 인권의 보호자이며(신 24 : 14-15, 레 19 : 13, 신 23 : 15-16, 출 22 : 30), 가난하고 곤궁한 자를 돌보시는 분이며(신 24 : 10-13, 레 19 : 9-10, 시 146 : 6-9), 가난을 제도적으로 없애려고 하시는 분이나(출 21 : 1-2, 신 15 : 12-15, 15 : 1-2, 레 25 : 25-28, 25 : 10, 35). 하나님의 이런 모습은 신약성경에서도 계속 나타난다. 특히 예수 그리스도의 십자가 죽음을 통해 나타나시는 하나님은 사랑을 위해 고난당하실 수 있는 분이며 그 고난을 통해 나타나는 구원을 이루시는 분이다. 이제 성부와 성자의 가난하고 억눌리는 자들에 대한 사랑과 해방의 능력은 성령에 의해 계속되며, 보편적이고 종말론적으로 확장된다. 성령은 자유의 영이자 해방의 영이며 주의 영이 계신 곳에는 생명이 있다(고후 3 : 17). 결국 하나님을 성부, 성자, 성령의 삼위일체 하나님으로 고백하는 것은 하나님을 사랑으로 인해 고난당할 수 있는 분으로 고백하는 것이며, 또한 이 하나님을 따라 이 땅에서 생명을 살리고 해방하는 일에 헌신함을 뜻한다. 이 점에서 삼위일체론은 기독교 믿음의 요약일 뿐만 아니라 또 아주 실제적인 교리가 된다. 신학자 위르겐 몰트만은 이를 "삼위일체론은 우리의 사회적 프로그램이

다"(Trinity is our social program)라고 표현하였다.

4. 하나님의 세계 경륜과 섭리

기독교 신앙은 하나님의 선하심과 전능하심을 고백하지만 현실에는 수많은 악과 부조리가 있으며, 이로 인해 다음과 같은 질문이 나올 수 밖에 없다. "악과 부조리는 도대체 어디에서 온 것일까?", "선하신 하나님의 세계에 왜 악이 존재하며 하나님은 왜 이 악을 그냥 두고 보시는가?" 앞에서도 말했듯이 악과 부당한 고통의 문제야말로 무신론자들에게는 하나님이 계시지 않으리라는 가장 강력한 증거의 하나가 된다.

그러나 이 문제는 하나님이 사랑이시라는 점을 고려할 때 어느 정도 이해가 가능하다. 기독교 신앙은 예수 안에서 발견된 하나님만이 진정한 하나님이라고 말한다. 그런데 예수 안에서 발견되는 하나님은 온전히 사랑이신 하나님이며, 사랑은 성격상 타자를 존중하고 자유롭게 해 준다. 사랑하게 될 때 우리는 상대방이 가장 자기답게 되도록 해 주며 이를 위해 때로 생명도 아끼지 않는다. 바울 사도의 고백처럼 "사랑은 오래 참고 사랑은 온유하며 시기하지 아니하며 사랑은 자랑하지 아니하며 교만하지 아니하며 무례히 행하지 아니하며 자기의 유익을 구하지 아니"한다(고전 13 : 4-5).

따라서 하나님의 세계 창조가 사랑에 의한 창조라면, 그 창조는 피조 세계가 가장 자기답게 되도록 자유의 여지를 마련해 주는 모습으로 나타날 수밖에 없다. 그래서 하나님은 사랑으로 인해 자기를 비우고 제한하시며, 이런 비움과 제한으로 이루어진 공간을 피조물들이 각자의 수준에 맞는 만큼의 자유와 주체성으로 채우도록 하신다. 그래서 인간들에게는 자유의지가,

동물과 식물에게는 각자의 수준에 따른 여러 생명 형태들과 일정한 의지가, 물질 세계에는 자기 보존력과 우발성(contingency)의 여지가 주어지며 그 결과 이 땅에는 하나님이 아닌 다른 힘들이 함께 작동하게 된다. 곧 인간의 힘, 동물과 식물들의 힘, 자연의 힘들이 서로 어울려서 거대한 움직임의 연결망이 만들어지고, 그로 인해 새롭고 예기치 못한 사건들이 일어나며 악과 부조리와 고통 역시 같이 일어난다.

물론 하나님이 피조 세계에 자율성을 허락하지 않았다면 무의 힘, 죽음과 고통의 힘은 존재하지 않았을 것이다. 그러나 그런 세계는 죽은 기계의 세계요, 생명을 사랑하는 하나님의 세계는 아니다. 그런 것들이 전혀 없는 세계는 불가능하다. 하지만 성경은 하나님이 이런 세계를 새롭게 만들기 위해 가장 큰 사랑으로 찾아와 보존하시고, 새 일을 행하시며, 마침내 죽음으로 새롭게 하고 회복하신다고 말한다. 우리는 예수 그리스도의 성육신에서 피조 세계의 모든 고통과 부조리에 함께하기 위해 한없이 낮아지신 하나님을 본다. 그의 하나님 나라 선포에서 하나님이 원하시는 원래적인 세계의 아름다움을 본다. 마침내 그의 십자가 죽음과 부활에서 친히 고난당하여 마침내 온 세계를 새롭게 만들고 다시는 슬픔도 눈물도 없는 세계(계 21 : 4)를 만들어 내시는 하나님의 사랑의 수고와 최후의 승리를 본다.

따라서 하나님의 세계 경륜 역시 하나님의 이런 사랑의 모습을 따라 일어난다고 말할 수밖에 없다. 우리는 절대적인 힘을 가지고 세상에 관여해 주시는 하나님을 원한다. 즉, 하나님의 능력이 '주도하는 힘'(power over)으로 임재하여 일거에 문제가 해결되기를 바란다. 이는 우리 삶에 어려운 문제가 많기 때문이며, 또 하나님이 그런 분일 때 우리는 약해져도 되고 책임을 내려놓아도 되기 때문이다. 그러나 하나님은 사랑이시기에 강제하지 않으신다. 오히려 그분은 '함께하는 힘'(power with)으로 우리 인생길에 동반하시며 힘과 지혜를 주셔서 함께 일을 해 나가게 하신다. 하나님은 우리가 결정하고 우리가 행동하도록 힘을 주시고 이끄신다. 슬로얀 코핀 목사는 이를 다음과 같이 말한다. "신앙이란 무엇인가? 사랑의 힘에 의해 파악되는 것이 신앙이다. 신앙의 눈으로 보면 하나님은 끝없이 통제하는 분이 아니라 무한하게 자비를 베푸시는 분이라는 걸 알 수 있다. 신앙이 깊어지면 하나님은 힘을 행사하시는 분이 아니라 끝없는 사랑을 펼치시는 분이라는 것도 알게 된다." 하나님은 최소한으로 돌보시고 최대한으로 지원을 아끼지 않으신다.[8]

그래서 하나님의 섭리를 믿는다는 것은 선하신 하나님이 결국 모든 것을 합력하여 선을 이룰 것을 믿는 동시에, 우리 역시 최선을 다하여 책임적으로 살아감으로써 그 사랑의 능력이 우리를 통해 나타나도록 함을 뜻한다. 이렇게 하기 위해서는 우리 존재 깊은 곳에 있는 '힘에 대한 사랑'과 불화하고 싸워야 한다. 사람들은 모두 힘을 사랑한다. 사람들이 돈과 명예와 권력, 건강과 미모, 매력을 원하는 것은 이런 것들이 힘을 가져다주기 때문이다. 어디 인간들뿐일까? 이 세상의 존재들은 모두 힘을 지향한다. 철학자 니체는 이 세상을 주도하는 것은 결국 '힘에의 의지'(Wille jur Macht)이며, 인간을 비롯한 만물은 모두 존재하고자 하고, 더 넓고 더 힘 있게 존재하고자 한다고 갈파했다.[9] 이는 정확한 진술이지만 인간과 세계의 피조성과 부패성이 드러난 현상에 대한 진술일 뿐 그리스도께서 가져오신 종말론적 변혁의 세계에 대한 서술은 아니다. 그래서 성령의 인도 속에 사는 그리스도인들은 사랑의 힘을 믿는다. '힘에 대한 사랑'(love of power)이 아니라 '사랑

---

8) 윌리엄 슬로얀 코핀, 『나는 믿나이다』, 최순임 역 (서울: 한국기독교연구소, 2007), 24.
9) 니체는 이렇게 말한다. "너희들은 내게 이 세계가 무엇인지 아는가?…… 이 세계는 힘에의 의지다…… 그 외의 다른 것이 아니다! 너희들 자체도 이 힘에의 의지다. - 그 외의 다른 것이 아니다." 프리드리히 니체, 「유고」, 한국니체학회(편) 『니체선집』 8권(서울: 책세상, 2005), 339.

의 힘'(power of love)이 결국은 개인과 교회와 사회를 살릴 수 있음을 믿는다. 예수는 이를 삶으로 보이셨고, 하나님은 그를 죽음에서 다시 살려 내심으로 이를 확증하셨다.

하나님의 힘을 이렇게 이해하게 될 때 기도에 대한 이해 역시 달라질 수 있다. 많은 사람들이 기도를 연약한 피조물인 인간이 자신의 힘으로 할 수 없는 일을 전능자인 하나님께 아뢰어 그분의 능력을 힘입어 원하는 바를 이루는 것으로 이해한다. 분명 성경에는 이런 유형의 기도들이 많이 나타난다. 하지만 예수 안에 나타난 하나님은 사랑이고, 사랑은 인간과 세계의 주체성과 자유를 존중하여 스스로 선택하도록 허용하는 것이다. 그렇다면 기도 역시 초자연적인 도움을 받는 측면보다 더욱더 하나님과의 만남과 사귐을 통해 새로운 존재로 변화되고, 하나님이 원하시는 일을 행할 힘을 얻는 것으로 이해해야 한다. 이때 기도는 다음의 요소들을 가지게 될 것이다. 첫째, 기도를 통해 우리는 잘못된 판단과 욕망에서 벗어나 자유롭게 된다("진리를 알지니 진리가 너희를 자유롭게 하리라", 요 8:32). 둘째, 이렇게 자유로워지면서 하나님의 선하신 뜻을 선명하게 알게 된다("마음이 청결한 자는 하나님을 볼 것이다", 마 5:8). 셋째, 이제 기도를 통해 하나님이 원하시는 삶을 살아갈 힘을 개인적으로, 교회 공동체적으로 얻게 되고 행동으로 옮기게 된다("내가 한 것보다 더 큰 일을 너희들이 할 것이다", 요 14:3).

물론 하나님의 주권적 개입으로만 가능한 일들도 삶에서 일어나므로 그런 문제들에 대해서도 물론 기도한다. 하지만 그때도 성령의 힘 주심 안에서 할 수 있는 일을 위해 움직여야 한다. 그래서 이제 참된 기도는 기도 없이 행동하기만 하는 행동주의(activism)도 아니고, 기도한 후 하나님이 이루어 주실 때까지 가만히 있는 정적주의(quietism)도 아니다. 신앙은 기도하고 행동하고, 행동하고 다시 기도함으로 표현된다. 그리고 놀라운 사실은 이렇게 할 때 가장 인격적이고 가장 온전한 사랑의 하나님이 우리의 기도를 통해 자신의 뜻을 보이시고, 그 뜻을 행할 힘을 주실 뿐만 아니라, 때로는 그 기도에 상응하여 자신의 뜻을 바꾸기도 하신다는 점이다. 하나님은 히스기야의 기도에 응답하여 뜻을 바꾸시며, 요나의 전도로 회개한 니느웨 사람들의 기도를 들으시고 심판을 철회하신다. 이렇게 하여 기도는 하나님과 인간이 서로 소통하는 가운데 함께 하나님 나라를 일구어 가는 지속적인 사귐의 과정이 된다.

5. 나가는 말

지금까지 우리는 기독교 신론이 다루어야 하는 여러 영역들을 살펴보았다. 이제는 이런 논의들이 이루어져야 할 우리의 현실에 대해 잠시 생각해 보자.

오늘날 지구촌의 안전을 심각하게 위협하는 두 가지 근본 문제는 전 세계적인 빈부 격차와 급속하게 심화되고 있는 환경파괴 문제이다. 그리고 이 둘은 모두 우리 인간들의 끝없는 탐욕과 깊이 연관되어 있다.

먼저 빈부 격차의 경우, 역사적으로 볼 때 인간 사회에는 언제나 불평등이 있었지만 그 차이는 그다지 크지 않았다. 19세기까지만 해도 지구상에서 생활 수준이 가장 나은 지역이라도 가장 빈곤한 지역의 두 배 이상인 곳은 어디에도 없었다. 하지만 오늘날은 다르다.[10]

1980년대 중반에는 경제협력개발기구(OECD)에 속해 있는 국가들의 상

---

[10] 아래의 내용은 지그문트 바우만, 『왜 우리는 불평등을 감수하는가』(서울: 동녘, 2013)를 참고했다.

위 10%에 속해 있는 사람들의 부는 하위 10%에 속한 사람들 소득의 7.3배였는데, 1990년대 중반에는 9.3배가 되었고, 2016년에는 9.6배가 되었다. 곧 가난한 사람들의 소득은 거의 늘지 않거나 오히려 줄어들고 있는데, 부자들의 소득은 급속히 늘어서 이제 가난한 사람들의 거의 10배가 되어 있다.

2000년 현재 전 세계 성인 인구 중 최상위 부자 1%가 전 세계 자산의 40%를 소유하고, 상위 10%의 부자가 전 세계 부의 85%를 차지하는 반면, 하위 50%는 전 세계 부의 1%만 가지고 있다. 세계 최고 부국인 카타르의 1인당 소득은 최빈국 짐바브웨의 428배에 이른다.

오늘날 전 세계 인구 중에서 최상위 1% 부자들의 부의 총합은 하위 50%에 속한 사람들의 부의 총합보다 거의 2,000배나 많다. 전 세계의 최고 부자 20명의 재산의 총합은 가장 가난한 10억 명의 재산의 총합과 같다.

미국의 경우 2007년을 기준으로 할 때 지난 25년 동안 400대 부자들의 전체 부는 1,690억 달러에서 1조5,000억 달러로 늘어났고, 억만장자들의 수도 40배나 증가했으며, 이들의 부는 2007년에 3조5,000억 달러에서 2010년에는 4조5,000억 달러가 되었다. 반면 가난한 사람들의 몫은 갈수록 급속하게 줄어들어 현재 미국인 중 상위 1%의 소득이 중간층의 288배가 된다. 가장 빈곤층에 비해서가 아니라 중간 정도 수준의 288배이다. 반면 미국인의 약 18%에 해당되는 5,000만 명이 빈곤층으로 매일의 끼니를 걱정하고 있으며, 결식아동들도 2,000만 명이나 된다.

한국 역시 빈부 격차가 아주 큰 나라에 속한다. 2016년 통계에 의하면 우리나라 가구 중 순자산 규모 상위 20% 가구들이 보유한 평균 순자산 규모는 8억2,683만 원인데 비해, 하위 20% 가구들이 보유한 평균 순자산 규모는 1,482만 원에 불과했다. 또한 우리나라 인구의 5% 정도가 국가 전체 재산의 60% 정도를 소유하고 있다. 반면 서울시의 경우 전기세를 낼 2만 원이 없어서 전기가 끊기고 수돗물 공급이 끊길 위험에 있는 사람들이 인구의 10% 가까이 된다.

인간 세상에 어느 정도의 빈부 격차는 있을 수밖에 없다. 그러나 문제는 그 정도가 너무 심해서 사회가 존속하기 어려운 정도가 되고 있다는 데 있다. 실제로 역사가 이를 증명한다. 에마뉘엘 토드는 "거대 제국이 몰락할 때는 그것이 바빌론이든, 로마이든, 오스만 투르크이든 관계없이 내부에 엄청난 빈부 격차가 있었다."고 하면서 오늘날의 세계가 이런 길을 답습하고 있다고 비판한다(에마뉘엘 토드, 「제국의 몰락」, 2003). 역사학자 아놀드 토인비는 이를 "대제국은 타살로 죽는 것이 아니라 자살로 죽는다."라고 표현했다.

지구촌을 위협하는 두 번째 큰 문제는 생태계 파괴의 문제이다[11]. 해양 수질이 오염됨으로 인해 식물성 플랑크톤이 1950년대의 60% 수준으로 줄어들었다고 한다. 식물성 플랑크톤은 모든 생명체들의 기본 먹이이다. 식물성 플랑크톤을 동물성 플랑크톤이 먹고, 그것들을 물고기들이 먹고, 그런 물고기들을 새나 동물들이 먹고, 그 마지막 정점에 사람이 서 있다. 따라서 식물성 플랑크톤이 사라진다는 것은 먹이 사슬의 제일 밑바닥이 흔들리고 있음을 뜻한다. 이보다 더욱 위험한 것은 지구 온난화가 급격하게 일어나고 있다는 점이다. 환경학자 제임스 핸슨에 의하면 현재 지구가 더워지는 속도는 히로시마에 떨어진 원자 폭탄 40개가 매일 지구 전역에서 폭발하여 그 열이 전달되는 속도와 같다. 지구 온도가 지금의 속도로 상승하면 2090년경 지구 전체의 온도는 섭씨 6도가 올라가고, 그렇게 되면 생명체들의 80%가 멸종하게 된다. 인간들도 예외가 아니어서 식량난과 식수난, 산소 부족으로 인

---

11) 아래의 내용은 김준우 편역, 『기후붕괴의 현실과 전망 그리고 대책』(서울 : 한국기독교연구소, 2012)을 참고했다.

한 호흡 곤란, 그리고 살 수 있는 마지막 땅을 차지하기 위한 기후 전쟁으로 인해 전 세계 인구의 상당수가 죽을 것이라고 한다. 아주 비관적인 예측에 의하면 2050년에 세계 인구가 90억 명이 되겠지만, 지구 온난화 문제를 해결하지 못하면 2100년 세계 인구는 내전과 전쟁으로 인해 5억 명 수준으로 줄어들 것이라고 한다. 실제로 미국과 영국의 안보전문가들은 지구 온난화 문제를 계속 방치한다면 인류 문명은 앞으로 63년에서 75년을 넘기지 못할 것이라는 비관적인 전망을 내어놓고 있다.

하지만 이 땅을 살아가는 우리 대부분은 이런 현실을 도외시한 채 눈앞에 당면한 문제들을 해결하는 데 급급할 뿐이다. 승려 틱낫한은 이런 우리의 모습이 마치 "닭장 속의 닭 몇 마리가 곡식 몇 알을 놓고 다투면서 몇 시간 후에는 모두 죽게 될 것이라는 것 모르고 있는 것과 같다."고 말한다.

이런 시대 속에서 그리스도인들은 하나님을 믿고 증언하는 과제를 맡았다. 우리가 믿는 하나님은 사랑과 긍휼의 하나님, 전지의 창조주 하나님, 예수 그리스도 안에서 자기를 온전히 나타내신 하나님, 삼위일체로 계신 하나님, 이제와 영원토록 우리 각 사람과 교회와 세계를 지키시고 동반하시며 마침내 승리하시는 하나님이시다. 이런 하나님 안에서 살아갈 때 우리도 살고 세상도 새롭게 만들 수 있을 것이다.

실상 길은 어둡고 전망은 밝지 않다. 세상의 지배체제는 충분히 강하고 우리의 믿음은 수시로 흔들린다. 교회 역시 해결책이기보다 문제일 때가 많다. 하지만 끝까지 이 길을 잘 따라가는 것이 부르심을 입은 사람의 책무일 것이다. 근대 중국의 문필가 루쉰은 오래된 제도와 관행들은 거의 무너졌으나 그 자리를 대신할 새로운 정신과 제도는 아직 만들어지지 않은 혼돈의 중국 사회를 보며 「고향」이란 단편 소설의 마지막 부분을 이렇게 마친다. "희망은 있는가? 희망은 있다고도 할 수 없고 없다고도 할 수 없다. 희망은 길과 같다. 한 사람이 걸어가고 또 다른 사람이 걸어가다 보면 어느 순간 길이 만들어진다. 희망도 그와 같다."

4장

그리스도론[1]

황민효(호남신학대학교)

하나님께서는 "선악을 알게 하는 나무의 열매는 먹지 말라 네가 먹는 날에는 반드시 죽으리라"(창 2 : 17)고 말씀하셨다. 그러나 인간은 하나님의 말씀을 어기고 선악을 알게 하는 나무의 열매를 먹어 버렸다. 이것은 하나님과 피조물 사이의 질서를 어기고 그분의 명령에 불순종한 죄임과 동시에, 피조물로서의 자신의 본분을 잊어버리고 스스로 하나님처럼 되기를 바란 영적 교만의 죄였다. 그 결과로 인간은 죄인이 되었고 죄에서 벗어날 수 없는 무능한 원죄의 상태에 빠지게 되었다. 또한, 인간은 하나님과의 교제를 상실하였으며, 자신의 힘으로 하나님을 찾을 수도 그리고 죄에서 벗어날 수도 없

---

[1] 본 장의 내용은 본인의 저서 『40일간의 신학여행』과 『근대신학담론』을 편집, 수정, 참조하여 작성된 것임을 밝힌다. : 황민효, 황승룡 공저, 『40일간의 신학여행』(서울 : 쿰란출판사, 2015), 황민효, 『근대신학담론』(서울 : 대한기독교서회, 2009).

게 되었다. 결국, 인간은 영원한 죽음이라는 형벌을 피할 수 없게 된 것이다.

그러나 사랑의 하나님께서는 자신의 형상에 따라 고귀하게 창조한 인간을 멸망의 길로 인도하실 수 없으셨고, 인간을 구원하시기 위해 독생자이신 성자 하나님을 육신의 몸으로 이 땅에 보내셨는데, 바로 그분이 예수 그리스도이시다.

1. 그리스도의 두 본성

성경이 우리에게 말씀하시는 예수 그리스도에 대한 가장 중요한 사실 중 하나는 예수 그리스도께서는 신성과 인성을 온전히 가지고 계시는 완전한 인간이요 또한 완전한 하나님이라는 사실이다.

1) 참 인간이신 예수 그리스도

초대 교회에는 예수의 완전한 인성을 부인하는 여러 이단 사상이 존재했다. 그중 가장 대표적인 이단 사상은 '영지주의'(Gnosticism)[2]였다. 영지주의의 가장 대표적인 인물인 발렌티누스(Valentinus)는 2세기 중엽의 인물이지만, 영지주의적 사고의 기원은 그 이전으로 소급될 수 있다. 영지주의자들은 그리스도교 신앙에 B.C. 6세기 페르시아에 기원을 둔 조로아스터교의 이원론, 헬라적 이원론, 심지어 바벨론의 점성술과 동양의 신비종교의 사상

---

2) 영지주의에 관한 자세한 설명은 아래의 책을 참조하라. 후스토 L. 곤잘레스, 「기독교사상사」 I(서울 : 대한예수교장로회출판사, 1988), 제5장 ; J. N. D Kelly, 「고대기독교리사」(서울 : 한글출판사, 1980), 33 - 38 ; 자로슬라브 펠리칸, 「고대 교회교리사」(100 - 600)(서울 : 크리스챤다이제스트, 1995), 118 - 137.

까지를 수용한 종교혼합주의자들이었다. 영지주의자들은 헬라적 이원론과 조로아스터교의 이원론을 결합해서 물질은 악하고 영은 선하다는 자신들의 사상을 만들어 냈으며, 구약의 하나님과 신약의 하나님을 구분하였다. 물질세계를 창조한 구약의 하나님(Demiurge)은 진정한 하나님이 아니라 열등하고 저급한 신이며, 신약의 하나님, 즉, 사랑이시고 영이신 하나님만이 진정한 하나님이시라고 주장하였다.

그들에게 있어서 가장 큰 문제는 예수 그리스도의 인성이었다. 왜냐하면, 물질인 육신을 가진 예수는 선한 분이나 완전한 하나님이 될 수 없기 때문이었다. 그러므로 그들은 우리가 가현설(假現說, Doketism)이라고 부르는 견해나 양자론(養子論, Adoptionism)이라고 부르는 견해를 수용할 수밖에 없었다. 극단적 형태의 견해인 가현설은 예수의 육신 자체를 부정하는 견해인데, 예수께서 육체를 가지신 것처럼 보였을 뿐이지 실상 육신을 가지지 않으셨다고 주장하였다. 더 온건한 견해는 양자론의 형태로 나타났는데, 영이신 그리스도께서 처음부터 성육신하신 것이 아니라 인간 예수가 세례받을 때 영으로 임하셔서 예수의 몸에 잠시 거하셨을 뿐이고, 십자가에 달리시기 전에 떠나셨다고 보았다. 따라서 십자가에 달린 것은 인간 예수이지 성자 하나님이 아닌 것이다.

예수 그리스도의 온전한 인성을 부인하는 견해는 4세기의 신학자 아폴리나리우스(Apollinarius, 310-390로 추정)에게서도 나타난다. 물론 아폴리나리우스가 예수의 인성을 전적으로 부인한 것은 아니었다. 그는 영지주의적 가현설에 대항하기 위해서는 분명 예수의 인성이 필연적이라는 사실을 알고 있었다. 그러나 그가 예수의 인성을 이해하는 방법이 매우 독특했다. 그는 만일 예수 그리스도 안의 신성과 인성이 둘 다 온전한 채로 한 인격 안에 함께 있다면, 예수는 결코 인격적 통일성을 가질 수 없으며, 마치 머리 둘 달린 괴물과 같을 것이라고 주장하였다. 그의 생각에 신성과 인성 사이의 일치를 유지할 수 있는 길은 오직 한 가지밖에 없었다. 바로 그리스도의 인성을 온전치 못한 것으로 간주하고, 신적 '로고스'(Logos)[3]로 하여금 인간 예수의 영혼을 대신하는 방법이었다. 그래서 인간을 '육신'과 '혼'과 '영'으로 구분하는[4] 아폴리나리우스는 예수 그리스도의 '육신'과 '혼'은 인정했지만, 인간적 영혼의 존재를 부인하였다. 인간의 영혼의 위치를 로고스가 대신한다고 본 것이다. 예수 그리스도의 온전한 인성을 부인한 그의 견해는 영지주의자들의 견해와 더불어 초대 교회에서 이단으로 정죄를 받게 되었다.

그러나 성경은 분명 예수께서 완전하신 인간이심을 강조한다. 히브리서 기자는 예수를 설명하면서 '어떤' 점들에서가 아니라 '모든' 점에서 우리와 같은 분이시라는 것을 강조한다(히 2 : 7). 단지 죄가 없으시다는 점에서만 우리와 다르다고 말하고 있다(히 4 : 15). 즉, 예수께서는 결코 육신인 것처럼 보이시는 분이거나, 반쪽짜리 영혼의 소유자가 아니라, 우리와 같은 육체와 영혼을 가지신 온전한 인간이시라는 것을 성경은 분명하게 증거하는 것이다. 예수 그리스도께서 참 인간이심을 보여 주는 성경의 주요 주장들을 살펴보자면,

(1) 육신이 되었다(요 1 : 14).

---

[3] 고대 헬라철학(논리학이 아닌 존재론의 측면에서)에서 로고스는 우주를 지배함과 동시에 인간 지성에 현존하는 우주적 법칙을 의미하는 것이었다. 그러나 스토아학파들은 물론 플라톤(Plato)의 사상에서도 드러나듯이 그들의 로고스의 개념은 객관적 실체라기보다 추상적인 것이었다. 이것은 실체와 인격으로서의 로고스를 강조하는 요한복음서의 개념과는 전혀 다른 것이라 할 수 있다. 사도 요한에게 있어 로고스는 하나님 자신이며, 창조의 대행자이며, 하나님의 계시자이시기 때문이다.
[4] 물론 아폴리나리우스가 이분법자인지 삼분법자인지는 논쟁의 여지가 있지만, 곤잘레스는 삼분법자로 해석하는 것이 더 타당하다고 말한다. 곤잘레스, 「기독교사상사」 I(1988), 410 - 415.

(2) 여자에게서 나셨다(갈 4 : 4).

(3) 아기로 나셨다(사 7 : 14, 마 1 : 18-25).

(4) 장성하셨다(눅 2 : 52).

(5) 주리셨다(마 4 : 2).

(6) 지치셨다(요 4 : 6).

(7) 시험을 받으셨다(마 4 : 1-2).

(8) 땀을 흘리셨다(눅 22 : 44).

(9) 눈물을 흘리셨다(요 11 : 35).

(10) 죽임을 당하셨다(요 19 : 33).

(11) 장사되었다(요 19 : 42).

이러한 모든 성경의 기록들은 예수께서 육신을 가지시고, 육신의 모든 질고를 겪으신 완전한 인간이셨음을 말하여 준다. 예수께서는 십자가에서 우리의 죄를 속죄하시기 위해 성육신하신 분이시기에 우리와 똑같은 몸과 영혼을 가지신 인간으로 태어나셔야만 했다. 또한 참 인간이신 그분께서 친히 고통을 받으셨고, 유혹도 받으셨기 때문에 우리가 받는 모든 시험을 이해하시고, 위로하실 수 있으며, 새 힘을 주실 수 있는 것이다.

2) 참 하나님이신 예수 그리스도

교회사를 보면 어떤 이들은 예수께서 하나님이심을 완전 부인하기도 하고, 또 다른 이들은 예수께 완전한 신성을 돌리는 대신 불완전한 부분적 신성을 돌리기도 했다.

예수의 신성을 완전히 부인한 이들은 유대인들의 율법과 전통 위에 기독교를 이식(移植)하려 했던 에비온파(Ebionites)와 신적 로고스와 예수를 구분한 알로기파(Alogi)와 같은 이들이 있었는데, 그들은 동정녀 탄생을 부인하고 예수를 단순한 인간으로 보았다. 그들은 예수는 요셉과 마리아의 아들로서 단순히 인간이었고, 그가 세례받을 때 성령(에비온파의 경우) 또는 로고스(알로기파의 경우)가 임하여서 다른 사람들에 비하여 특별한 사역과 탁월한 능력을 보인 것에 불과하다고 주장하였다.

또한 예수께 부분적 신성을 돌린 사람들의 대표자로는 알렉산드리아 교회의 장로였던 아리우스(Arius, 250-336)가 있다. 아리우스는 "그리스도는 스스로 하나님이 아니시며, 영원 전에 성부 하나님으로부터 나신 하나님이시며, 그의 본질은 성부 하나님께 종속되어 있다."라고 주장했던 오리겐(Origen, 185-254 추정)의 종속론을 극단적으로 발전시킨 인물이었다. 아리우스는 오직 '기원 없는 근원'(스스로 있는 자)을 오직 성부 하나님께만 돌리며, 성자이신 말씀은 완전한 하나님이 아니며, 사람보다 우월한 최초의 피조물이나 유출물에 불과하다고 주장하였다. 따라서 성자는 기원(起源)이 있으며, 성부 하나님과 영원한 교제를 가질 수도 없고, 영원하지 않으며, 심지어 죄에 빠질 수도 있었던 존재라고 생각하였다. 완전한 하나님도 아니고 그렇다고 사람도 아닌, 반신반인(半神半人)과 같은 존재인 것이다.[5] 그러나 그의 견해는 성부와 성자의 동일본질(homoousia)을 주장한 초대 교부 아타나시우스(Athanasius, 295-373)와 니케아 회의(A.D. 325)를 통하여 이단으로 정죄되었다.

물론 인간 이성의 영역에서 예수의 신성을 증명할 어떤 방법도 존재하지 않는다. 이것은 이성이나 논리적 합리성으로 증명될 수 있는 것이 아닌 신

---

5) J. N. D Kelly, 「고대기독교교리사」(1980), 260-264.

앙의 문제이기 때문이다. 그러나 성경에는 예수께서 하나님이심을 표현하는 여러 구절과 사건들이 찾아진다. 하나님 아버지에게만 돌려질 수 있던 신적인 속성, 즉 비공유적 속성들이 예수 그리스도의 삶에서도 발견되는 것이다. 성경에 나타난 예수의 신성이 드러나는 몇 가지 예를 들어 보자면 아래와 같다.

(1) 예수의 전지성

예수께서는 사람의 마음속 깊은 곳을 아심을 통해 자신의 전지성을 드러내셨다. 종교지도자들이 예수께서 행하시는 일을 마음속으로 비판하고 있을 때 "너희 마음에 무슨 생각을 하느냐?"고 꾸짖으셨다(눅 5:22). 안식일날 손 마른 사람이 회당에서 예수를 만났을 때도 사람들이 악한 마음을 가지고 "예수가 율법을 어기고 안식일에도 병을 고칠까? 아니면 입으로는 사랑을 말하면서도 고치지 아니할까?"라고 시험했을 때 예수께서는 "저희 생각을 아셨다."고 말씀한다(눅 6:8). 또 예수께서는 사마리아에서 만난 여인이 다섯 남편을 가졌었고 지금 사는 남자도 자기의 남편이 아니라는 사실을 말씀하심으로 자신의 전지성을 보여 주셨다. 또한, 예수께서는 과거의 일뿐만 아니라 미래의 일까지도 알고 계셨다. 누가 자신을 팔지(요 6:64), 언제 세상을 떠나실지까지도 다 아셨다(요 12:32-33). 이러한 사실은 하나님의 전지성이 예수께도 귀속될 수 있음을 보여 준다.

(2) 예수의 전능성

요한계시록 1:8은 "주 하나님이 이르시되 나는 알파와 오메가라 이제도 있고 전에도 있었고 장차 올 자요 전능한 자라 하시더라."고 말씀하신다. 또한, 예수께서는 귀신을 쫓아내시고, 수많은 병을 고치시고, 죽은 자를 살리셨으며, 바람과 바다를 잔잔하게 하시고, 물고기 두 마리와 떡 다섯 개로 5,000명이 넘는 장정을 먹이는 등 놀라운 기적들을 행하셨다. 더 나아가 중풍병으로 고생하던 중 친구들에 의해 침상에 실려 온 환자에게 주님은 "작은 자야 네 죄 사함을 받았느니라"고 말씀하셨다. 당시의 유대인들은 오직 하나님만이 사람의 죄를 사하실 수 있다고 믿었다(막 2:7). 예수께서는 병을 고치셨을 뿐 아니라 죄를 사하심으로써 자신이 하나님이심을 증거하신 것이다.

(3) 예수의 편재성과 불변성

성경은 예수의 편재성을 말한다. 물론 부활하시기 전의 예수께서는 편재성을 나타내시지 않으셨다. 인간으로서의 예수를 위해 하나님으로서의 자신의 능력을 낮추셔야 했기 때문이었다. 하지만 부활하신 후에는 문이 잠긴 다락방에 들어오시는 등 공간과 시간에 얽매이지 않는 모습을 보여 주셨다. 또한 "볼지어다 내가 세상 끝날까지 너희와 항상 함께 있으리라"(마 28:20)고 말씀하셨던 것처럼 오늘날 세상 곳곳에 그리스도의 흔적들 그리고 그 놀라운 사역들이 넘쳐나고 있다. 또 성경은 예수의 불변성을 말한다. 히브리서 1:12은 "의복처럼 갈아입을 것이요 그것들은 옷과 같이 변할 것이나 주는 여전하여 연대가 다함이 없으리라"고 말한다. 히브리서 13:8에서는 "예수 그리스도는 어제나 오늘이나 영원토록 동일하시니라"고 증거한다. 알파요 오메가이신 예수께서는 세상의 시초요 마지막이신 분이시며 성부 하나님처럼 그 말씀과 언약에 변함이 없으신 참 하나님이신 것이다.

(4) 예수의 도덕성

예수의 도덕성을 볼 때 우리는 또한 하나님이심을 고백하지 않을 수 없다. 성경은 모든 인간이 하나님 앞에서 죄인이고 또 죄를 범하지 않을 수 없음을 말하나 동시에 예수께서는 죄가 없으신 분임을 강조하고 있다. "그가 우리 죄를 없애려고 나타나신 것을 너희가 아나니 그에게는 죄가 없느니라"(요일 3 : 5). 십자가에 달려 돌아가시던 그 와중에도 우리의 죄를 용서해 주시기를 바랐던 그 놀라운 사랑에 우리는 하나님이시라고 고백한다. "예수를 향하여 섰던 백부장이 그렇게 숨지심을 보고 이르되 이 사람은 진실로 하나님의 아들이었도다 하더라"(막 15 : 39). 주님의 가르침을 받은 적이 없던 백부장이 예수를 하나님의 아들이라 고백하였던 것은 바로 원수까지 용서하시기를 원하던 그분의 십자가 사랑 때문이었을 것이다.

(5) 성령에 의한 수태

예수의 신성의 가장 확실한 근거로 제시되는 것 중 하나가 성령에 의한 수태, 바로 동정녀 탄생이다. 초대 교회의 교부들은 예수께서 동정녀에게 나셨다는 사실을 끊임없이 주장해 왔으며, 사도신경을 비롯한 여러 신앙고백문의 가장 중요한 내용으로 삼았다. 그러나 또한 동정녀 탄생은 인간의 이성에 대한 신뢰와 합리적 사고를 중시하는 현대 기독론에서 수많은 논쟁을 불러일으킨 주제였다. 예를 들어, 스위스의 위대한 신학자 칼 바르트(Karl Barth, 1886-1968)는 예수의 지상적 삶의 시작인 '동정녀 탄생'과 마지막인 '부활'이 예수의 삶을 다른 모든 인간의 삶과 구별시킨다는 소위 '일괄이론'을 주장하며 이 사건의 기적적 성격을 긍정하였다. 그러나 또한 에밀 브룬너(Emil Brunner, 1889-1966)와 최근의 볼프하르트 판넨베르크(Wolfhart Pannenberg, 1928-2014)는 동정녀 탄생이 예수의 인성과 양립할 수 없는 것이라는 이유로 거부하였다.[6]

---

[6] 스탠리 그랜츠, 「조직신학 : 하나님의 공동체를 위한 신학」(고양 : 크리스챤다이제스트, 2003), 467 - 470.

물론 우리는 성령의 수태에 의한 동정녀 탄생을 증명할 수 있는 합리적 근거를 제시할 수는 없다. 그러나 우리는 이 동정녀 탄생이 믿음으로 받아들여야 할 성경의 가장 중요한 주장임을 기억해야 함과 동시에, 죄로부터 자유로운 무흠한 예수의 출생을 위한 신학적 필수조건임을 잊어서는 안 될 것이다.

3) 예수 그리스도 안의 두 본성의 결합

만일 우리가 예수 그리스도께서 완전하신 하나님이시요, 동시에 완전하신 인간이심을 인정한다면, 필연적으로 한 가지 질문에 봉착하게 된다. 예수 그리스도 안에서 인성과 신성은 어떻게 결합하여 있는 것일까? 두 본성을 가지신 예수 그리스도는 하나의 인격을 가지신 분일까? 아니면 두 인격을 가지신 분일까?

그리스도의 단일인격에 관한 논쟁[7]은 5세기에 가장 절정에 이르렀다. 콘스탄티노플의 대감독이자 안디옥 학파의 대표적 신학자였던 네스토리우스(Nestorius, 미상-451 추정)는 두 본성의 구별을 강조하였다. 그는 그리스도의 신성을 부인한 아리우스를 배격함과 동시에, 신적인 로고스가 인간의 영혼의 위치를 차지했다고 주장한 아폴리나리우스 역시 배격하였다. 네스토리우스는 예수 그리스도 안에서 인성과 신성이 서로 구별되어 존재함을 강조하였다. 물론 네스토리우스가 신성과 인성 간의 연관성을 전면 부인한 것은 아니었다. 분명 두 본성은 예수 그리스도라는 한 존재 안에 공존하는 것이며 연합을 이루는 것임에는 틀림이 없었다. 그러나 결코 본질과 능력에 있어서의 결합은 아니다. 따라서 그는 신모설(神母說 : 마리아를 '하나님의 어머

---

7) 그리스도의 단일인격에 관한 논쟁에 대해서는 곤잘레스, 「기독교사상사」 I(1988), 17장과 J. N. D Kelly, 「고대기독교교리사」(1980), 12장을 참조하라.

니' 즉, '테오토코스'(theotokos)라 부르는 것)에 극렬하게 반대하였다. 마리아는 예수 그리스도의 인성의 어머니는 될 수 있지만, 신성은 결코 태어날 수 없기에 '하나님의 어머니'는 될 수 없기 때문이었다.

또한, 네스토리우스는 신성과 인성의 구별을 강조하는 가운데 '속성의 교류'(communicatio idiomatum)의 교리 역시 배격하였다. 그가 '속성의 교류'를 반대한 이유는 만일 인성과 신성 간의 본질과 능력에 있어서 교류를 강조하다 보면 당연히 약자의 위치에 있는 인성이 희생될 수밖에 없기 때문이었다. 실제로 인성과 신성 간의 결합을 강조한 여러 신학자들은 별빛이 태양 빛에 묻히듯, 또는 식초가 대양에서 아무런 신맛을 내지 못하듯 실상 인성이 신성 안에서 사라질 수밖에 없다고 보았다. 따라서 네스토리우스는 만일 인성과 신성 간의 본질적 속성의 교류를 말한다면, 필연적으로 신성과 인성이 결합한 이상한 제3의 속성을 말하거나 인성을 희생시키거나 부인하는 결과가 나올 수밖에 없다고 보았다.[8]

네스토리우스의 이러한 견해에 가장 강력한 반대자는 알렉산드리아 학파의 대표적인 신학자였던 키릴루스(Cyril 또는 Cyrillus, 376-444 추정)였다. 키릴루스는 네스토리우스와는 달리 두 본성의 인격적 결합을 강조하였다. 그는 성육신 이전에는 추상적(또는 이론적)으로 두 본성이 있었지만, 성육신 이후에는 실상 오직 하나의 성질, 즉 신적임과 동시에 인간적 성질만이 있을 뿐이라고 말하였다. 따라서 그리스도에게 있어서 신성과 인성의 구별은 결합되기 이전에 추상적으로만(in abstracto) 가능한 것이며, 성육신 이후에는 오직 하나의 신적-인간적 속성에 대해서만 말할 수 있다고 주장한 것이다.

---

[8] Wand는 인성을 강조하는 네스토리우스의 기독론에는 죄는 전적으로 인간의 행위에 있다는 펠라기우스적 인간론이 자리 잡고 있었다고 주장한다. J. W. C. Wand, *The Four Great Heresies* (London : Mowbray, 1955), 94-101.

키릴루스는 그리스도께서는 두 본성을 가진 단일한 인격, 오직 한 분임을 강조하였으며, 이 기초 위에서 속성의 교류를 주장하였다. 예를 들어, 신성인 로고스는 고통이나 고난을 받으실 수 없으나, 자신과 결합된 인성으로 인하여 고난을 겪으실 수 있는 것이다.

키릴루스는 네스토리우스의 두 본성의 구별을 강조하는 신학적 경향이 결국 예수 그리스도를 두 인격, 두 객체로 나누는 것이라고 비판하였다. 반대로 네스토리우스는 키릴루스의 두 본성의 결합을 강조하는 '속성의 교류' 이론이 그리스도의 온전한 인성을 부인하는 것이라고 비판하였다.

많은 교회사가(敎會史家)들이 이야기하는 것처럼, 네스토리우스와 키릴루스의 논쟁을 단순한 신학적 논쟁으로 보는 것은 타당하지 않다. 실상 이 논쟁의 이면에는 콘스탄티노플(동방)의 감독들과 알렉산드리아 감독들 사이의 정치적 반목이 자리하고 있었기 때문이다. 키릴루스는 알렉산드리아 학파를 대변하는 뛰어난 신학자임과 동시에 교회 정치에 매우 능한 사람이었다. 결국 키릴루스는 431년 에베소에서 열렸던 제3차 세계 종교회의에서 네스토리우스를 정죄하는 데 성공하였다. 결국 양성과 단일위격에 관한 교회의 최종적 결론은 그로부터 20년이 지난 451년 칼케돈 신조에서 아래와 같이 표현되었다.

그는 신성에 따라서는 만세 전에 아버지에게서 나셨으나, 인성을 따라서는 이 마지막 날에 우리와 우리의 구원을 위하여 동정녀 마리아 곧 하나님의 어머니에게서 탄생되셨다. 그분은 한 분이며 동일한 그리스도, 아들, 독생자이시다. 그분은 혼합될 수 없고, 변화될 수 없고, 나누일 수 없고, 분리될 수 없는 두 성질을 가지고 계신다. 두 성질의 구별은 결합으로 인하여 결코 없어지는 것이 아니라 오히려 각각 그 속성을 보존하고 있으며 두 성질은 한 인격과 한 존재 안에서 일치되어 두 인격으로 분할되거나 나누이지 아니하고 한 분이시며, 동일한 아들, 독생자, 말씀이신 하나님, 주 예수 그리스도이시다.

칼케돈 신조를 보면 네스토리우스가 주장한 두 본성의 구별과 키릴루스가 주장한 두 본성의 결합이 절묘하게 조화를 이루고 있음을 알 수 있다. "혼합될 수 없고, 변화될 수 없고"와 "두 성질의 구별은 결합으로 인하여 결코 없어지는 것이 아니라 오히려 각각 그 속성을 보존하고 있으며"라는 문구들은 분명 네스토리우스를 대표로 한 안디옥 학파의 의견을 수용한 것이었고, "나누일 수 없고, 분리될 수 없는"과 "두 성질은 한 인격과 한 존재 안에서 일치되어 두 인격으로 분할되거나 나누이지 아니하고 한 분이시며"라는 문구들은 키릴루스를 대표로 하는 알렉산드리아 학파의 의견을 수용한 것이었다.

"예수 그리스도 안에 있는 신성과 인성의 결합은 어떻게 가능한가? 또한, 이 둘이 어떻게 한 인격체 안에서 하나의 의지로서 작용하는가?" 여전히 이 문제는 우리에게 신비로 남아 있다. 이 문제에 대한 완전한 해답은 오직 하나님만이 주실 수 있을 것이다. 우리는 오늘도 신앙에 의지하여 "그리스도께서는 완전한 하나님이시요, 완전한 인간이시며, 이 두 가지 본성들은 한 인격체이신 예수 그리스도 안에서 결합되어 있다."고 고백할 따름이다.

2. 그리스도의 십자가 : 속죄

그리스도께서는 어떻게 우리들의 죄를 사하시고 구원을 성취하셨을까? 이 질문에 대한 응답을 신학에서 속죄론(Atonement)이라고 부른다. 속죄론은 크게 두 가지 형식으로 구분할 수 있는데, 그리스도의 죽음은 하나님께

바쳐진 희생 제물이었으며 이를 통해 객관적으로 속죄를 입게 되었다는 객관적 속죄론과 그리스도의 희생적 죽음이 인간의 보편적 상황을 변화시킨 것이 아니라 인간의 내적 변화를 가져왔다는 주관적 속죄론으로 나눌 수 있다.

1) 주관적 속죄론

(1) 도덕감화설

도덕감화설(the Moral Influence Theory)은 그리스도의 십자가의 죽음이 인간의 죄를 용서받게 하는 객관적 효력을 지닌 것이 아니라, 하나님의 사랑을 인간의 마음에 계시하고 감동을 주어 하나님의 사랑에 상응하는 사랑을 불러일으킨다고 주장한다. 이러한 견해는 초대 교회의 교부인 오리겐 이후에 많은 신학자가 주장해 왔으나 가장 대표적으로 이 견해를 확립한 사람은 피터 아벨라드(Peter Abelard, 1079-1142)였다. 그에 따르면 인간의 죄는 하나님과 인간 사이의 객관적인 장벽이 아니라 주관적인 마음의 단절에 불과하다. 이 마음은 그리스도의 죽음으로 말미암아 인간의 마음에 각성되는 사랑에 의해서 극복될 수 있다. 각성된 사랑이 인간으로 하여금 하나님에 복종하는 삶을 살아가도록 해 줌으로써 우리와 하나님의 관계를 회복시킨다는 것이다.

물론 하나님의 사랑을 강조하는 점에서, 또한 하나님의 사랑에 대하여 인간이 마땅히 취해야 할 적절한 응답과 책임을 제시한다는 점에서 도덕감화설이 장점을 가지고 있는 것은 사실이다. 그러나 그리스도의 신적 사랑과 우리의 인간적 사랑의 질적 차이를 고려하지 않는다는 점에서, 감상적 사랑만을 강조하여 하나님의 공의를 정당히 다루지 못한다는 점에서, 그리고 무엇보다도 죄의 형벌을 경시한다는 점에서 이 속죄론은 커다란 약점을 가지고 있다.

(2) 모범설

모범설(The Example Theory)은 아벨라드의 도덕감화설을 더욱 극단적으로 발전시킨 이론으로서 소시니우스(F. Socinius, 1539-1604)에 의하여 주장된 속죄론이다. 소시니우스의 이름을 따라 소시니우스설(The Socinian Theory)이라고도 불리는 이 속죄론은, 예수 그리스도께서 우리의 죄를 대신하여 십자가에 달리셨다는 대속적 개념을 전면 부인하는, 즉 죄의 형벌이나 속죄의 절대적 필요성을 부인하는 견해를 가지고 있다. 이 견해에 의하면 예수께서 이루신 새 언약은 대속적 죽음이 아니라 절대적 용서이다. 다시 말하여, 예수의 죽음의 진정한 가치는 대속적 죽음에 있는 것이 아니라 우리가 살아야 할 헌신된 삶의 완벽한 모범을 보여 준 것에 있다는 것이다.

소시니우스의 속죄론의 중요한 이론적 배경은 인간의 자유의지와 사랑의 하나님에 대한 신뢰에 있다. 소시니우스는 인간은 도덕적으로는 물론 영적으로도 하나님의 뜻을 이룰 수 있는 능력, 자유의지를 가지고 있다고 주장하였다. 또한 하나님은 보복적인 공의의 하나님이 아니라 모든 것을 용서하시는 사랑의 하나님이시다. 따라서 하나님은 대속을 필요로 하시거나 요구하시지 않는다. 더 나아가 예수는 하나님이 아니라 진리를 위해 순교한, 우리에게 삶과 신앙의 모범을 보여 준 한 인간에 불과하다. 그러나 예수의 죽음은 인간의 구속에 영향을 미치는데, 삶과 죽음을 통해 보여 준 예수의 믿음과 순종의 모범이 우리에게 도덕적 변화와 영감을 불러일으키고 하나님과의 관계를 회복시키기 때문이다. 인간은 신적인 존재의 대속이 아니라 인간 자신의 의지와 개혁을 통해서만 하나님과의 관계를 회복할 수 있다.

이 속죄론이 가지고 있는 장점은 삶의 모범으로서 그리스도를 강조한다는 점이다. 그리고 이러한 모범은 성경적 근거도 가지고 있다. "그리스도도 너희를 위하여 고난을 받으사 너희에게 본을 끼쳐 그 자취를 따라오게 하려 하셨느니라"(벧전 2:21). 그러나 이 속죄론은 아벨라드의 도덕감화설에 주어졌던 모든 비판에서 벗어날 수 없다. 더 나아가 대속의 필연성을 부인하기 때문에 그리스도의 필요성을 경시하는, 또한 예수 그리스도의 신성을 부인하는 치명적 단점을 가지고 있다.

(3) 신비설

신비설(The Mystical Theory) 역시 속죄를 인간의 내면에 변화를 주는 주관적인 것으로 본다는 점에서 도덕감화설이나 모범설과 유사하다. 그러나 인간에게 일어난 변화를 단순한 도덕적 변화로 보기보다 신비적, 영적으로 일어난 심오한 변화로 본다는 점에서 차이점을 보인다. 신비설의 가장 대표적인 신학자는 현대신학의 아버지라 불리는 슐라이에르마허(Friedrich Schleiermacher, 1768-1834)를 들 수 있다.

슐라이에르마허에 의하면 예수 그리스도는 인간의 완전한 이상이자 모범이다. 예수 그리스도는 완전한 신의식(God-consciousness)을 가진 존재이다. 슐라이에르마허는 신의식을 통하여 예수 그리스도의 완전성과 무죄성을 말할 수 있다고 보았다. 비유적으로 인간의 의식이 하나의 물병이고, 공기가 죄이고, 물이 신의식이라고 가정했을 때, 물(신의식)이 채워질수록 공기(죄)의 자리는 작아질 수밖에 없다. 만일 자의식이 신의식으로 완전하게 채워진다면 죄의 자리는 없어지는 것이다. 이러한 의미에서 예수 그리스도는 완전한 신의식을 소유한 존재이기에 죄가 없으시다. 따라서 예수 그리스도는 인간의 완전한 이상, 제2의 아담이다. 동시에 그리스도는 하나님의 구속능력을 전달하는 중보자이다. 그리스도는 도덕감화설이나 모범설이 주장하는 것처럼 단순히 하나님에 대한 새로운 교훈이나 감동만을 전하는 교사가 아니라, 자신의 인격과 신의식 속에 구현된 하나님의 능력을 전하는 중보자이다. 그리스도는 자신의 신의식의 능력 속으로 사람들을 끌어들임으로써, 그들을 구원의 길로 인도한다. 그러나 이 속죄론 역시 그리스도의 신성과 성육신에 대한 성경적 증언을 올바르게 취급하지 못하며, 또한 죄의 심각성과 죄의 형벌을 경시한다는 점에서 한계를 가지고 있다.

앞에서 보듯이 예수 그리스도의 대속의 객관적 측면보다 인간 내부의 변화를 강조하는 주관적 유형의 속죄론들은 성경의 증언들과 일치하지 않을 뿐 아니라, 그리스도의 신성을 부인하거나, 더 나아가 구속의 절대적 필연성을 약화하는 심각한 문제들을 가지고 있기에 전통신학에 의해 비판받아 왔다.

2) 객관적 속죄론

(1) 총괄갱신설

초대 교회의 대표적인 속죄론 중 하나였으며 옹호자는 이레니우스(Irenaeus, 140-203)이다. 그는 그리스도께서 모든 인류의 대표로서 구속의 역사를 이루셨다고 주장하였다. 즉, 그리스도께서 사람이 되시고 십자가에서 돌아가심으로써 하나님의 공의를 만족하게 하셨으며, 이로써 아담이 죄를 범함으로 인해 죽었던 모든 사람을 새롭게 하셨다는 것이다. 다시 말하여, 아담이 자신 안에 그의 모든 후손을 죄에 포함한 것과 같이, 그리스도는 모든 인간을 자신 안에서 깨끗하게 총괄갱신하셨다는 것이다.

그러나 총괄갱신설(The Recapitulation Theory)은 이론적으로 명확하지 못한 단점을 가지고 있다. 십자가보다 성육신 자체가 속죄에 효과가 있는 것으로 표현하기도 하고, 또 세례받은 자는 중생하고 죄 사함을 받는다고 주장하면서도 이신득의(以信得義)를 말하지 않을 뿐만 아니라, 윤리적 변화를 강조하는 도덕주의적 경향은 물론 신비주의적 경향, 심지어 보편구원론적 경향 역시 보였다. 한마디로 뭔가 엉성하고 명확하지 못한 논리를 가지고 있기에 비교(秘敎)적(esoteric) 속죄설이라 여겨지곤 하였다.

(2) 속전설

초대교부 시대에 가장 큰 영향력을 끼친 객관적 속죄론은 기만설, Christ-victor라고도 불리는 속전설(The Ransom Theory)이었다. 이 속죄론은 그리스도의 십자가의 죽음이 사탄에게 지급해야 할 정당한 대가라는 개념에 근거하고 있다. 속전설의 대표적 옹호자로는 오리겐을 들 수 있는데 그는 그리스도의 죽음은 사탄으로부터 죄인들을 데려오기 위해 지급된 정당한 대가라고 주장하였다. 다시 말하여, 사탄이 종으로 삼은 인간들을 구원하기 위하여 그리스도께서 돌아가심으로 사탄에게 대가를 지불하고 자기 백성을 구속하였다는 것이다. 사탄은 인간에 대한 지배권을 포기하는 대신 예수의 영혼의 주인이 되고자 하였다. 그만큼이나 죄 없는 순결한 예수의 영혼은 소유하고 싶은 것이었기 때문이었다. 그러나 사탄은 본래 의도와는 다르게 그리스도를 자신의 영원한 소유로 삼을 수 없었는데, 그리스도가 자신의 신성을 이용하여 사망을 이기고 부활했기 때문이다. 결국 사탄은 죽음에서 부활할 수 있는 예수의 신성을 눈치채지 못하고 속아버린 것이다.

물론 속전론은 ① 이론을 뒷받침할 정당한 근거가 없음은 물론, ② 사탄의 능력을 하나님과 동등하게 간주한다는 점에서, 또한 ③ 하나님을 속임수에 능한 분으로 묘사한다는 점에서 부조리하다고 여겨져 왔다. 그런데도 이 속죄론은 신화적 흥미를 주었기 때문인지, 안셀름의 만족설이 나타나기까지 여러 교부들에게 두드러진 지위를 인정받아 왔다.

(3) 만족설

혹자는 상거래설(The Commercial Theory)이라 다소 폄하하여 부르곤 하는 만족설(The Satisfaction Theory)은 중세의 대표적 신학자인 안셀름(Anselm, 1033-1109)이 자신의 대표적인 저서인 「왜 하느님은 인간이 되었는가?」(*Cur Deus Homo*)에서 주장한 속죄론이다. 그에 따르면 인간의 죄는 하나님께 돌려야 할 마땅한 영광을 돌리지 않은 것이라 할 수 있다. 따라서 하나님은 인간의 죄로 인하여 잃어버린 영광에 대한 대가를 요구하시는데, 이것은 인간에게 형벌(영원한 죽음)을 내리거나 아니면 만족(보상)을 받는, 둘 중 한 가지의 방법으로만 이루어질 수 있었다. 하나님은 후자를 요구하셨지만, 인간의 힘으로는 이 대가를 지불할 수 없었다. 아무리 인간이 최선을 다해 하나님께 순종과 영광을 돌리더라도 그것은 피조물로서 돌려야 할 당연한 것에 불과하기 때문이다. 어떻게 인간은 잃어버린 하나님의 만족을 채울 수 있을까? 방법은 없다! 오직 하나님께 만족을 드릴 수 있는 존재는 하나님 자신밖에는 없으시다. 그러나 하나님과 인간의 관계에서 배상이라는 조건이 성립하려면 이 만족은 또한 인간이 드려야만 한다. 여기서 하나님의 지혜가 나타나는데, 바로 하나님이시면서 동시에 인간인 예수 그리스도가 세상에 오신 것이다.

물론 안셀름의 만족설은 비교적 완전한 형태의 최초의 속죄이론으로 평가받았고 아직까지도 어느 정도 영향력을 끼치고 있는 것이 사실이다. 그러나 그의 속죄론은 ① 속죄의 필요성을 하나님의 공의가 아닌 하나님의 명예(영광)에 둔다는 점에서, ② 하나님을 자비와 사랑이 아닌 만족만을 요청하시는 차가운 분으로 묘사한다는 점에서, 또한 ③ 그리스도의 배상적 죽음만을 강조할 뿐 그분의 삶과 가르침에 관심하지 않는다는 점에서 타당한 속죄론으로 받아들이기는 어렵다.

(4) 형벌대속설

형벌대속설(The Penal Substitutionary Theory)은 종교개혁자들에 의해 주장된 속죄론으로, 인간이 받아야 할 형벌을 그리스도께서 대신 받으셨음을 강조하는 점에서는 안셀름의 만족설과 유사하다. 그러나 안셀름과는 다르게 하나님의 만족보다 공의를 강조하며, 또한 그리스도께서 십자가에 달리신 사건은 하나님의 섭리요, 사랑임을 강조하여 하나님의 사랑의 속성을 동시에 강조하고자 하였다. 이 설은 도덕감화설과 같이 인간 안에 일어나는 사랑을 강조하기보다 그리스도의 십자가에서 나타난 하나님의 사랑을 강조한다. 그러므로 이 설은 객관적 화해론에 속하며 또한 가장 성경적인 속죄론이라 할 수 있다. 그러나 무죄한 자가 악한 자를 위하여 고난을 받음에 대한 비합법성, 인간의 도덕적 책임성을 약화한다는 반대 논리의 비판들도 있었다.

앞서 살펴본 것처럼 그리스도의 속죄는 매우 다양하고 폭넓게 해석되고 있다. 각각의 속죄론들은 진리의 한 부분들을 가지고 있음은 물론 동시에 한계점들도 가지고 있는 것이 사실이다. 교회전체의 동의를 받는 하나의 속죄론을 찾는다는 것은 어려운 일이지만, 성경적 관점에서 볼 때 형벌대속설이 가장 타당성을 가지고 있다.

3) 십자가의 의미

성경적 측면에서 십자가의 의미는 두 가지 관점에서 이해되어야 하는데 첫째는 형벌의 대속적인 의미에서이고, 둘째는 하나님과의 관계적인 의미에서이다.

먼저 예수께서는 자신이 십자가에 달려 돌아가심으로써 우리가 져야 할 죄의 형벌을 대신 지셨다. 예수의 죽음은 해방의 선언이며, 사형 언도를 받은 자들에 대한 사면이다. 마가복음 10 : 45에서 주님께서는 이렇게 말씀하신다. "인자가 온 것은 섬김을 받으려 함이 아니라 도리어 섬기려 하고 자기 목숨을 많은 사람의 대속물로 주려 함이니라."

또한, 예수께서는 십자가를 통해 우리와 하나님 간의 관계회복을 가져오셨다. 하나님과의 관계가 단절됨으로써 영적인 죽음을 면치 못했던 인간은 이제 주님께서 '중보자'(mediator)로서 하나님과의 관계를 회복시켜 주심으로 다시금 하나님과 영적인 교통이 가능하게 되었다. 이것은 하나님의 은혜요, 하나님의 사랑이다. 성경은 십자가를 하나님의 사랑의 계시요, 상징이라고 말한다. 요한1서 4 : 10은 이렇게 말하고 있다. "사랑은 여기 있으니 우리가 하나님을 사랑한 것이 아니요 하나님이 우리를 사랑하사 우리 죄를 속하기 위하여 화목제물로 그 아들을 보내셨음이라."

3. 예수 그리스도의 부활

1) 부활은 허구라는 주장들

성령의 수태에 의한 동정녀 탄생과 더불어 근대 이후 신학에서 가장 논란이 된 신학 주제는 그리스도의 부활이었다. 스스로 이성적이고 합리적이라고 생각하는 이들은 예수의 십자가는 믿어도 부활은 믿지 않았다. 그들에게 있어 부활은 역사적으로나 경험적으로 이해할 수 없는 사실이기 때문이었다. 또 어떤 이들은 우리 죄를 구속한 사건은 십자가이지, 부활이 아니라고 생각하여 부활의 중요성을 경시하곤 하였다.

그러나 사도 바울은 이렇게 말한다. "그리스도께서 다시 살아나신 일이 없으면 너희의 믿음도 헛되고 너희가 여전히 죄 가운데 있을 것이요"(고전 15 : 17). "네가 만일 네 입으로 예수를 주로 시인하며 또 하나님께서 그를 죽은 자 가운데서 살리신 것을 네 마음에 믿으면 구원을 받으리라"(롬 10 : 9). 사도 바울은 주님의 부활은 그리스도교의 가장 중요한 신앙의 핵심이자, 구원에 이르게 하는 근본 진리이며, 복음의 본질적 부분임을 강조하고 있다.

복음서들의 마지막 부분들과 고린도전서 15장, 사도행전 1장은 예수의 부활이 분명한 역사적 사건임을 증거하고 있다. 막달라 마리아와 다른 여자들에게, 베드로에게, 엠마오로 가는 두 제자에게, 12제자와 500여 명의 신도들에게, 그리고 승천하시는 날 모인 120명의 성도에게 주님께서 부활하신 자신의 모습을 보이셨다고 분명히 기록하고 있다.

물론 합리적인 신앙만을 추구하는 이들은 이것을 역사적인 사실이 아닌 예수의 신격화 과정에서 나타난 허구라고 생각할지 모른다. 예수의 부활을 허구라고 주장하는 사람들의 이론들을 몇 가지 기록하자면 아래와 같다.

(1) 허위설

허위설(The Falsehood Theory)을 주장하는 사람들은 예수의 제자들이 밤에 몰래 무덤에 들어가 시체를 훔쳐 그것을 숨기고 나서 주님은 죽은 것이 아니라 부활하였다고 전파했다고 생각한다. 물론 파수꾼들이 유대관원에게 무덤이 비었다고 보고했을 때 관원들이 "우리들이 자고 있는 동안에 시체를 훔쳐간 것이라고 말하라."고 시킨 것은 사실이다. 하지만 그 누가 지어낸 허구 때문에 목숨을 걸 수 있을까? 다락방에서 두려움에 떨고 있던 제자들이 새롭게 용기 있게 변화된 사실을 생각해 볼 때 이 설은 받아들일 수 없다.

(2) 졸도설

졸도설(The Swoon Theory)은 예수께서는 실제로 죽지 않았으며, 단지 기절한 상태에 있다가 깨어났을 뿐이며, 이를 보고 제자들이 부활한 것으로 선포했다고 주장한다. 하지만 몸의 모든 피를 흘리시어 십자가에서 돌아가셨으며 로마 병사들도 이미 죽은 것을 확인했는데, 단지 기절한 것이라 보는 것은 설득력이 없다. 또한, 십자가의 고통을 받아 기절한 사람이 몇 사람이 굴리기도 힘든 커다란 무덤 입구의 돌을 굴리고 나왔다는 것을 생각해 볼 때 졸도설은 상식적으로 받아들이기 어렵다.

(3) 실수설

실수설(The Mistake Theory)은 예수를 따르던 여인들이 길을 잃고 헤매다가 다른 사람의 무덤을 예수의 무덤인 줄 알고 들어가 비어 있는 것을 보고 예수께서 부활했다고 말했다는 것이다. 하지만 누가복음 23 : 55은 이렇게 말하고 있다. "갈릴리에서 예수와 함께 온 여자들이 뒤를 따라 그 무덤과 그의 시체를 어떻게 두었는지를 보고……" 한 사람도 아닌 여러 여인이 그토록 사랑하는 예수께서 안치되신 무덤의 위치를 잊어버린다는 것 역시 상식적으로 이해가 되지 않는다.

(4) 신화설

신화설(The Mystical Theory)은 예수께서는 부활하지 않았지만 다른 종교와 신화에 나오는 부활의 이야기를 본떠서 예수의 제자들이 부활 이야기를 만들어 냈다는 것이다. 하지만 부활의 소문은 제자들뿐만 아니라 다른 목격자들에 의해서 부활하시자마자 알려지기 시작했다. 즉, 이야기를 만들어 낼

충분한 시간적 여유가 없었으며, 또한 앞서 허위설과 마찬가지로 거짓과 허구에 목숨을 걸 사람들이 어디 있겠는가?

(5) 영체설

영체설(The Spirit Theory)은 예수는 죽었고 단지 그의 영만 살아 돌아왔다고 주장한다. 한마디로 제자들은 예수의 영의 환상을 본 것에 불과한 것이다. 물론 예수의 부활하신 육체가 일반 육체와는 다른 육체이신 것은 사실이다. 문이 잠긴 다락방에 들어오시는 등 시공을 초월하시는 육체, 사도 바울이 말하는 영적 육체인 것은 사실이다. 하지만 성경의 기록에 따르면, 단순한 영만이 아니시라 음식을 드실 수 있고, 우리가 만져 볼 수 있는 육체이신 것은 확실하다. 따라서 단순한 영만의 부활이라 말할 수 없다.

물론 부활은 인간의 합리성과 경험을 초월하는 것이기에, 입증의 문제가 아닌 신앙고백의 문제이다. 하지만 다락방에서 두려움에 덜덜 떨던 제자들이 담대히 나아가서 복음을 전할 수 있었던 이유는 바로 부활하신 주님을 경험했기 때문이다. 만일 예수 그리스도의 부활을 경험하지 않았다면 어떻게 십자가에서 힘없이 죽어 간 한 사람을 위해 목숨을 걸고 복음을 전파할 수 있었겠는가?

2) 부활의 의미

부활의 진정한 의미는 십자가에 달려서 돌아가신 그 예수께서 바로 우리의 구속주이시라는 것을 성부 하나님께서 증명하신 것이다. 십자가와 부활의 신앙은 그리스도교의 신앙에 있어서 가장 중요한 보배이자 핵심이다. 인류를 불행케 했던 숙적은 두 가지였다. 하나는 죄요, 다른 하나는 죽음이다.

이 두 가지 문제를 해결하지 못하였기 때문에 인류는 불행할 수밖에 없었다. 죄와 죽음은 이 세상의 어떤 철학도, 어떤 능력도, 어떤 종교도 해결하지 못했다. 그러나 그리스도인은 이 두 가지 문제를 완전히 해결 받은 사람들이다. 예수께서 십자가에 달리심을 통해 우리의 모든 죄를 대속해 주셨고, 죽음에서 부활하심으로써 우리의 죽음의 문제를 해결해 주셨기 때문이다. 그리고 이것을 입으로 시인하고 마음으로 믿는 것이 우리의 신앙이다.

4. 현대 그리스도론의 경향

근대 이후 많은 사상가들은 그들이 생각하기에 미신적, 비논리적이라고 생각되는 신앙의 내용을 제거하거나, 재해석하려고 시도해 왔다. 이러한 시도는 인간의 이성과 합리성을 강조하는 시대적 상황과 맞물려 상력한 힘으로 교회와 신학을 압박하였다. 근대 이후 그리스도론에는 다양한 사상적 흐름이 존재하지만, 여기서는 가장 두드러지게 나타난 세 가지 경향들을 살펴보고자 한다.[9]

1) 그리스도를 이념화하려는 경향

그리스도를 이념화하여 이해하려는 경향을 대표하는 사상가들로는 칸트(Immanuel Kant, 1724-1804), 슐라이에르마허(Friedrich Schleiermacher, 1768-1834), 그리고 헤겔(George Wilhelm Friedrich Hegel, 1770-1831) 등

---

9) 이 세 가지 경향에 대한 보다 자세한 설명은 아래의 책을 참조하라. 황승룡, 「조직신학, 하」(서울 : 한국장로교출판사, 1994), 121-135.

을 들 수 있다.

칸트[10]는 소위 형이상학으로 대변되는 이성이나 논리로 증명될 수 없는 그리스도교 교리에 대하여 무척 비판적이었다. 그는 우리에게 잘 알려진 「순수이성비판」(Critique of Pure Reason, 1781)에서 이론이성 또는 순수이성의 능력과 한계를 조명한다. 그는 하나님의 존재증명을 '존재론적 신증명'(ontological proof of the existence of God), '우주론적 신증명'(cosmological proof of the existence of God), 그리고 '물리-신학적 신증명'(physico-theological proof of the existence of God)이라는 셋으로 분류하여 이 논증들을 하나하나 비판하여 더 이상 순수이성의 영역에서 신을 논리적으로 증명할 수 없음을 분명히 하였다.

그러나 그는 「실천이성비판」(Critique of Practical Reason, 1781)에서 새로운 방식으로 하나님의 존재를 유추해 내었는데 그것은 바로 '당위'(ought to)의 개념을 통해서였다. 모든 인간들은 보편적 당위성이란 관념을 가지고 있다. 즉, 인간은 본질적으로 질서를 만들고 보편타당한 가치와 준칙 아래에서 행동하려 한다. 이 사실은 신의 존재를 요청하게 된다. 물론 실천적 이성의 영역에서도 가장 근본적인 원리를 보편적인 도덕원칙이 차지함으로써 하나님이 개념적으로 들어설 자리는 없는 것은 분명하다. 그럼에도 불구하고 그는 사람들을 보편적인 가치와 준칙에 따라 행동하게 하기 위해서는 신이 필요하다고 생각하였다. 따라서 칸트는 신학을 신학적 윤리학(도덕철학)으로 탈바꿈시켜 버렸다.

칸트는 이러한 신학적 윤리학의 틀 안에서 예수를 이념화하려 하였다. 그에게 있어서 예수의 중요성은 죄를 사하고 하나님과의 관계를 회복하는 제

---

[10] 칸트에 관하여서는 황민효, 「근대신학담론」(2009), 1장을 참조하라.

사장이나 중보자의 사역이 아니었다. 그에게 있어서 예수는 인간이라면 누구라도 따라야 할 보편적 준칙인 정언명령[11]에 합당한 가르침을 준 도덕성의 원형이자 도덕교사인 것이다.

앞서 우리가 살펴본 것처럼, 슐라이에르마허[12]에게도 이러한 이념화의 경향이 찾아진다. 그에게 있어서 예수는 완전한 인간의 이상이자 모범이 된다. 그러나 칸트와는 다르게 슐라이에르마허에게 있어서 예수는 분명 자신의 신의식에 동화시키는 과정을 통하여 하나님의 구원행위이자, 우리의 중보자가 되실 수 있다.

그리스도를 가장 극단적으로 이념화한 이는 헤겔[13]이었다. 헤겔에게 있어서 실재적인 것은 그 무엇이든지 이 세계 안에서 구체적으로 표현되어야 한다. 단순한 관념은 추상적인 것일 따름이다. 어떠한 관념이 구체적 대상이라는 형식을 취하지 않는다면, 그것은 비실재적으로 간주되어야 한다. 하나님(절대정신) 역시 실재가 되기 위해서는 표현되고, 계시되고, 인식되어야 한다. 하나님이 실재하시기 위해서는, 다시 말하여, 하나님이 구체적인 대상으로 현시되시기 위해서는 자유롭고 독립적인 존재를 타자로 설정할 수 있어야 한다. 이 타자는 하나님 안에 있는 절대적 자유를 표현하는 것인데, 헤겔

---

[11] 칸트에 의하면, 우리를 특정한 방식으로 행동하게 만드는 의무감에 기초한 명령(command)의 방식은 두 가지의 구별되는 형식으로 나타나는데 바로 '가정적'(hypothetical) 형식과 '정언적'(categorical) 형식이 그것들이다. 가정적인 명령은 특정한 목적이나 목표를 위하여 행동을 요구하는 명령을 뜻한다. 즉, "Y를 얻기 위해서는 X해야 한다"와 같은 형식을 취하는 것이다. 그러나 정언적인 명령은 이와 다르게 선험적으로 주어진 무조건적 요청을 의미한다. 즉, "단지 X하라"와 같은 형식을 취하는 것이다. 정언적 명령에서는 자신 외에는 그 어떠한 목적도 존재하지 않는다. 칸트는 이렇게 말한다. "모든 명령법은 가정적으로나 정언적으로 명령한다. 가정적인 명령들은 자신이 바라는(또는 자신이 바랄지 모르는) 무엇인가를 획득하기 위한 수단으로서 실용적으로 필요한 가능한 행동을 요청한다. 정언적인 명령은 더 이상의 목적과는 아무런 관계없이 그 자신에게 객관적으로 필요한 행동을 대표하는 것이다."(*Immanuel Kant : Groundwork of the Metaphysics of Moral in Focus*, ed. Lawrence Pasternack <New York : Routledge, 2002>, 44).

[12] 슐라이에르마허에 대한 보다 자세한 설명은 황민효, 「근대신학담론」, (2009), 2장을 참조하라.

[13] 헤겔에 대한 보다 자세한 설명은 황민효, 「근대신학담론」, (2009), 3장을 참조하라.

에게 있어서 타자는 바로 세계이다. 그러나 그와 동시에 타자 역시 하나님의 본성의 실현이기에 다시금 하나님 자신과 화해되어야 한다. 바로 이처럼 자신을 분리시키고, 다시금 자신과 결합시키는 과정이 하나님(절대정신)이 자신을 실현하시는 방법이자 우주적 역사의 시작과 끝이다.

 이러한 시각에서 볼 때, 인간의 자기실현은 곧 하나님의 자기실현이다. 하나님의 본성, 절대정신이 구체적으로 시간과 공간, 역사 안에서 자신을 실현하기 위해서는 인간과 만물이 존재해야 한다. 따라서 인간의 타락은 하나님의 자기실현과정을 위해서 필연적인 것이다. 다시 말하여, 인간의 타락을 통하여 하나님의 풍성함이 실현되는 것이다. 따라서 타락은 그리스도교가 주장하듯 결코 비극적인 것은 아니다. 타락은 하나님과 인간의 완전한 화해를 위한 필연적 단계이기 때문이다. 인간이 자신을 포함한 만물이 다 하나님의 자기실현이라는 것을 깨닫게 되는 것이 바로 새로운 자기인식에 이르는 것이다. 화해의 시작은 자신의 분리를 인식하는 것으로부터 시작된다. 타락한 인간은 자신과 하나님과의 분리를 경험하지만, 이 분리는 영원하지 않다. 때가 무르익으면, 분명 화해가 이루어질 것이기 때문이다. 최종적 단계에 이르면 분리되었던 모든 존재는 하나님 안에서 일치를 이룰 것이다. 물론 첫 단계에서도 존재와 하나님과의 연합이 존재했지만, 그것은 공허하고, 초보적이고, 일시적인 연합이었다. 그러나 화해를 통한 연합은 관념이 실재성을 획득하는 진정한 연합이다.

 헤겔은 이러한 관점에서 그리스도의 성육신을 해석한다. 그리스도의 성육신의 사건 역시 하나님의 자기실현에 있어서 필연적인 사건이다. 본질적으로 신성과 인성은 소외된 것이 아니기에, 이 세계 안에서 신성과 인성의 구체적인 결합이 이루어져야 한다. 즉, 무한자와 유한자가 본질적으로 동일하다는 사실은 무한과 유한의 동일을 표현하는 연합체, 즉 '신인통일성'(the unity of the divine and human natures)으로 세계 안에서, 역사 안에서 나타나야 한다.[14] 그리스도의 성육신은 유한한 인간의 본성이 신성과 양립할 수 있다는 것을 입증하는 것이었으며, 인간과 하나님의 화해 가능성을 보여 준 사건이다. 따라서 그리스도의 중요성은 칸트와 같은 계몽주의 사상가들의 해석처럼 그리스도의 도덕적 가르침에 있는 것이 아니라, 정통 그리스도교가 주장하듯 중보자로서의 사역이 아니라, 그리스도가 세상 속에서의 하나님을 표상하고 있다는 점에 있다.[15] 헤겔은 그리스도의 '신인통일성'은 결코 역사적 비판으로 확립될 수 없는 것임을 분명히 한다. 헤겔에게 있어서 그리스도의 중요성은 그의 역사성이나 생애보다는 그의 존재의 상징성(신인통일성)에 놓여 있는 것이다.

그러나 우리는 칸트와 슐라이에르마허, 그리고 헤겔이 보여 준 그리스도를 이념화하는 경향은 무엇보다도 성경의 가르침과 상관이 없이 인간의 논리에만 의존하고 있으며, 예수 그리스도를 살아 게신 하나의 인격체가 아닌 논리적 대상으로서 삼았다는 비판으로부터 자유롭기 어렵다는 사실을 유념해야 한다.

2) 그리스도를 인간화하려는 경향

그리스도를 이념화하려는 경향과 더불어 나타난 또 하나의 신학적 입장은 소위 역사적 예수 탐구로 대변되는 그리스도를 인간화하려는 경향이었다.[16] 물론 역사적 예수에 대한 관심은 초대 교회시대부터 늘 있었지만, 이 주제

---

14) G. W. F. Hegel, *Lectures on the Philosophy of Religion III*, trans. E. B. Speirs (New York : The Humanities Press, 1974), 71.
15) 앞의 책, 77.
16) 역사적 예수 탐구에 대한 보다 자세한 설명은 황민효, 「근대신학담론」(2009), 5장을 참조하라.

에 대하여 근본적으로 고민하게 된 것은 경험과 합리적 이성을 강조하던 근대에 와서라고 말할 수 있다. 경험을 중시하는 영국의 경험론자들의 눈에는 초자연적인 기적이란 신뢰할 수 없는 일이었다. 또한, 합리적 이성을 중시하던 영국의 이신론자들 역시 초자연적 신의 간섭이나 기적은 믿을 수 없는 일이었다. 따라서 그들은 초자연적 기적들을 기록하고 있는 복음서의 기록들을 역사적 사실들로 인정할 수 없었다.

이처럼 복음서의 역사성에 관한 질문을 제시한 것은 경험주의자들과 이신론자들이었지만, 최초로 역사-비평적 방법을 가지고 복음서의 기록들을 해석하며, 전통적인 신-인으로서의 예수상에 도전하여 역사적 예수에 대한 물음을 던진 것은 라이마루스(Hermann Samuel Reimarus, 1694-1768)였다. 그는 생전에 전통적 예수상에 대한 자신의 회의를 명확히 제시하지는 않았지만, 그가 가진 회의는 그의 사후 1778년에 그가 쓴 논문인 "예수와 그의 제자들의 의도에 대해서"(On the intention of Jesus and his Disciples)가 레싱(G. E. Lessing)에 의해 출간됨으로써 알려지게 되었다. 그리고 이 논문은 근대 역사적 예수 탐구의 시초가 되었다. 그는 이 논문에서 예수는 유대의 묵시적 성격을 지닌 한 정치혁명가에 불과했으나, 제자들은 비유대교적 배경에서 신비적이고 신앙적인 그리스도교를 만들어 내었으며, 예수의 죽음을 신화화하였다는 주장을 피력하였다.

이후 헤겔주의 좌파의 신학자였던 슈트라우스(David Friedrich Strauss, 1808-1874)는 '신화적'(mystical) 해석방법을 통해 역사적 예수를 찾고자 하였다. 그에 의하면, 신화는 비록 실증적-역사적 측면에서는 허구이지만, 그 안에 매우 중요한 의미를 담고 있기에 재해석되어야만 한다고 주장하였다. 이러한 해석을 통해 유일하게 접근 가능한 예수는 유대의 문헌에 예언된 신화적 인물로서, 즉 메시야로서 나타난 초인간적 신-인이었다. 즉, 예수의 성육신과 부활이 우리에게 주는 교훈은 관념적인 것으로서 절대정신으로서의 하나님이 한 인간이 아닌 전체로서의 인류에게 오셨다는 것을 의미하며, 교회가 그리스도에게 부여했던 신성과 인성의 결합은 단지 예수라는 한 인간에게 돌려져야 하는 것이 아니라 모든 인류에게 돌려져야 한다는 사실이다. 슈트라우스는 역사적인 방식으로 신화를 재해석하여 신인동일성의 관념적 예수를 찾아낸 것이다.

슈트라우스 이후에 역사적 예수에 대한 관심은 기적 문제에서 예수의 내적인 자의식에 대한 문제로 옮겨졌다. 그리고 수많은 예수전들이 기록되었다. 예를 들어, 르낭(Ernst Renan), 쉔켈(Shenkel), 바이쯔젝커(Weizsäcker), 홀츠만(Heinrich Julius Holtzmann), 카임(Keim) 등은 각기 나름대로 예수전을 기록하였다. 그들은 공통으로 인간 예수를 강조하였으나, 그들이 바라본 예수의 이미지들은 너무나 다른 것이었다. 예를 들어, 당시에 가장 인기가 있었던 르낭의 예수전의 경우, 예수를 낭만적이고 시적인 목수이자, 뛰어난 설교가로 표현하였다. 반대의 상황에 직면할 때마다 그는 기적을 행함을 통하여 그의 입장을 강화하였으며, 그의 피와 살의 성례전을 통하여 그의 추종자들이 교회를 창조하도록 준비한 사람이었다. 비록 그는 죽음을 피할 수는 없었지만, 그의 종교는 그의 추종자들을 통하여 계속되었다. 이처럼 르낭과 같은 낭만주의자가 기록한 예수는 목가적-낭만주의자 예수였으며, 합리주의자들은 예수를 도덕적인 가르침을 전하던 도덕설교가로 묘사하고, 이상주의자들은 인도주의의 화신이며 그 총괄개념으로 묘사하며, 심미주의자들은 예수를 화술의 천재로 생각했으며, 사회주의자들은 정치혁명가이자 사회개혁자로, 그 외에도 '예수의 생애'를 기록하는 많은 신학자는 각기 자신들이 원하는 소설적 예수상을 만들어 내었다.

그러나 이처럼 우후죽순처럼 광범위하게 전파되었던 역사적 예수를 찾고

자 하던 그들의 노력은 오래지 않아 실패로 돌아가고 만다. 브레데(William Wrede)의 경우 마가복음은 역사적 기록이 아닌 신학적 구성물이기에 마가복음을 중심으로 역사적 예수를 찾고자 하는 시도가 불가능하다는 이유로 회의론적인 반응을 보였다. 바이스(Johannes Weiss)와 슈바이처(Albert Schweitzer)는 예수가 전한 하나님의 나라는 세상적-영적인(많은 경우 윤리적인) 하나님의 나라가 아니라 초세상적-초자연적인 유대 묵시적 성격의 하나님의 나라였으며, 이것은 우리에게 매우 낯선 것인 까닭에 역사적 예수 탐구는 불가능하다고 주장하였다. 켈러(Martin Kahler)의 경우 역사의 예수가 아닌 성경적 그리스도를 신앙의 기초로 삼음으로써 예수전을 재구성하려는 시도들이 가진 문제점들을 비판하였다. 그리고 결국 성경의 증언을 통해서 우리는 초대 교회 공동체에 접근할 수 있을 뿐 역사적 예수에게 도달할 수 없다는 불트만(Rudolf Karl Bultmann)의 양식비판과 실존주의적 비판에 이르러서 역사적 예수를 찾고자 한 최초의 시도는 실패로 끝나고 말았다.

그러나 이후에도 케제만(Ernst Käsemann), 푹스(Ernst Fuchs), 에벨링(Gerhard Ebeling) 등 불트만의 제자들을 통해 그리스도교 신앙의 신학적 판단 기준으로서 역사적 예수를 재건하려는 '제2기 역사적 예수 탐구'가 계속되었고, 1970년대에 이르러 우리가 '제3의 역사적 예수 탐구'(the third quest of the historical Jesus)라고 부르는 운동 역시 시작되었다. 제3기 이후의 역사적 예수 연구가들은 복음서가 가지는 역사성에 대하여 불트만이나 제2기 탐구자들보다 더 긍정적으로 바라봄과 동시에, 고대 근동의 여러 자료를 통해 예수의 사회적, 정치적 상황에 대하여 적극적으로 연구하였으며, 그 탐구는 지금도 계속되고 있다.

우리는 역사적 예수를 탐구하고자 노력했던 신학적 시도들을 무조건 비판하거나 폄하해서는 안 된다. 이성적으로 받아들일 수 없는 교권적 교리 대신에 예수의 가르침과 종교적 인격을 역사적으로 규명하여 새로운 권위의 근거로 삼고자 한 그들의 시도는 비록 실패로 끝났더라도 무척 가치 있는 일이었다. 우리는 어떻게 역사적 예수와 선포되는 신앙의 그리스도 간의 불연속성을 극복할 수 있는 신학적 연결고리를 찾을 수 있을까? 과연 이것은 가능한 것일까? 이것은 현대 그리스도론에게 주어진 또 하나의 과제이다.

3) 그리스도를 상대화하려는 경향

역사적으로 세계 종교들은 각기 자신의 종교만이 유일한 진리이며 구원의 방편이라 주장하며 다른 종교들을 억압하거나 멸시해 왔다. 그러나 현대에 이르러 신학은 다른 종교들과의 공존적 상황을 보다 진지하게 성찰할 것을 요청받게 되었다. 왜냐하면, 우리는 모두 지구촌이라고 부르는 작은 세상의 일원으로서 다른 종교 간의 만남을 피할 수 없게 되었으며, 서로 어울려 사는 법을 배워야 했기 때문이었다. 이 과정에서 다종교 상황에서 제기되는 문제들을 더 깊이 있게 다루는 '종교신학' 또는 '종교 간의 대화의 신학'이 발전되었으며, 그리스도의 구속의 절대성에 물음을 던지며 그리스도를 상대화하려 하는 경향 역시 두드러지게 나타나게 되었다.

그리스도교와 타종교의 관계설정, 그리고 그리스도의 구속의 절대성에 관한 입장을 파악하는 데 현대 신학자들은 일반적으로 1983년에 레이스(Alan Race)가 발표한 유형론을 사용하고 있다. 레이스는 예수 그리스도의 궁극성이라는 기준에 근거해 그리스도교가 다른 종교에 관하여 가지는 입장 또는 태도를 배타주의, 포괄주의, 그리고 다원주의라는 세 가지 유형으로 나

누었다.[17]

우리는 종교신학의 세 가지 유형들을 살펴보기 전, 각 입장을 평가할 두 가지 기준을 먼저 명시할 필요가 있다. 그것은 '신실성'과 '개방성'이다. 먼저 종교 간의 대화에 임하는 이는 자신의 종교에 대한 신실성을 가져야 한다. 자신의 종교에 대한 무조건적 신뢰와 헌신이 없다면 그를 참 종교인이라고 말할 수 없기 때문이다. 다음으로, 종교 간의 대화에 임하는 사람은 다른 종교에 대하여 개방적 태도를 보여야 한다. 다른 종교에 대하여 열린 접근 없이는 대화란 실상 불가능하기 때문이다. 그러나 이 두 가지 기준을 충족시킨다는 것은 매우 어려운 일이다. 특정 종교인이 자신의 신앙에 관하여 전폭적인 신뢰와 헌신을 보이면서도 다른 종교에 대하여 개방적인 태도를 보이는 것은 무척이나 어려운 일이기 때문이다.

(1) 배타주의

배타주의(Exclusivism)는 간단하게 말하여 "그리스도교 밖에는 또는 오직 예수 외에는 구원이 없다."는 견해를 고수하는 태도이다. 이 유형이 주장하는 성경적 근거로서는 사도행전 4 : 12의 "다른 이로써는 구원을 받을 수 없나니 천하사람 중에 구원을 받을 만한 다른 이름을 우리에게 주신 일이 없음이라 하였더라."와 요한복음 14 : 6의 "예수께서 이르시되 내가 곧 길이요 진리요 생명이니 나로 말미암지 않고는 아버지께로 올 자가 없느니라."를 제시할 수 있다.

배타주의는 성경의 증언과 가장 일치할 뿐만 아니라, 종교가 요구하는 자신의 종교에 대한 신앙의 충성도(신실성)의 측면에서 장점이 있다. 종교인이

---

17) Alan Race, *Christians and Religious Pluralism : Patterns in the Christian Theology of Religions* (London : SCM, 1983).

라면 누구나 자신의 종교에 대한 신실함을 가지기 위하여 배타성을 가지고 있어야 한다. 그러나 이 배타성이 지나치면 문제가 야기될 수도 있다. 극단성을 가지는 배타주의는 타종교에 대한 배타적 태도를 넘어 공격적 성격을 가질 때가 많다. 이 입장에 따르면, 자신의 종교를 제외한 다른 종교들은 모두 거짓된 종교에 불과하기에 대화란 필요하지 않으며 오직 개종만이 요구될 따름이다. 진정한 평화는 이 세상의 모든 거짓된 종교들을 정복할 때 비로소 찾아올 수 있다. 엄밀히 말하여, 이 입장에 따르면 다른 종교와 대화란 필요하지 않다. 즉, 신실성의 측면에서는 장점이 있으나, 개방성의 측면에서는 약점을 보이는 것이다. 현재 이러한 입장은 보수적 성격을 가진 개신교 종파들에서 쉽게 찾아볼 수 있다.

(2) 포괄주의

포괄주의(Inclusivism)적 입장은 다른 종교에 대하여 "예"와 "아니요"를 동시에 말하는 변증법적 태도를 보인다. 이 유형은 현재 로마천주교회의 주된 입장이며, 이를 대변하는 신학자는 20세기 로마 가톨릭을 대표하는 신학자 칼 라너(Karl Rahner, 1904-1984)이다. 그는 세계 신학계에 '익명의 그리스도인'(anonymous Christian)이라는 개념을 소개했는데, 이것은 그리스도교, 즉 교회 밖의 사람들에게도 구원의 가능성이 있다는 것을 천명하는 것이었다.

라너는 하나님의 은총과 사랑의 보편성에 관하여 말한다. 그가 제시하는 성경적 근거는 디모데전서 2:4의 "하나님은 모든 사람이 구원을 받으며 진리를 아는 데에 이르기를 원하시느니라"이다. 라너는 하나님의 구원의지가 모든 시대와 모든 인간에게 보편적으로 행해지고 있으며, 인간은 본래 하나님이 창조하신 존재이기에 설사 자신이 의식하지 못하더라도 하나님을 지향하게 되어 있다고 주장한다. 인간은 자신이 의식하든 아니든 항상 어디서나 하나님의 은총을 체험하고 있으며, 이를 받아들이는 것이 신앙행위이다. 따라서 인간이라면 누구나 잠재적으로 이미 '신앙인'이라고 볼 수 있으며, 특히 하나님의 뜻과 사랑의 본질인 '이웃 사랑'을 실천하는 이는 이미 '익명의 그리스도인'이라 말할 수 있다.

포괄주의는 하나님의 보편적인 은총과 사랑은 그리스도교의 범위에 국한될 수 없기에, 다른 종교들 속에도 참 진리와 구원 가능성이 있을 수 있다고 주장한다. 그러나 한편으로 라너는 그리스도교가 다른 종교들과는 구분되는, 다시 말하여 다른 종교보다 우선하는 절대 종교라는 것을 분명히 한다. 왜냐하면, 다른 종교들은 '익명성' 안에 있지만, 그리스도교는 예수 그리스도를 통해 완전히 현시된 진리와 구원 아래 있기 때문이다. 물론 그리스도교에 우위성을 주장함과 동시에 다른 종교의 진리와 구원의 가능성을 주장하는 포괄주의적 입장은 현대인들에게 무척 '관용적'이며 '신사적'으로 보일 수 있다. 즉, '신실성'과 '개방성'이란 두 기준을 모두 만족하는 것처럼 보일 수도 있다. 그러나 포괄주의적 입장은 배타주의와 다원주의 양측 모두로부터 주어지는 비판을 피할 수 없다. 배타주의적 입장에 속한 이들의 눈에는 포괄주의적 태도란 자신의 종교에 대한 종교적 신념과 헌신을 저버린 것으로 보이며, 다원주의적 입장을 가진 이들의 눈에 포괄주의는 여전히 그리스도교의 절대성을 포기하지 않는 점에서 배타주의와 크게 다르지 않으며, 포용성이라는 가면에 포장된 위선에 불과하기 때문이다. 즉, 포괄주의는 신실성과 개방성 두 가지 측면에서 모두 비판받고 있다.

(3) 다원주의

오늘날 가장 강력하게 교회를 위협하고 있는 신학적 입장인 다원주

(Pluralism)는 배타주의가 주장하는 "그리스도교는 유일한 진리의 종교이다."라는 주장과 포괄주의가 주장하는 "그리스도교는 가장 우선하는 절대 종교이다."라는 주장을 포기하거나 유보한 채, 종교 간의 대화를 실질적으로 모색하는 입장을 통칭한다. 다원주의는 '극단적 다원주의 또는 상대주의적 입장'과 '온건한 다원주의'라는 두 가지 유형으로 세분하여 말할 수 있다.

먼저 상대주의적 유형은 배타주의나 포괄주의와는 다르게 여러 종교의 동등성을 주장하고, 모든 종교가 동일한 구원의 길임을 인정하는 견해를 의미한다. 이 유형을 대표하는 신학자로는 트뢸치(Ernst Troeltsch, 1865-1923)를 들 수 있는데, 그는 1923년 자신의 유명한 논문인 「세계 종교들 가운데 있는 그리스도교」(Christianity Among of Religions the World)에서 그리스도교의 절대성 주장은 철저하게 개인적이고 상대적인 주장에 불과하며, 이러한 주장은 그리스도교가 주도적인 역할을 해 온 문화(특별히 유럽에서만)에서만 유효하다고 주장히였다.[18] 그러나 상대주의가 가진 문제점은 너무나 쉽게(아무런 근거 없이) 자신의 종교의 절대성, 다시 말하여 절대적 신뢰를 포기한다는 것이다. 즉, 신실성이라는 기준에서 큰 문제점을 보이는 것이다. 더 나아가 상대주의적 입장에서는 종교 간의 대화를 해야 할 필요성이 없다. 모든 종교가 동등한 진리를 가지고 있으며 동일한 구원의 길이라면 다른 종교와 대화를 해야 할 필연적 이유가 없기 때문이다.

상대주의적 입장과는 다르게 '온건한 다원주의'는 종교의 상대성을 직접적으로 인정하는 대신 유보하는 태도를 보인다. 그들은 종교 간의 대화에 진지하게 임하기 위해서는 종교의 절대성에 대한 주장을 판단 중지하고 개방적 태도로 대화에 임해야 함을 주장한다. 그들은 다른 종교와의 대화를 통

---

18) Ernst Troeltsch, *Christian Thought : Its History and Application* (New York : Meridian, 1957), 51 이하 참조.

해 자신의 종교를 깊이 이해할 수 있다고 주장하면서, 종교 간의 대화에 진지하게 임할 것을 요구한다. 그러나 이 입장 역시 자신의 종교에 대한 성실성(신앙과 헌신)의 측면에서 문제점을 가지고 있다. 어떻게 신실한 종교인이 자신의 종교에 대한 신뢰 없이, 자신의 종교에 대한 신뢰를 유보하고 종교 간의 대화에 임할 수 있겠는가?

앞서 살펴보았듯이, 위의 세 가지 유형 모두 종교 간의 대화를 하는 데 이상적인 해답을 제공해 주지 못하는 것이 사실이다. 물론 이것은 유형론이 가지는 한계일 수도 있다. 그렇다면 우리는 어떠한 자세로 종교 간의 대화에 임해야 할까? 과연 자신의 종교에 대한 성실성과 다른 종교에 대한 개방성을 모두 가지면서 종교 간의 대화에 임할 수 있을까? 분명 양자를 모두 만족하게 하는 해답을 찾는 것은 무척이나 어려운 일일 것이다. 그러나 피상적인 교리논쟁을 피하면서, 인위적으로 종교적 진리를 통합하려고 하는 종교혼합주의를 경계하며, 그보다 선교적 관심을 가지고 다른 종교들을 정죄하기보다 바르게 이해하려고 노력하면서, 다른 종교와 그리스도교 간의 공통적 접촉점을 찾기 위하여 애쓴다면, 그리고 이 접촉점을 통하여 그리스도교의 복음을 전하고 변증하는 일에 힘쓴다면, 어쩌면 가능한 근사치의 입장을 찾을 수 있지 않을까 기대해 본다. 그때 기독교는 전쟁, 불의, 가난, 환경파괴 등 인류가 직면한 많은 당면 과제들의 해결에 부분적으로나마 이바지할 수 있음과 동시에 보다 효율적인 선교의 길을 예비할 수 있을 것이다.

5장

성령론

김명용(장로회신학대학교)

1. 서언

성령은 삼위일체 하나님 가운데 한 분이다. 성부이신 하나님이 계시고 성자이신 하나님이 계시고 성령이신 하나님이 계신다. 이 세 분(three Persons)은 한 하나님(one God)이다. 성령이신 하나님께서 성부와 성자와 동일한 신성을 가진 같은 하나님이심을 공식적으로 선포한 최초의 신조는 381년의 콘스탄티노플(Constantinople) 신조이다. 성령은 성부와 성자와 똑같이 동일한 영광과 경배를 받으실 하나님이다. 성령이신 하나님의 신성과 권위와 능력은 성부이신 하나님이나 성자이신 하나님과 완전히 동등하다.

그러나 성령이신 하나님의 사역은 성부이신 하나님이나 성자이신 하나님의 사역과 구별되는 특징이 있다. 천지 창조는 성부 하나님의 사역이었다. 물론 창조 사역에 성자와 성령께서 함께 계셨다. 그리스도 안에서 세상을 창조하셨다는 성경의 표현은 모든 하나님의 사역이 삼위일체 하나님의 공동의 사역이라는 의미와 깊이 연관되어 있다. 속죄의 사역은 성자의 사역이었다. 그러나 그리스도의 죽으심에 성부와 성령께서는 십자가에서 함께 고난을 겪으셨다. 성령의 사역은 세상의 구원과 하나님의 영광에 초점이 있다. 성령은 성자 예수 그리스도를 부활시킨 영으로서, 성자 예수 그리스도를 증거하고, 영화롭게 하는 영이다. 또한 성령이신 하나님은 하나님 나라를 세우는 영으로서 하나님의 통치를 구현하고 하나님을 영화롭게 하는 영이다. 가톨릭교회는 성자 예수 그리스도를 대신하는 존재가 로마의 교황이라고 주장하면서, 교황이 예수 그리스도의 지상의 대리자라고 선포하고 있으나 이는 잘못이다.[1] 예수 그리스도를 대신하는 분은 어떤 인간이 아니고, 성령이시다. 예수께서 보내시겠다고 약속하신 보혜사는 성령이고, 이 성령께서 오순절에 강림하면서 만민에게 영이 부어지는 성령의 시대가 시작되었다. 참된 성직자도 성령께서 세운다. 교회의 제도는 성령의 활동을 받들어 드리는 기능이 있는 것뿐이지 주객이 전도되면 안 된다. 교회의 성직의 궁극적 근거는 교회의 제도가 아니고 성령이다.

성령은 교회를 세우고 하나님 나라를 세운다. 교회를 세우는 분도 성령이고 하나님 나라를 세우는 분도 성령이다. 인간은 하나님 나라를 세우는 이차적 주체일 수는 있어도 주객을 바꾸면 안 된다. 하나님 나라는 무능하고 죄 많은 인간이 세울 수 있는 나라는 아니다. 하나님 나라는 하나님께서 세운다는 세계를 놀라게 한 「로마서 강해」 제1판(1919)의 칼 바르트(Karl Barth)의

---

[1] 이 가톨릭교회의 오류에 대해서 다음의 글을 참고하라. 김명용, "오늘의 가톨릭교회와 개신교회와의 논쟁점", 동 저자, 「열린신학 바른 교회론」(서울 : 장신대출판부, 2011), 143 - 150.

목소리를 유념해야 한다.[2] 그러면 교회를 세우고 하나님 나라를 세우는 성령의 활동의 구체적 내용은 무엇일까?

2. 개혁교회의 전통적 성령론

개혁교회는 칼뱅(J. Calvin)의 신학정신을 이어받은 교회를 지칭하는 용어인데, 한국의 장로교회는 이 개혁교회에 속해 있는 교회이다. 개혁교회와 개신교회는 다른 개념이다. 개신교회는 루터교회, 감리교회, 성결교회 등 많은 기독교 교회를 총괄하는 개념이고 개혁교회는 칼뱅의 신학정신을 이어받은 교회를 지칭하는 개념인데, 개혁교회 가운데 대표적 교회가 장로교회이다. 이 개혁교회의 전통적 성령론의 특징을 설명하면 다음과 같다.

첫째, 개혁교회 성령론의 중요한 특징은 성령은 칭의와 중생의 영이라는 점이다. 개혁교회의 성령론에 의하면 성령께서 우리를 의롭다 칭함을 받게 하고, 하나님을 아바 아버지라 부르게 만든다. "성령으로 아니하고는 누구든지 예수를 주시라 할 수 없느니라"(고전 12 : 3). 중생의 사건 역시 성령을 통해 일어난다. 거듭남은 성령의 사건이다. "사람이 물과 성령으로 나지 아니하면 하나님의 나라에 들어갈 수 없느니라"(요 3 : 5). 교회는 거듭난 자, 곧 믿는 자들의 공동체이다. 이 공동체의 시작은 예수 그리스도를 주라 고백하는 사건이다. 성령이 아니고는 예수 그리스도를 주라 고백할 수도 없고, 하나님의 자녀가 될 수도 없다. 주님과 연합하는 신비한 사건은 성령을 통해 시작된다.

---

[2] 김명용, 「칼 바르트의 신학」(서울 : 이레서원, 2014), 58 - 73.

익명의 그리스도인이나 익명의 교회 같은 이론들은 20세기 중엽부터 발전하기 시작했지만 개혁교회의 성령론이나 교회론과는 거리가 있는 개념들이다. 예수 그리스도를 모르는 노동조합이나 이웃사랑 실천 조직 등은 하나님 나라와 관련해서 성령론적으로 해석할 여지는 있지만 이를 교회나 그리스도인과 같은 개념으로 해석하면 안 된다. 교회는 예수 그리스도를 주로 고백하는 공동체이고 하나님을 아바 아버지라고 부르는 사람들의 공동체이다. 그리고 이 공동체의 탄생은 성령께서 복음의 증거를 통해 만들어 간다. "오직 성령이 너희에게 임하시면 너희가 권능을 받고 예루살렘과 온 유대와 사마리아와 땅 끝까지 이르러 내 증인이 되리라 하시니라"(행 1 : 8). 성령은 땅 끝까지 예수 그리스도를 증거하는 영이다.

둘째, 개혁교회가 강조한 성령의 중요한 사역은 성화(sanctification)이다. 개혁교회는 성령의 사역의 중심에 칭의(justification)와 성화를 두었다. 칭의와 성화는 개혁교회 성령론의 중요한 두 개의 기둥인데 이를 강조한 것은 매우 잘한 일이었다. 칼뱅은 그리스도인의 전체 삶을 성령에 의한 삶으로 인식했고, 이런 시각으로 그의 성령론을 발전시켰다. 특히 칼뱅은 부르심, 칭의, 회개, 중생 등을 모두 성령의 중요 사역으로 인식했지만 특히 성화의 중요성을 많이 강조했다. 칼뱅에 의하면 성령은 우리를 거룩하게 만드는 영이다. 루터파 교회나 오순절파 교회는 성화의 중요성이 많이 강조되지 않는 반면에 개혁교회는 성화의 중요성을 많이 강조한다. 이는 칼뱅의 성령론에서 성화의 중요성이 강조되어 있는 것과 많이 관련되어 있다. 종교개혁 500주년을 맞이한 2017년에 한국 교회 안에는 이신칭의 교리의 문제점에 대한 논의가 많았고 일부 과격한 사람들은 이신칭의 교리의 오류를 언급하기도 했다. 이신칭의 교리가 도덕적 해이를 가져왔다는 것이 그들의 주장이었다.

칭의와 성화는 성령의 중요한 사역으로 둘 모두 강조되어야 한다. 이신칭의의 교리가 오류가 있는 것이 아니고, 사람을 거룩하게 만드는 성령의 성화의 사역에 대한 인식이 한국 교회 안에 깊이 존재하고 있지 않는 것이 근본적인 문제점이다. 번영의 신학에 많이 물들어 있는 한국 교회는 세속적 욕망과 많이 결탁되어 있다. 번영의 신학은 성화론에 큰 결함이 있다. 칼뱅이 얘기한 경건한 삶은 성령에 의한 성화의 삶이다. 영락교회를 세운 한경직 목사의 삶은 매우 경건한 삶이었다. 그의 설교는 철저히 복음적이었고 이신칭의를 강조하는 설교였지만, 그의 일생의 삶은 매우 높고 거룩한 빛을 드러내고 있었다. 우리는 믿음으로 의롭게 된다. 그리고 성령께서는 우리를 끊임없이 거룩하게 만들어 간다. 이것이 개혁교회 성령론이 얘기하는 핵심 가르침이다. 성령의 충만함은 거룩한 삶으로 연결된다.

셋째, 개혁교회의 성령론은 세상을 유지하고 보존하고 발전시키는 성령의 사역에 대한 깊은 이해가 있다. 칭의와 성화는 영혼의 구원과 깊이 관련되어 있다. 성령은 우리의 영혼이 거듭나게 하고, 칭의를 얻게 하고 우리의 영혼을 끊임없이 거룩하게 만들어 간다. 개혁교회의 전통적 성령론이 영혼의 구원과 깊이 관련되어 있는 것은 사실이지만, 개혁교회의 성령론은 다른 중요한 차원도 갖고 있다.[3] 전통적 개혁교회의 성령론에 의하면 인간의 세상 역사와 자연 속에도 성령의 사역이 존재한다. 성령은 세계를 보존하고 유지하는 영이다. 개혁교회의 전통적 성령론에 의하면 세상을 유지하고 보존하는 성령의 사역이 없으면 세상은 이내 혼란에 빠질 것이고 인간성은 야수성으로 바뀔 것이다.[4] 아브라함 카이퍼(A. Kuyper)에 의하면 인간과 사물들을 유지시키고 재능을 부여하는 것은 성령의 사역이다. 예술가들의 재능이

---

3) 김명용, "성령론의 바른 길", 동 저자, 「이 시대의 바른 기독교 사상」(서울 : 장신대출판부, 2004), 73 - 74.
4) I. J. Hesselink, "The Charismatic Movement and the Reformed Tradition", in D. K. Mckim(ed.), *Major Themes in the Reformed Tradition*(Grand Rapids : Eerdmans, 1992), 379.

나 특별한 전문가들의 능력 역시 성령에 의해 이루어진 것이다. 심지어 성령은 한 국가에 기술과 예술적인 재능을 부여하기도 하고 또한 그것을 거두어 가기도 한다.[5] 칼뱅에 의하면 진실되고 선하고 아름다운 것은 성령에 의한 것이다.[6] 칼뱅의 관점에 의하면 예술과 수학과 과학을 무시하는 사람들은 "하나님의 영을 무시하는"[7] 것이다. 헤셀링크(I. J. Hesselink)에 의하면 칼뱅은 더 나아가서 성령의 우주적 차원을 얘기했는데 이는 성령론의 역사에 있어서 매우 특이한 것이다.[8]

건축이나 예술가들의 재능과 하나님의 영과의 관련은 출애굽기 35 : 30~35에 잘 나타나고 있다. 하나님의 신이 브살렐에게 충만하게 임하면서 여러 가지 공교한 일을 하게 하셨고, 또한 오홀리압을 하나님의 신이 감동시키자 오홀리압이 지혜로운 마음으로 조각하는 일, 수놓은 일 및 많은 공교한 일을 성공적으로 할 수 있었다. 유사한 내용이 출애굽기 31장에도 나타나고 있다. 외경의 지혜서(7 : 7-21)에도 우주와 세계에 대한 지혜 및 동물과 식물들에 대한 많은 과학적 지식이 하나님의 영과 관련되어 있음을 언급하고 있다. 욥기 32 : 8의 "사람을 지혜롭게 하는 것은 그 사람 안에 있는 영, 곧 전능자의 숨이다."라는 말에서 지혜는 종교적 지혜만을 의미하는 것이 아니다. 그것은 인간이 살아가는 세상사의 모든 지혜를 의미하는 것이다. 개혁교회의 성령론은 이와 같은 하나님의 영에 대한 전통을 깊이 이해하고 성령론을 발전시킨 것으로 보인다.

넷째, 개혁교회의 성령론은 하나님의 은총의 수단으로 성경과 교회와 성례를 강조했다. 개혁교회의 성령론은 성경과 교회와 성례가 성령의 귀중한

---

5) A. Kuyper, *The Work of the Holy Spirit*(Ann Arbor : Cushing - Malloy, 1975), 42.
6) J. Calvin, *Institutes*, 2. 2. 12 - 20.
7) J. Calvin, *Institutes*, 2. 2. 16.
8) I. J. Hesselink, "The Charismatic Movement and the Reformed Tradition", 379.

도구임을 가르치고 강조했다. 성경은 하나님의 말씀을 알게 하는 성령의 도구이다. 교회 역시 하나님의 백성을 보호하고 인도하기 위한 성령의 도구이다. 칼뱅에 의하면 교회는 신자들의 어머니이다. 교회가 신자들의 어머니인 "이유는 우리가 이 유한한 육체의 의복을 벗을 때까지 어머니인 교회가 그녀의 젖가슴으로 우리를 먹이고, 그 이후에도 계속해서 어머니인 교회의 보호와 돌보심을 받지 않고서는 생명으로 들어갈 수 있는 다른 방법이 없기 때문이다".[9] 칼뱅에 의하면 교회는 성도들을 양육하고 구원으로 이르게 하는 매우 중요한 성령의 도구이다. 바르트에 의하면 교회는 성령의 성례전적 기관이다.[10] 교회는 인간을 하나님과 연합하기 위해 성령께서 사용하시는 눈에 보이는 인간적 도구이다. 바르트에 의하면 교회라는 구체적 실존은 매우 중요하다. 왜냐하면 눈에 보이지 않는 그리스도께서 구체적으로 현존하는 장소이기 때문이다. 성례 역시 개혁교회의 성령론에 의하면 성령께서 사용하는 그리스도의 은총의 보이는 표시이다.

다섯째, 개혁교회의 성령론은 말씀과 성령과의 관계성을 특히 강조했다. 하나님의 말씀인 성경이 성령의 도구임을 강조했을 뿐만 아니라 이 말씀을 믿도록 만드는 것 역시 성령이심을 특별히 강조했다. 칼뱅에 의하면 "말씀이라는 수단을 통해 우리 가운데 믿음을 창조하는 것은 성령의 사역이다".[11] 이런 까닭으로 칼뱅은 성령의 내적 증거를 강조했다. 바르트 역시 하나님의 말씀이 하나님의 말씀으로 인식되는 것은 전적으로 성령의 사역임을 강조했다. 그런 까닭에 바르트는 설교하러 설교단에 올라가는 자는 반드시 성령과 함께 올라가야 한다고 강조했다. 주석적으로, 신학적으로 훌륭하게 설교

---

9) J. Calvin, *Institutes*, 4. 1. 4.
10) T. Freyer, *Pneumatologie als Strukturprinzip der Dogmatik*(Paderborn/München/Zürich : Ferdinand Schoningh, 1982), 221.
11) J. Calvin, *Institutes*, 3. 1. 1.

문이 만들어졌다 해서 큰 은혜의 역사가 일어나는 것이 아니다. 냉랭한 반응이 일어날 가능성도 얼마든지 있다. 혼자 설교문만 들고 설교단에 올라가는 자는 지극히 어리석은 자이다. 바르트에 의하면 하나님의 말씀이 하나님의 말씀으로 감동적으로 임하는 것은 전적으로 성령의 역사이다.

3. 오순절주의 성령운동[12]

20세기 세계 교회에 가장 많은 영향을 미친 성령운동은 오순절주의 성령운동(Pentecostal Movement)이었다.[13] 이 성령운동의 여파로 하나님의 성회, 하나님의 교회, 순복음 등의 이름을 갖는 수많은 오순절주의 교단들이 생겨났고 한국에서도 오순절주의 교단들과 교회들이 많이 생겨났다. 이 성령운동의 시작은 1896년 북 캐롤라이나(North Carolina)의 성령운동과 1901년의 파햄(C. F. Parham)에 의해 시작된 캔사스주의 토페카(Topeka)의 성령운동에서 시발점을 보는 사람들도 있지만, 본격적인 의미에서의 오순절주의 성령운동의 시작은 1906년 로스앤젤레스(Los Angeles)의 아주사 312번지(Azusa Street 312)에서 흑인 시무어(W. J. Seymour)에 의해 시작된 성령운동이었다. 이 로스앤젤레스에서의 성령의 폭발은 약 3년간 지속되었는데 이때 성령을 경험한 수많은 사람들이 미국 전역으로 다니며 성령운동을 확

---

12) 오순절주의 성령운동에 대한 자세한 내용은 다음의 글을 참고하라. 김명용, "오순절주의 교회의 성령운동에 대한 분석과 평가", 동 저자, 「열린 신학 바른 교회론」(서울 : 장신대출판부, 2011). 232 – 261. 계속되는 글은 이 논문의 내용의 요약이다.
13) 오순절주의 성령운동에 대한 연구로 매우 중요한 책은 브루너(F. D. Bruner)의 「성령신학」(A Theology of the Holy Spirit)이다. 이 책은 번역되어 있다. 참고하라. F. D. Bruner, A Theology of the Holy Spirit, 김명용 역, 「성령신학」(서울 : 나눔사, 1989). 이 브루너는 스위스의 신학자 에밀 브룬너(E. Brunner)와는 다른 사람이다.

장시켰고, 마침내 미국을 넘어서 전 세계로 성령운동을 확장시키면서 전 세계 교회가 이 운동에 영향을 받게 되었다. 이 운동은 개신교를 넘어 가톨릭교회에까지 영향을 미쳐서 가톨릭교회 안에도 오순절주의 성령운동과 유사한 흐름이 생겨났다.

뉴 비긴(New Begin) 감독은 오순절주의 성령운동을 교회의 제3형태 곧 제3의 교회라 칭했고, 반 듀젠(Van Dusen)은 이 오순절주의 성령운동을 안식교와 나사렛파, 여호와의 증인 등과 합해서 제3의 세력이라 불렀다. 뉴 비긴 감독에 의하면 개신교가 믿음으로 복음을 듣는 것에 기초한 교회이고, 가톨릭은 역사적으로 계속되고 있는 교회에 예전적으로 참여하는 것이 그 핵심인 교회라면 오순절주의 성령운동은 성령을 받아들이고 성령 안에 거하는 것이 특징인 제3의 교회라는 것이다. 분명 오순절주의 성령운동 안에는 전통적인 기독교와 전통적인 가톨릭과는 다른 특징이 있다. 그리고 제3의 교회라 부를 수 있을 정도의 영향을 20세기 기독교회에 일면 끼친 것은 사실이다. 그러나 오순절주의 성령운동을 기독교의 제3의 형태로 지칭하는 것은 상당히 과장되었다고 말해야 할 것이다. 왜냐하면 오순절주의 성령운동은 개신교 보수적 복음주의 운동과 그들이 주장하는 교의에 있어서 큰 차이가 없기 때문이다. 단지 현저하게 차이가 나는 장소는 성령론인데, 이 성령론 가운데도 특히 성령세례론이라는 항목이 전통적 기독교와 상당한 차이가 있다. 그러면 전통적 기독교와 상당한 차이가 있는 오순절주의 성령운동의 성령세례론의 내용은 무엇일까?

오순절주의 성령세례론은 피니(C. Finney)와 토레이(R. A. Torrey)의 성령세례론에 크게 영향을 받은 이론이다. 이 말은 오순절주의 성령운동이 갑자기 등장한 성령운동이 아니고 이미 19세기와 20세기 초엽에 이르기까지 이론적인 뿌리를 가진 운동이었다는 뜻이다. 특히 토레이의 성령세례론은 오순절주의 성령세례론과 거의 일치한다. 토레이의 성령세례론이 오순절주의 성령세례론에 영향을 끼친 내용을 언급하면 다음과 같다.[14]

① 성령의 세례는 중생과는 다른 성령의 활동이다. 중생을 한 사람 가운데 아직 성령의 세례를 받지 못한 사람이 많다.

② 중생을 위한 성령의 활동은 구원을 위한 성령의 활동인 반면에 성령세례를 위한 성령의 활동은 사역(service)을 위한 성령의 활동이다. 그러므로 이 성령세례는 신자에게 주어지는 제2의 축복이다. 성령의 세례는 위로부터 능력을 받는 것을 의미한다.

③ 성령의 세례는 분명히 알 수 있는 체험이다. 성령의 세례가 임할 때는 분명한 증거가 있다. 사도행전 19 : 2에서 "너희가 믿을 때에 성령을 받았느냐"고 사도가 물었을 때 사도는 분명히 긍정(yes)이든 부정(no)이든 둘 중 하나를 기대하고 있었다. 성령의 세례를 받았는지 안 받았는지 모르는 경우는 받지 못한 경우이다.

④ 방언은 성령세례의 증거이다. 그런데 여기에서 중요한 것은 성령세례는 반드시 방언이라는 증거를 갖고 있다고 토레이는 언급하지 않았다. 오순절주의 성령세례론에 의하면 성령세례는 방언이라는 특징을 동반한다. 토레이는 방언은 성령세례의 증거임이 틀림없지만 하나님의 은사는 다양하기 때문에 방언만을 성령세례의 증거로 보지 않았다.

⑤ 성령의 세례를 받기 위해서는 전제 조건이 필요하다. 죄를 완전히 청산해야 하고, 하나님의 뜻에 완전히 순종하고자 하는 마음을 가져야 하고, 성령의 세례를 받고 싶은 열렬한 갈망이 있어야 하고, 성령의 세례를 간절히 구하는

---

14) R. A. Torrey가 쓴 *The Baptism with the Holy Spirit*, *The Person and Work of the Holy Spirit* 등의 책들을 참고하라.

기도와 믿음이 있어야 한다.

이상의 내용들은 오순절주의 성령운동의 성령세례론에서 거의 그대로 반복되고 있다. 오순절주의 성령운동은 성령세례를 강조하는 운동인데, 이 성령세례를 받아야 능력 있는 그리스도인이 된다는 것이다. 이 성령세례는 중생 다음에 오는 두 번째 축복인데 이 체험은 우리의 몸 안에서 경험되는 놀라운 경험이다. 이 경험은 일반적으로 뜨거운 전류가 흐르는 것 같은 몸이 뜨거워지는 경험이나 하늘에서 불의 혀가 갈라지는 것을 체험하는 것과 같은 초자연적인 경험과 결부되는 일인데, 오순절주의 성령운동에 의하면 성령세례를 받게 되면 일반적으로 방언하는 현상이 나타난다.

방언은 오순절주의 성령운동의 특징을 요약할 수 있는 중요한 개념이다. 오순절주의자들은 일반적으로 방언하는 무리들이라고 많이 불리었다. 오순절주의 교회에서는 방언을 하지 못하면 열등한 그리스도인으로 취급된다. 왜냐하면 방언이 성령세례의 일반적 표증이기 때문이다.

그런데 오순절주의 성령세례론은 성령을 사모하고 성령으로 채워지는 삶을 갈망하는 좋은 점이 있음에도 불구하고 상당한 성경적, 신학적 문제점을 지니고 있다. 그 문제점을 언급하면 다음과 같다.

첫째, 성령세례는 성경에 의하면 중생과 관련되어 있다. 세례라는 용어 자체가 중생을 뜻하는 용어이다. 중생 다음에 체험하는 성령의 체험에 세례라는 용어를 쓰면 안 된다. 개혁신학의 성령론은 성령충만을 언급하는데, 오순절주의자들이 성령세례로 표현하고자 하는 내용이 성령충만과 상당부분 닮은 점이 있다.

둘째, 방언은 성령의 많은 은사 중 하나이지 능력 있는 고급 그리스도인 됨의 표증으로 보는 것은 지나친 해석이다. 방언에 대한 과대평가가 오순절주의 성령론의 상당히 중요한 오류이다. 바울은 방언의 은사를 인정했다. 그러나 그것은 성령의 중심적 은사도, 첫째가는 은사도 아니다. 바울은 방언의 은사보다 말씀의 은사의 중요성을 반복해서 강조했다. "그런즉 형제들아 내가 너희에게 나아가서 방언으로 말하고 계시나 지식이나 예언이나 가르치는 것으로 말하지 아니하면 너희에게 무엇이 유익하리요"(고전 14 : 6). "그러나 교회에서 네가 남을 가르치기 위하여 깨달은 마음으로 다섯 마디 말을 하는 것이 일만 마디 방언으로 말하는 것보다 나으니라"(고전 14 : 19). 바울에 의하면 말씀의 은사는 교회의 중심적 은사이지만 방언의 은사는 오히려 주변적 은사이다. 미하엘 벨커(M. Welker)에 의하면 방언에 대한 오순절교회의 오해는 "하나님의 영을 특이하고 신비한 어떤 일을 일으키는 영으로 보는 견해"[15] 때문이다.

셋째, 바울에 의하면 성령의 지고한 은사는 사랑이다. "그런즉 믿음과 소망 사랑 이 세 가지는 항상 있을 것인데 그 중의 제일은 사랑이다"(고전 13 : 13). 오순절주의 성령론은 성령의 제일가는 은사인 사랑에 대해서는 큰 관심이 없다. 신비하고 떠는 은사에는 관심이 많지만 가장 귀중한 은사인 사랑에 대해서는 침묵하는 것은 오순절주의 성령론의 편향성이 갖는 문제점이다. 벨커에 의하면 사랑은 '세상을 변화시키는 능력의 장소'[16]이다. 오순절주의자들은 엑스타시, 환상, 기적, 방언 같은 초자연적인 것에 대한 강조가 많은데 이와 같은 것은 마귀도 할 수 있다는 신약학자 케제만(E. Käsemann)의 말을 상기할 필요가 있다. 엑스타시, 환상, 기적, 방언 등은 마귀도 할 수 있지만 마귀는 결코 사랑을 할 수 없다. 하나님이 사랑이시고, 사랑 안에는 성령의 기적 같은 힘이 있다.

---

15) M. Welker, *God the Spirit*(Minneapolis : Fortress, 1994), 268.
16) *Ibid.*, 250.

넷째, 오순절주의 성령세례론의 근거가 되는 오순절주의자들의 사도행전 주석은 심각한 오류 위에 있는 주석들이다. 우선 오순절주의자들이 부흥집회 때 자주 언급하는 "이르되 너희가 믿을 때에 성령을 받았느냐 이르되 아니라 우리는 성령이 계심도 듣지 못하였노라"(행 19 : 2)를 살펴보면, 이 구절은 예수를 믿었는데도 성령을 못 받았다는 의미의 구절이 아니고 요한의 세례밖에 알지 못했던 에베소 제자들이 예수를 알고 세례 받음으로 성령을 받게 되었다는 내용을 담고 있는 구절이다. "그들이 듣고 주 예수의 이름으로 세례를 받으니 바울이 그들에게 안수하매 성령이 그들에게 임하시므로 방언도 하고 예언도 하니"(행 19 : 5-6). 사도행전 19장의 에베소 사건의 핵심 내용은 예수를 믿으면 성령이 임한다는 것을 가르치는 본문이지, 오순절주의자들처럼 중생 다음에 오는 제2의 축복을 설명하는 본문이 아니다. 이와 같은 오류는 사도행전에 대한 오순절주의자들의 주석 곳곳에서 나타난다.[17]

다섯째, 오순절 성령운동의 신학이 인간의 전인적 구원에 대한 관심이 깊은 것은 오순절신학의 좋은 장점이다. 오순절 성령운동은 육체에 나타나는 구원에 대해 강조했고, 가난한 자, 병든 자, 변두리 인생들에게 희망을 주는 복음을 선포했다. 이는 오순절주의 교회들이 크게 성장하는 좋은 요인들이었다. 그러나 오순절 성령운동의 신학이 개인의 구원의 테두리를 넘어가지 못하고 개인의 복의 영역에 머문 것은 이 성령운동이 갖고 있는 약점이었다. 성령은 정의의 영이고, 평화의 영이고, 하나님 나라를 세우는 영이다. 오순절 성령운동의 신학이 하나님 나라를 향한 성령의 사역의 넓이를 넓게 이해하지 못하고 개인적 복의 영역에 머문 것은 아쉬운 일이었다.

---

17) 사도행전 2 : 1-4의 오순절 사건과 사도행전 8 : 14-17의 사마리아 사건에 대한 오순절주의자들의 주석학적 오류에 대해서는 다음을 참고하라. 김명용, "오순절주의 교회의 성령운동에 대한 분석과 평가", 243-249.

4. 성령의 은사

오순절주의 성령운동에서는 성령의 은사를 방언, 신유, 예언 등 초자연적인 것에 집중시키는 경향이 있다. 그러나 성령의 은사는 매우 다양하고 폭이 넓다. 로마서 12 : 3~13 및 고린도전서 12장에 언급된 성령의 은사를 언급하면 다음과 같다.[18]

① 말씀(예언)의 은사(롬 12 : 6 ; 고전 12 : 8)

② 섬기는 은사(롬 12 : 7)

③ 가르치는 은사(롬 12 : 7)

④ 권위하는 은사(롬 12 : 8)

⑤ 구제하는 은사(롬 12 : 8)

⑥ 다스리는 은사(롬 12 : 8)

⑦ 긍휼을 베푸는 은사(롬 12 : 8)

⑧ 지혜의 은사(고전 12 : 8)

⑨ 지식의 은사(고전 12 : 8)

⑩ 믿음의 은사(고전 12 : 9)

⑪ 병 고치는 은사(고전 12 : 9)

⑫ 능력 행함의 은사(고전 12 : 10)

⑬ 영분별의 은사(고전 12 : 10)

⑭ 방언의 은사(고전 12 : 10)

⑮ 방언 통역의 은사(고전 12 : 10)

---

[18] 참고하라. 최윤배, 「조직신학 입문」(서울 : 장신대출판부, 2013), 265 – 266.

⑯ 서로 돕는 은사(고전 12 : 28)

이상에서 언급된 은사들은 성경에 언급되고 있는 것을 나열한 것이다. 위에서 유념해야 하는 중요한 점 하나는 사랑의 은사에 관한 것이다. 구제하는 은사나 긍휼을 베푸는 은사나 서로 돕는 은사 등은 사랑의 은사의 구체적 항목들이다. 오순절주의 성령론에서는 사랑을 성령의 은사가 아니고 열매로 보는 경향이 있는데 이는 잘못이다. 사랑은 성령의 은사인 동시에 성령의 열매이다. 사랑의 은사를 가진 사람들이 사랑을 실천하기 때문에 사랑의 열매가 맺는 것이다. 바울은 우리가 사모해야 할 가장 큰 은사들(고전 12 : 31)을 언급하면서, 이 가장 큰 은사들이 믿음과 소망과 사랑(고전 13 : 13)이라고 언급했고 그 중에서도 제일가는 것이 사랑이라고 결론지었다. 하나님을 사랑하고 이웃을 사랑하는 사람들은 깊고 깊은 성령의 은사를 소유한 성령의 사람들이다. 고아의 아버지 페스탈로찌 같은 사람이 위대한 성령의 사람이라는 것을 유념해야 한다. 그리스도를 사랑해서 목숨을 버린 순교자들 역시 위대한 성령의 사람들이다. 성령의 은사나 성령의 역사를 초자연적 현상에 주로 연결시키는 성령론은 성경의 가르침의 어떤 부분만 강조하는 편향적인 성령론이다. 온전한 성령의 교회는 믿음과 소망과 사랑 위에 있고, 하나님을 사랑하고 이웃을 참으로 사랑하는 교회는 참된 성령의 교회이다.

그러나 우리는 로마서 12장이나 고린도전서 12장에 나오는 성령의 은사만 성령의 은사로 생각하면 안 된다. 성령의 은사는 성령께서 주시는 모든 것인데 그 범위는 매우 넓다. 성령께서 찬양의 은사를 주셨다면 그것 역시 성령의 은사이다. 개혁신학의 전통 속에는 성령의 일반 은사에 대한 언급이 많이 있는데 물론 이것 역시 성령의 은사들이다. 예를 들면 예술적 재능, 과학 기술, 높은 학문적 지식 등을 언급하는 은사들이다. 이런 은사들이 비록 교육이나 훈련 등을 통해 얻게 되었다 할지라도 개혁신학의 전통은 이것들을 모두 성령께서 주신 은사들로 이해했다.

5. 성령의 사역

1) 개인의 구원을 위한 성령의 사역

개인의 구원을 위한 성령의 사역은 주로 영혼의 구원과 성화 및 소명과 관련된 성령의 사역을 칭하는 말이다. 개혁신학의 전통적 성령론은 이것과 관련해서 대단히 체계적이고 훌륭한 신학을 발전시켰다. 이것에 대해서는 이미 개혁신학의 전통적 성령론에서 밝혔다. 성령께서는 우리를 부르고, 믿게 하고, 칭의와 중생을 얻게 하고, 하나님을 아바 아버지라 부르게 하고, 우리를 성화시키고, 소명을 부여하고, 박해와 고난 속에서도 우리를 인내하게 하고, 하나님의 영광을 위해 살게 하고, 궁극적으로는 우리를 하나님 나라로 인도한다. 뿐만 아니라 믿는 자들의 공동체인 교회를 세우고, 은사들을 부여하고, 성직자들과 일꾼들을 세우고, 땅 끝까지 복음을 전하게 한다. 그리스도인의 구원이 처음부터 마지막까지 성령에 의한 구원이라는 것이 개혁신학의 전통적 성령론이 강조한 것인데 이는 매우 훌륭한 강조였다. 그러나 개혁신학의 전통적 성령론은 개인을 구원하고 교회를 세우는 성령의 사역에 대해서는 잘 알고 있었지만 하나님 나라를 향한 성령의 사역에 대해서는 잘 알지 못했다. 이는 오순절주의 성령운동도 마찬가지였다. 성령이 정의의 영이고, 평화의 영이고, 모든 피조물의 생명을 보전할 뿐만 아니라 완성하는 생명의 영이라는 차원에 대해서는 깊은 이해를 갖고 있지 못했다.

1991년 출간된 몰트만(J. Moltmann)의「생명의 영」(Der Geist des Lebens) 과 1992년 출간된 벨커의「하나님의 영」(Gottes Geist)은 하나님 나라를 향한 성령론의 차원을 여는 매우 중요한 성령론이었다. 몰트만은 자신의 성령론을 온전한(ganzheitlich) 성령론이라는 부제를 붙였는데, 이 부제 역시 중요한 의미를 갖는 부제였다. 몰트만은 전통적 성령론에서 간과되었던 성령의 하나님 나라를 향한 중요한 차원들을 밝혀내었는데 이는 오늘의 성령론을 위해 매우 중요한 공헌이었다. 벨커 역시 성령이 정의와 평화의 영이라는 하나님 나라를 향한 성령론을 위한 매우 중요한 성경적 신학적 근거를 밝혔는데, 이들의 공헌으로 오늘의 성령론은 새로운 차원으로 발전하게 되었다. 그런데 몰트만과 벨커는 모두 개혁교회의 신학자들이기 때문에 개혁교회 안에서 새로운 성령론이 발전했다고 말해야 할 것이다.

2) 하나님 나라를 위한 성령의 사역

(1) 무신론의 극복과 하나님을 아는 지식의 확장

  요한복음 8 : 44에 의하면 마귀는 처음부터 "거짓말 하는 자"이다. 마귀는 "미혹의 영"(딤전 4 : 1)이고 진리에서부터 우리를 이탈시키는 영이다. 예수께서는 마귀가 하는 매우 중요한 일을 요한복음 8장에서 언급하셨는데, 그 중요한 일 중의 하나가 속이는 일이라는 것이다. 하나님께서 세상을 창조하시고 세상을 다스리고 계시지만 우리가 사는 세상은 무신론으로 장악되어 있고, 무신적인 사상이 세상을 지배하고 있다. 거짓이 진리를 이기고, 세상의 공교육에서는 하나님께서 추방되어 있다. 창조론은 진화론에 의해 대치되어 있고, 기독교 국가 미국에서도 학교에서 공적으로 기도할 수 없는 상황이 만들어졌다.

유념해야 하는 것은 세상의 무신적 사상 배후에는 마귀가 있다는 점이다. 마귀는 하나님이 없다 하고, 예수 그리스도의 부활도 부정한다. 마귀가 거짓말 하는 자이고 미혹의 영인 반면에 성령은 진리의 영(요 14 : 17 ; 15 : 26 ; 16 : 13)이다. 요한에 의하면 예수께서는 길이요, 진리이시고(요 14 : 6), 성령은 우리를 진리 가운데로 인도하는 영이다.

하나님 나라는 하나님을 아는 지식으로 충만한 나라이다. 이사야서는 메시야 왕국의 중요한 상징으로 여호와를 아는 지식이 충만함을 언급했다(사 11 : 9). 성령은 "여호와를 경외하는 영"(사 11 : 2)이다. 오늘의 세상은 아직 여호와를 아는 지식이 충만한 세상이 아니다. 성령은 하나님 나라의 확장을 위해 일한다. 무신론을 없애고 하나님을 아는 지식을 확장시키고, 사람들로 하여금 하나님을 경외하게 만든다. 예배는 하나님 경외가 상징적으로 표현되는 순간이다. 만백성이 하나님을 알고 하나님께 경배하는 세계가 하나님의 나라일 것이다. 성령은 이 세계를 위해 일하는 하나님이다.

(2) 정의의 수립

정의는 하나님 나라의 상징이다. 불의는 하나님께서 기뻐하지 않는 것의 대표적인 것에 속한다. 성령과 정의와의 관계는 이사야 본문에서 뚜렷이 나타난다. 전통적 개혁신학의 성령론은 바울이나 요한의 글에서 성령론의 핵심 사상을 많이 찾았다. 반면 오순절주의 성령운동은 사도행전에서 두 단계 이론의 성령세례에 관한 근거를 찾으려 했다. 이 두 흐름 모두에 이사야서에 대한 깊은 연구는 결여되어 있었다. 그런데 이사야서는 성령과 정의와의 관계를 매우 분명히 말해 주고 있다.

"이새의 줄기에서 한 싹이 나며 그 뿌리에서 한 가지가 나서 결실할 것이요,

그의 위에 여호와의 영 곧 지혜와 총명의 영이요 모략과 재능의 영이요 지식과 여호와를 경외하는 영이 강림하시리니, 그가 여호와를 경외함으로 즐거움을 삼을 것이며 그의 눈에 보이는 대로 심판하지 아니하며 그의 귀에 들리는 대로 판단하지 아니하며 공의로 가난한 자를 심판하며 정직으로 세상의 겸손한 자를 판단할 것이며 그의 입의 막대기로 세상을 치며 그의 입술의 기운으로 악인을 죽일 것이며 공의로 그의 허리띠를 삼으며 성실로 그의 몸의 띠를 삼으리라"(사 11 : 1-5)

여호와의 신의 강림은 세상 속의 악을 없애는 일이 그 핵심적인 과제 중 하나이다. 세상 속에서 가난한 자를 구원하고 억울한 자를 살려내고, 정의를 세우고 거짓을 없애는 것이 여호와의 신의 일이다. 이사야서는 메시야 왕국의 상징적 모습이 정의로운 세계임을 보여 주고 있는 것이다.

이사야 42 : 1~4에도 성령과 정의와의 관계를 이해하기 위해 관심을 기울여야 하는 중요한 말씀이 있다. "내가 붙드는 나의 종, 내 마음에 기뻐하는 자 곧 내가 택한 사람을 보라. 내가 나의 영을 그에게 주었은즉 그가 이방에 정의를 베풀리라…… 진실로 정의를 시행할 것이며 그는 쇠하지 아니하며 낙담하지 아니하고 세상에 정의를 세우기에 이르리니 섬들이 그 교훈을 앙망하리라." 하나님께서 택한 사람에게 하나님의 신을 부으시니 그가 공의로 세계를 세우기 위해 노력한다는 이 본문을 성령의 강림과 정의의 수립이 깊은 관계가 있음을 잘 설명해 주고 있다. 정의를 수립하는 일은 어렵고 낙담하기 쉽다. 그러나 하나님의 신이 임한 사람은 낙담하지 않고 마침내 세상에 공의를 세우는 기쁜 일을 성공하고, 그의 사역은 많은 곳에서 앙망하게 된다는 것이다. 남아프리카 공화국의 최초의 흑인 대통령이었던 넬슨 만델라(Nelson Mandela)는 흑백차별 철폐와 정의와 민주주의를 위해 싸

왔다. 그는 어두운 역사 속에서 힘겨운 싸움으로 27년 6개월을 감옥에 있어야만 했다. 그러나 성령께서 그와 함께하셨고 낙담하지 않고 끝까지 그 길을 가게 했고 마침내 남아프리카 공화국의 흑백차별을 부수고 새 역사를 수립하는 기적을 만들었다. 넬슨 만델라는 성령의 사람이었다. 몸을 떤다든지 방언을 한다든지 하는 일에만 성령의 역사가 있고, 그런 사람들만 성령의 사람이라고 생각하는 사람들은 생각의 폭을 넓혀야 한다. 성령의 교회는 넬슨 만델라와 같은 위대한 인물을 많이 길러 내는 교회이다. 구약에 나타나는 예언자들에게 하나님의 영이 임하니까 불의한 권력자들에게 나아가서 정의를 수립할 것을 말한 역사들도 성령과 정의와의 관계가 얼마나 깊은지를 상징적으로 잘 나타낸다.

이사야 32 : 15~18의 본문도 성령과 정의의 수립과의 깊은 관계를 나타내는 본문이다. "마침내 위에서부터 영을 우리에게 부어 주시리니 광야가 아름다운 밭이 되며 아름다운 밭을 숲으로 여기게 되리라. 그때에 정의가 광야에 거하며 공의가 아름다운 밭에 거하리니……." 성령의 강림은 세상의 얼굴을 변화시킨다. 황폐한 광야가 아름다운 세상으로 바뀌는 것은 성령의 역사이다. 악이 세상을 황폐하게 만들고, 힘없는 자들과 가난한 자들이 비참하게 쓰러져 있는 세상은 폐허이고 황폐한 광야이다. 그런데 성령이 역사하면 이 폐허가 아름다운 세상으로 바뀐다는 것이다. 여호와는 "정의를 사랑하며 불의의 강탈을 미워하는"(사 61 : 8) 신이시다. 구약의 율법은 근본적으로 가난한 자를 보호하고 약한 자를 일으켜 세우기 위한 하나님의 의의 법이다(참고. 출 21 : 1-11 ; 22 : 20-26 ; 23 : 6-9). 성령은 바로 이 하나님의 정의의 세계를 땅 위에 수립하고 확장시키는 영이다.

3) 자유와 해방

억압의 사슬이 풀리고 자유와 해방의 역사가 일어나는 곳에는 성령의 역사가 있다. 몰트만은 그의 성령론인 「생명의 영」에서 다음과 같이 언급했다.

> 하나님은 해방자이다. 제1계명에서 그는 역사적 독재자 파라오의 폭력으로부터 해방자이고 신약성경에서 그는 역사의 독재 곧 죽음으로부터의 해방자이다. 전자에서 그는 우유와 꿀이 흐르는 땅을 위한 해방자이고 후자에서 그는 죽음이 더 이상 있지 않는 영원한 생명을 향한 사람들의 새 창조를 위한 해방자이다. 전자에서 하나님 경험은 엑소더스의 경험과 결합되어 있고 후자에서는 부활의 경험과 결합되어 있다. 두 가지 경우에 있어서 하나님을 믿는다는 것은 억압과 체념으로부터 일어나서 자기의 자유를 쟁취하며 사는 것을 뜻할 뿐이다. 그리스도의 백성은 성찬식을 거행할 때마다 죽음을 향한 그리스도의 길과 죽음으로부터의 그의 부활을 회상하며 성찬식에서 현재화되는 그리스도의 미래 속에서 그 자신의 측량할 수 없는 자유를 체험한다. 주님의 성령이 있는 곳에는 자유가 있다(고후 3 : 17).[19]

이스라엘 역사의 시작이라고 할 수 있는 출애굽의 사건은 감격적인 해방의 사건이었다. 출애굽의 사건 속에서 계시된 신은 해방의 신이었다. 그는 바로의 쇠사슬을 부수고 바로의 억압의 상징인 그의 병거들을 홍해에 멸해 버린 감격적인 해방의 신이었다. 이 감격적인 해방의 신은 신약에 와서 예수 그리스도의 부활로 말미암아 죽음의 쇠사슬을 부순 우주적 해방의 사역

---

19) J. Moltmann, *Der Geist des Lebens*, 김균진 역, 「생명의 영」(서울 : 기독교서회, 1992), 141.

을 완성했다. 하나님 나라는 역사적 해방과 자유의 나라인 동시에 바로 이 우주적 해방과 자유의 나라이다. 누가복음 4 : 18~19은 성령의 사역과 자유와 해방과의 관계를 잘 나타내는 본문이다.

"주의 성령이 내게 임하셨으니 이는 가난한 자에게 복음을 전하게 하시려고 내게 기름을 부으시고 나를 보내사 포로된 자에게 자유를, 눈 먼 자에게 다시 보게 함을 전파하며, 눌린 자를 자유롭게 하고 주의 은혜의 해를 전파하게 하려 하심이라 하였더라"

개혁교회의 전통적 성령론이나 오순절주의 성령운동은 이 누가복음 4 : 18~19의 성령론적 중요성을 잘 인식하지 못했다. 최근에 발전된 성령론은 바울의 글이나 사도행전 외에도 구약의 본문들이나 공관복음에 나타나는 매우 중요한 성령론과 관련되는 구절에 주목하고 있다. 누가복음 4 : 18~19은 예수께서 자신의 사역을 시작하면서 자신의 사역이 무엇인지를 요약해서 설명하는 매우 중요한 본문이다. 이 본문에서 예수께서는 자신의 사역이 가난한 자에게 복음을 전하는 것인데 여기에서 가난한 자는 포로된 자, 눈먼 자, 눌린 자를 총칭하는 말이고 복음을 전한다는 말은 포로된 자에게 자유를 주는 것, 눈먼 자의 눈을 뜨게 하는 것, 눌린 자를 해방시키는 것을 의미하는 말이었다. 그런데 중요한 것은 이 모든 사역들이 성령과 함께 하는 사역이라는 표현이다. 누가복음 4 : 18~19은 구약 이사야 61 : 1~11의 내용과 연결시켜 보면 하나님의 영의 강림과 엄청난 해방의 사역과의 관계가 더욱 명확하게 나타난다.

식민지 운동이나 노예무역과 같은 것은 세상을 억압에서 해방시키고자 하는 성령의 사역에 정면으로 배치되는 일들이다. 그런데 이와 같은 일들이 기독교 국가들에 의해 행해졌다는 것은 매우 슬픈 기독교의 역사이다. 기독교 국가 대영제국이 세계에 너무나 많은 식민지를 가지고 있어서 해가 지지 않는 나라라고 자랑했는데, 그것은 자랑이 아니고 치욕일 것이다. 기독교 국가들이 식민지나 노예무역 같은 일에 열을 올린 것은 국가의 이기심이나 개인의 죄악이 그렇게 만들었겠지만, 그리스도 교회의 성령론이 높은 수준으로 발전하지 못한 것도 한 가지 요인일 것이다. 당시까지 교회의 성령론은 주로 영혼의 구원에 집중하고 있었기 때문에 성령의 해방과 자유의 역사에 대한 인식이 거의 없었을 것이다. 하나님이 해방과 자유의 신이고, 성령께서 해방과 자유의 세계를 만들며 하나님 나라를 세워 나간다는 설교가 기독교 국가의 설교단에서 끊임없이 울려 퍼졌다면, 식민지 운동과 노예무역의 극악한 역사에 변화가 있었을 것이다.

벨커에 의하면 20세기의 해방신학과 여성신학의 확장은 하나님의 영의 활동과 관련이 있고 이런 의미에서 해방신학과 여성신학은 성령론의 한 부분을 차지할 수 있다. 성령은 억눌려 있는 자, 약한 자를 해방시켜 자유롭게 하고, 남자와 여자, 노인과 젊은 이, 주인과 하인, 유대인과 이방인들을 하나의 공동체로 형성시키는 영이다. 요엘 2장에 나타나는 만민에게 부어지는 하나님의 영의 비전은 모든 차별을 해방시키는 성령의 놀라운 사역에 대한 비전이다. 이 놀라운 비전은 성 차별, 인종 차별, 신분 차별이 극심한 당시의 문화를 근원적으로 변화시키는 놀라운 해방과 자유의 비전이다.

4) 질병에서의 해방과 생명의 세계[20]

---

20) 이 항목의 내용은 다음의 글의 요약이다. 김명용, "오늘의 성령론", 동 저자, 「현대의 도전과 오늘의 조직신학」(서울 : 장신대출판부, 2011), 49 - 52.

누가복음 4 : 18~19에서 예수께서는 성령과 더불어 눌린 자들을 해방시킬 뿐만 아니라 눈 먼 자의 눈을 뜨게 하는 사역을 한다고 말씀하셨다. 예수께서는 성령의 능력으로 귀신을 쫓아내고 병자들을 고치셨다. "하나님이 나사렛 예수에게 성령과 능력을 기름 붓듯 하셨으매 그가 두루 다니시며 선한 일을 행하시고 마귀에게 눌린 모든 사람을 고치셨으니……"(행 10 : 38). "내가 하나님의 성령을 힘입어 귀신을 쫓아내는 것이면 하나님의 나라가 이미 너희에게 임하였느니라"(마 12 : 28). 하나님 나라는 건강한 생명과 깊이 연결되어 있다. 크리스토프 블룸하르트(Christoph Blumhardt)에 의하면 예수의 병 치료의 기적들은 하나님 나라의 기적들이다. 하나님의 영은 사람들의 육체 속에 침투해 들어오며 죽음의 박테리아를 추방한다. 몰트만에 의하면 예수는 하나님 나라를 믿음을 일으키는 말씀으로만 가져오는 것이 아니라 병자들을 건강하게 만드는 치료를 통해서도 가져온다.[21] 병은 죽음의 세력의 도구들이다. 이 죽음의 세력이 파괴되는 곳에서부터 하나님 나라는 시작된다. 몰트만에 의하면 병의 치료는 "부활의 전조"[22]이다. 즉, 부활의 능력이 역사 속에 미리 앞당겨 나타나는 사건이 병의 치료라는 말이다.

예수께서는 성령의 힘으로 귀신을 추방하고 병자를 고치고 귀신에게 사로잡힌 자들에게 건강한 육체와 정신을 돌려주었다. 예수께서는 귀신의 왕 바알세불의 힘으로 귀신을 축출한다는 바리새인의 비난을 성령을 훼방하는 죄로 간주하고 이 죄는 영원히 용서받을 수 없는 죄로 규정했다. 출구 없이 귀신에 사로잡혀 이는 자들을 구원하는 하나님의 영의 능력을 거부하고 훼방하는 자들은 용서받을 수 없는 죄책을 짊어져야 한다. 벨커는 용서받을 수 없는 성령 훼방죄에 대해 다음과 같이 언급했다. "하나님의 영의 모독이 용

---

21) J. Moltmann, 「생명의 영」, 256.
22) 위의 책, 257.

서될 수 없다는 말씀은…… 미래 없이 고통당하는 자에 대한 하나님의 무자아적인 도움 안에서 나타나는 하나님의 권능의 계시를 인식하지 않으려는 그런 사람들을 향한다. 그것은 다른 사람에게 최후의 희망을 빼앗고 그리고 자신에게는 최후의 희망을 왜곡시키는 그런 사람을 향한다. 영의 모독에 대한 말씀은 해방과 구원의 경험에 반대하며…… 하나님의 구원하시는 능력을 향한 시각을 왜곡시키는"[23] 그런 사람을 향하고 있다. 하나님의 영은 귀신과 질병에 사로잡혀 출구 없는 절망의 상황 속에서 완전히 비인간화 되어가는 사람들을 해방시키는 능력으로 현존하고 있다.

몰트만에 의하면 영을 통한 병자의 치유는 영을 통한 그리스도의 부활의 사건과 내적으로 연관되어 있다. 부활은 육체성 속에 나타난 하나님의 영의 능력의 완전한 현현인 반면, 병의 치유는 육체성 속에 나타나는 부활의 능력의 부분적 현현이다. 부활의 육체성은 기독교가 영혼화 되는 것을 근본적으로 반대한다. 현 역사 속에 현존하는 부활의 능력은 인간의 영혼과 육체를 새롭게 하는 능력이다. 따라서 사람들이 "경험하는 병의 치료는 죽은 자들의 부활과 영원한 삶의 전조로 파악될 수 있다".[24] 그것은 영원한 삶이 현현하는 방식이다.

따라서 그리스도의 교회는 병자의 치유를 위해 기도해야 한다. 병자를 치유하는 성령의 활동은 다양한 방식으로 나타날 수 있다. 초대 교회 안에 병 고치는 은사가 존재했던 것도 바로 이 이유 때문이다. 또한 오늘날 보편적으로 경험되고 있는 병원이나 의약을 통한 병자 치유 역시 치유하시는 성령의 보편적 활동으로 인식할 수 있다. 암을 퇴치하고 에이즈를 퇴치하기 위한 의학자들의 고투 속에는 인간을 질병에서부터 해방시키고자 하는 성령

---

23) M. Welker, *God the Spirit*, 218 - 219.
24) J. Moltmann, 「생명의 영」, 225.

의 활동이 내재하고 있다. 오순절교회가 성령의 병고치는 역사를 종교적 영역 속의 이적적인 방식 속으로 제한시키는 경향이 있는데 이것은 잘못이다. 부활의 영은 인간의 정신과 육체를 건강하게 하기 위해 다양한 방식으로 활동하고 있다. 물론 이적적인 방식으로 구원하는 많은 경우가 있다. 그러나 자연과학적 지혜와 지식도 성령의 은사라는 점을 우리는 유념해야 한다. 이는 개혁교회의 전통적 성령론이 이미 인식하고 있었던 관점이다. 옛날 예수께서 말씀을 선포하시고 병자를 고치신 것처럼 오늘날 목사와 의사가 함께 하나님 나라를 위해 사역한다고 해서 조금도 이상할 것이 없다. 성령은 목사를 사로잡아 하나님 나라의 복음을 선포하게 하고, 의사를 사로잡아 질병을 치유하고 병마에서부터 구원하는 역사를 행하고 계신 것이다.[25] 이런 까닭에 진정한 의사는 자신이 성령의 도구임을 깨닫고 겸손히 하나님께 기도하며 병마와 싸우는 성령의 활동에 동참해야 할 것이다.

5) 평화의 수립

히틀러(A. Hitler)가 유대인 600만 명을 학살하고 그가 일으킨 전쟁으로 말미암아 5,700만 명이 죽어갈 때 마귀는 어디에 있었을까? 마귀는 학살당한 유대인 600만 명의 시체 위에서 춤추고 있었을 것이다. 5,700만 명이 죽어 간 전쟁은 어디서 왔을까? 정치적으로, 경제적으로, 민족 간의 갈등관계에서 등등으로 설명할 수 있을 것이다. 그러나 가장 중요한 것은 그 뒤에 살

---

25) "믿지 않는 의사도 성령의 도구일 수 있는가?"라는 질문은 중요한 질문이다. 이 질문에 대한 답은 "성령의 도구가 될 수 있다."라고 답하는 것이 맞을 것이다. 물론 믿지 않는 의사는 자신이 성령의 도구라는 것을 모를 것이다. 그러나 성령께서는 병마로 고통받는 사람들을 구원하기 위해 믿지 않는 의사도 사용한다. 이는 구약의 고레스를 하나님의 일꾼으로 부른 예를 통해 알 수 있다. 고레스는 하나님을 모르는 사람이었다. 그러나 그는 하나님의 일을 훌륭하게 수행한 사람이었다.

인의 영인 마귀가 존재하고 있었다는 점이다. 요한복음 8 : 44에 의하면 마귀는 살인자이다. 갈등이 일어나고, 증오심이 들끓고, 전쟁이 일어나고, 살인과 죽음의 역사가 세상을 뒤덮을 때 그곳에는 살인의 영인 마귀가 존재하고 있다. 600만 명이 죽어 가고, 5,700만 명이 죽어 가는 역사의 비극 속에서 마귀의 활동을 읽어내지 못하는 교회는 영적으로 죽은 교회이다.

교회의 영성훈련도 개인적 경건의 차원에서만 행해지면 안 된다. 역사에서부터 이탈하는 영성은 참된 그리스도교의 영성이 아니다. 영혼의 7층 꼭대기에서 하나님을 경험한다는 가톨릭교회 안에 있는 영성은 폭넓은 차원으로 확대되어야 한다. 이스라엘 백성이 하나님을 만난 곳은 영혼의 7층 꼭대기가 아니라, 출애굽의 역사였고 애굽의 군대가 홍해에서 장사되는 엄청난 해방의 사역 속에서였다. 하나님의 구원의 능력이 구체적 역사 속에 나타날 때 이스라엘 백성은 바로 그곳에서 하나님을 경험했다.

구약에서 메시야 왕국의 상징적 표현이 샬롬이다. 샬롬은 평화를 의미한다. 샬롬은 하나님 나라에 대한 상징적 표현이다. 칼을 쳐서 보습을 만들고 더 이상 전쟁 연습이 필요 없는 세상이 샬롬의 세상이다. 전쟁은 수많은 사람의 생명을 앗아간다. 구약 시대의 중동 지역에 전쟁은 끊임없이 계속되었다. 전쟁으로 죽고 기근으로 죽고, 수많은 희생자들이 마을과 세상을 뒤덮고 있었다. 그들이 기다린 메시야는 평화의 왕이었다.

성령은 평화의 영이다. 성령은 우리의 마음속에 내적인 평화만 만드는 것이 아니라, 세상 속에 평화를 심고 평화의 나라를 만드는 영이다. 갈등과 증오심과 전쟁과 원수 갚은 정신 속에는 마귀가 존재하고 있다. 성령은 증오의 구조를 깨뜨리고, 칼과 전쟁 무기가 더 이상 필요 없는 세상을 만들어 가는 영이다.

6) 사랑과 코이노니아 세계의 형성

믿음과 소망도 성령의 은사이지만 성령의 가장 큰 은사는 사랑이다(고전 13 : 13). 믿음은 산을 옮길 만한 큰 역사를 만든다. 믿음은 홍해를 육지같이 건너게 만들고(히 11 : 29), 믿음은 난공불락의 성 여리고를 무너뜨리는 기적을 만든다(히 11 : 30). 오순절주의 성령운동이 믿음의 역사를 강조하는 것은 믿음 안에 있는 성령의 놀라운 세계를 보여 주는 것으로 긍정적인 측면이 있다. "예수께서 이르시되 할 수 있거든이 무슨 말이냐 믿는 자에게는 능히 하지 못할 일이 없느니라 하시니"(막 9 : 23). 성령의 사람은 믿음의 사람이다. 어둠 속에서 빛을 만들고 절망을 희망으로 바꾸는 사람이 성령의 사람이다.

소망 역시 성령의 은사이다. "그들이 이제는 더 나은 본향을 사모하니 곧 하늘에 있는 것이라 이러므로 하나님이…… 그들을 위하여 한 성을 예비하셨느니라"(히 11 : 16). 보물을 하늘에 쌓을 줄 아는 사람은 성령의 사람이다. 세상 속에서 모든 기쁨을 얻고자 하는 사람은 진정한 성령의 사람이 아니다. 오늘날 번영의 신학이 비판을 받는 것은 그 신학이 추구하는 것이 차안적 세상의 번영에 초점이 있기 때문이다. "그리스도를 위하여 받는 수모를 애굽의 모든 보화보다 더 큰 재물로 여겼으니 이는 상 주심을 바라봄이라"(히 11 : 26). 성령은 우리를 인도하는 영이다. 성령은 하늘에 있는 상을 우리에게 가르쳐 주는 영이다.

믿음과 소망이 모두 성령의 귀중한 은사이지만 성령의 가장 큰 은사는 사랑이다. 하나님이 사랑이시고(요일 4 : 8), 하나님의 나라가 사랑의 나라이다. 삼위일체 하나님의 페리코레시스(perichoresis)적 삶은 기쁨이 충일한 삶이고, 하나님 나라의 위대한 상징이다. 페리코레시스란 성부가 성자 안에 있고 성자가 성부 안에 있고, 성부와 성자가 성령 안에 있는 하나님의 독특한 삶의 모습인데, 삼위 하나님의 하나 됨을 언급할 때 사용하는 개념이다. 코이노니아란 이 하나님의 삼위일체에 상응하는 개념이다.

바르트는 남자와 여자와의 사랑이 삼위일체 하나님의 페리코레시스에 상응한다고 자신의 하나님의 형상론에서 언급했다. "이는 내 뼈 중의 뼈요 살 중의 살이라"(창 2 : 23)라고 기뻐한 아담의 말 속에 사랑과 코이노니아적 삶의 기쁨을 느낄 수 있다. 바르트에 의하면 남자에게 여자가 없는 것, 여자에게 남자가 없는 것은 마귀적이다. 몰트만은 바르트의 사상을 발전시켜 남자와 여자와의 관계뿐만 아니라 부모와 자식과의 관계도 삼위일체 하나님의 페리코레시스의 유비라고 가르쳤다. 뿐만 아니라 친구 간의 사랑과 이웃 간의 사람 및 민족과 민족 간의 사랑 역시 삼위일체 하나님의 페리코레시스의 유비가 되어야 한다고 주장했다.

성령은 삼위일체 하나님께 상응하는 사랑과 코이노니아의 세계를 만들어 가는 영이다. 이 사랑과 코이노니아의 세계 속에서 인간은 참으로 인간이 된다. 인간의 진정한 신비는 이 사랑과 코이노니아의 삶 속에 있다. 이 사랑과 코이노니아의 삶은 인간의 세계에만 제한되면 안 된다. 인간은 자연 속에서 참으로 인간이 된다. 자연이 없는 인간의 삶은 불안하고 파괴적이 된다. 인간 안에 자연이 있고, 자연 안에 인간이 있어야 참된 인간이 될 수 있다. 성령은 인간과 자연이 함께 사랑의 코이노니아적 삶을 영위하는 세계를 만들어 가는 영이다.

7) 기쁨과 하나님의 영광

복음은 기쁨이다. 그것은 말로 표현할 수 없는 기쁜 소식이다. 복음을 전한다는 것은 기쁨을 전하는 것이다. 복음은 우리의 영혼에만 해당되는 기쁜 소식이 아니다. 그것은 우리의 구체적 삶 속에서 일어나는 기쁨의 사건을 의미한다. 예수께서 우리의 구원자이시고, 그 구원의 기쁜 역사는 성령을 통해 확장되어 나간다. 성령이 역사하는 곳마다 기쁨의 역사가 나타난다. 성령은 기쁨의 세계를 만드는 영이다. 누가복음 4 : 19의 "주의 은혜의 해를 전파한다."는 말은 희년의 세계, 곧 기쁨의 세계를 만들어 간다는 뜻이다. 성령은 희년의 세계를 만드는 영이다. 저주와 고통과 불의와 죽음이 깃들어 있는 이 세상에 놀라운 기쁨의 세계를 만들어 가는 영이 성령이시다.

성령은 정의를 수립하면서 기쁨의 세계를 만든다. 평화와 생명의 세계를 만들면서 기쁨의 세계를 만든다. 억눌린 자들을 해방하고 자유를 주면서, 질병으로 고통당하는 자들을 해방시켜 건강을 주면서 기쁨의 세계를 만든다. 허무하고 외로운 자들에게 사랑과 코이노니아의 세계를 만들면서 기쁨의 세계를 만든다. 인간의 세계에만 기쁨의 세계를 만드는 것이 아니다. 성령은 모든 피조물이 허무에서 벗어나서 하나님의 자녀들의 영광의 자유에 이르도록 하면서(롬 8 : 19-21) 피조세계 전체에 기쁨을 가져오는 영이다. 세상을 지배하는 죽음을 깨뜨리고 부활과 영생의 세계를 열어주면서 기쁨을 가져오는 영이 성령이다.

하나님이 인간을 창조하신 목적은 인간이 하나님을 찬양하는 "영광의 찬송"(엡 1 : 12)이 되는 데 있다. 바르트는 하나님이 인간을 창조한 목적은 인간의 감사(Dankbarkeit)에 있다고 언급했다. 창세전에 그리스도를 예비하고 그리스도 안에서 인간을 창조한 것은 인간의 구원과 하나님 영광에 그 목적이 있다는 것이 에베소서의 중요한 가르침이다. 성령의 가장 중요한 사역은 하나님의 이름을 영화롭게 하는 사역이다. 인간과 세상을 구원한 기쁨은 그 자체만으로 의미가 깊다. 그러나 그 기쁨이 하나님 영광과 연결될 때에 참으로 완성된 기쁨일 것이다. 왜냐하면 그 기쁨이 하나님의 계획과 하나님의 고난과 하나님의 은혜로 만들어진 기쁨이기 때문이다. 성령은 하나님을 알게 하는 영이고, 그리스도의 고난과 죽음을 가르치는 영이고, 하나님께 감사와 영광을 돌리도록 우리를 인도하는 영이다. 기쁨과 감사로 가득한 세상, 그 세상이 하나님 나라이고 성령은 이 세상을 만들어 가는 영이다.

6. 결언

성령은 예수 그리스도의 복음을 전하고 하나님 나라를 세우는 영이다.[26] 영혼의 구원은 성령께서 행하는 매우 중요한 일이다. 그러나 성령의 사역이 영혼의 세계에만 머물러 있는 것은 아니다. 성령의 사역에 대한 폭넓은 통전적 이해가 중요하다.[27] 성령은 교회를 세우시고 세상을 변화시킨다. 성령은 정의를 세우시고, 평화와 생명의 세계를 만드시고, 해방의 사역을 하시고, 사랑과 코이노니아의 세계를 만드신다. 성령은 하나님 나라를 세우는 영이시다. 성령의 사역의 궁극적 목적은 기쁨과 하나님 영광에 있다. 복음이 기쁨이고, 이 기쁨의 세계를 확대시켜 나가는 영이 성령이시다.

---

26) 예수 그리스도의 복음 전파와 하나님 나라의 구현은 성령의 사역의 목적인 동시에 교회의 목적이기도 하다. 다음의 글을 참고하라. 김명용, "온신학의 교회론", 온신학회(편), 온신학 vol. 3(서울 : 온신학회출판부, 2017), 51 – 76.

27) '통전적 신학'(Holistic Theology)이라는 표현은 이종성에 의해 한국 신학계에 알려졌는데, 최근에는 '온신학'(Ohn Theology)이라는 표현으로 많이 사용되고 있다. 이 신학은 장신대의 교육이념인 예수 그리스도의 복음전파와 하나님 나라의 구현을 표현하고자 하는 신학이다. 성령론의 온신학적 시각을 나타내는 좋은 책으로 다음을 참고하라. 현요한, 「성령 그 다양한 얼굴」(서울 : 장신대출판부, 1998).

6장

인간론

윤철호(장로회신학대학교)

1. 서론

인간은 광대한 우주 공간에서 먼지와 같이 작고 미약한 존재다. 인간이 사는 지구는 태양계 안에서 태양의 주위를 돌고 있는 여덟 개의 행성들 가운데 하나다. 태양계는 지름이 약 10만 광년 되는 은하계의 중심에서 약 3만 광년 떨어진 곳에 있는 점과 같이 작은 부분이다. 은하계에는 태양계와 같은 천억 개의 항성과 성단 및 성간 물질이 있으며, 우주에는 은하계와 같은 천억 개의 은하가 있다고 한다. 우주는 137억 년 전 빅뱅으로 탄생한 이래 지금까지 빛보다 빠른 속도로 팽창해 가고 있다고 한다. 이 광대한 우주 공간의 한 티끌과 같은 지점에 찰나와 같이 짧은 순간 존재하다 사라지는 인간의 존재는 과연 무슨 의미가 있는가?

그러나 성경은 인간이 하나님의 형상으로 창조된 존귀한 존재라고 말씀한다(창 1 : 27). 시편 저자는 인간의 존귀함을 이렇게 노래했다. "사람이 무엇이기에 주께서 그를 생각하시며 인자가 무엇이기에 주께서 그를 돌보시나이까 그를 하나님보다 조금 못하게 하시고 영화와 존귀로 관을 씌우셨나이다 주의 손으로 만드신 것을 다스리게 하시고 만물을 그의 발아래 두셨으니"(시 8 : 4-6). 과연 인간은 성경의 저자들이 말하는 것처럼 그렇게 존귀한 존재인가? 인간은 광대한 우주 속에서 심히 유한하고 미약한 존재일 뿐 아니라 죄로 인해 심히 일그러진 존재이기도 하다. 오늘 우리는 무한경쟁, 적자생존, 약육강식의 사회에 살면서 인간의 존엄성이 부정당하고 인간성이 파괴되는 것을 날마다 경험하고 있다. 우리는 또한 인간이 과학기술에 의해 인간 자신의 생물학적 한계를 넘어 인간 이후의 새로운 종, 즉 포스트휴먼(post-human)이 되고자 꿈꾸는 테크노피아의 시대에 들어서고 있다. 이와 같은 시대에 성경의 인간 이해는 과연 우리에게 어떤 의미가 있는가?

전통적으로 교회는 인간의 실존을 네 단계로 구별해서 이해해 왔다. 즉, 하나님의 형상으로 창조된 본래적 인간, 타락 이후의 죄악 된 인간, 그리스도 안에서 구원받은 인간, 그리고 종말론적 미래의 천국에서의 영생이 그것이다. 이와 같은 단계들은 인류 역사 속에서 연대기적 순서로 발생하는 인간 실존의 단계들이라기보다는 한 인간의 생의 과정에서 실존적으로 경험되는 단계들이라고 할 수 있다. 그리고 그리스도인의 개인적 실존 안에서 이 단계들은 단지 통시적인 시간의 순서에 따라서가 아니라 공시적으로 경험된다. 즉, 우리의 개인적 실존 안에서, 하나님의 형상, 죄, 구원, 그리고 영생에 대한 소망은 동시적으로 현존하며 함께 경험된다.

이 글에서는 기독교 신학의 인간 이해를 '육체와 영혼'(정신), '인간 안의 하나님 형상', '인간의 하나님 인식', '인간의 죄의 실존', '인간의 구원과 종말론적 운명'과 같은 주제들을 중심으로 고찰하고자 한다.

2. 육체와 영혼(정신)

인간은 다차원적인 존재다. 한 인간 존재는 물리적, 화학적, 생물학적, 심리적, 사회적, 종교적 차원으로 구성된다. 이 다차원 가운데 물리-화학-생물 차원이 육체적 차원이라면, 심리-사회-종교 차원은 정신적 또는 영적 차원이라고 할 수 있다. 전통적인 이분법 도식으로 표현하자면, 인간은 천성적으로 두 본성, 즉 육체적 본성과 영적 본성을 지니고 있다. '본성'은 영어로 'nature'로 번역되는데, 인간의 본성은 단지 정신 또는 영혼과 대립되는 물질이나 육체로서의 'nature'를 의미하지 않는다. 인간의 본성(nature)은 물질적, 육체적 요소와 정신적, 영적 요소 둘 다를 포함한다. 이 점이 인간의 본성(nature)이 인간이 아닌 다른 자연, 즉 돌이나 식물이나 동물의 본성(nature)과 다른 점이다. 즉, 다른 자연의 본성(nature)은 정신 또는 영혼을 포함하지 않는 데 반해, 인간의 본성(nature)은 정신과 영혼을 포함한다. 정신 또는 영혼 안에서 인간은 하나님을 인식할 수 있으며 하나님과 인격적인 관계를 맺을 수 있다. 이것이 하나님의 형상으로 지음 받은 인간의 독특성이다.

플라톤의 이원론적 세계관의 영향을 받은 서구 기독교는 고대 교회 이래 인간의 인격이 대립적이고 계층적인 관계 안에 있는 육체와 영혼이라는 두 실체로 구성된다고 생각했다. 그리고 육체는 생멸(生滅)하지만, 영혼은 불생(不生), 불사(不死), 불멸(不滅)한다고 믿었다. 그러나 중세의 토마스 아퀴나스는 플라톤적 이원론을 거부하고 아리스토텔레스를 따라 인간을 영혼과 육체의 통일체로 이해했다. 즉, 인간의 영혼은 질료인 육체에 형상을 부여함으로써 전인적 인간을 만드는 생명의 원리로서, 육체를 떠나서는 존재할 수 없다. 그러나 아리스토텔레스와 달리 그리고 플라톤과 같이, 아퀴나스도 영혼은 육체 없이도 독립적으로 존재할 수 있으며, 육체의 죽음 이후에도 영혼은 죽지 않고 불멸한다고 보았다.

영혼과 육체를 서로 분리된 두 실체로 이해하는 헬레니즘적인 이원론적 인간 이해는 영혼과 육체를 불가분의 관계 안에서 이해하는 전일적인 성경적, 히브리적 인간 이해와 상충된다. 창세기의 인간 창조 이야기에 따르면, 하나님이 "땅의 흙으로 사람을 지으시고 생기를 그 코에 불어넣으시니 사람이 생령이 되었다"(창 2 : 7). 이 구절에서 '땅의 흙'은 물질을 의미하고, '생기'는 하나님의 생명의 호흡(느샤마, 니쉬마트 하임, breath of life), 즉 영을 의미하며, '생령'은 살아 있는 존재(네페쉬 하야, living being)를 의미한다. 하나님께서 흙으로 빚은 아담의 몸에 생명의 호흡, 즉 영을 불어넣으니 인간이 살아 있는 존재가 되었다(animated, enlivened)는 것이다. 이와 같은 인간 창조에 대한 성경의 묘사는 각기 별개의 근원으로부터 온 육체와 영혼이 결합함으로써 한 인격이 형성되었다는 이원론적 인간론보다는 하나님이 불어넣으신 생명의 호흡(영)에 의해 육체가 생명력 있는 생명체가 되었으며, 이 과정에 영혼 또는 정신이 육체로부터 창발되었다는 의미에서 현대과학의 창발적 인간론과 공명한다고 할 수 있다.[1]

인간은 육체적으로 다른 동물들과 유사한 생물학적 구조와 본성을 공유

---

1) 창발이란 하위체계(부분)로부터 생겨나지만 그 하위체계(부분)로 환원되지 않는 속성을 지닌 상위체계(전체)의 출현을 의미한다. 이에 대해서는 윤철호, 「인간」(서울 : 새물결플러스, 2017), pp. 78 - 89, 352 - 358을 참고하라.

한다. 인간과 침팬지의 DNA는 98%가 동일하다. 그러나 인간은 다른 동물과 달리 정신 또는 영혼 안에서 종교성, 즉 영적 본성을 갖는다. 육체적 본성은 몸의 출생과 더불어 주어진 본성이며, 영적 본성은 몸의 성장과 더불어 정신이 성숙해 감에 따라 창발되는 본성이다. 인간이 하나님을 갈망하고 찾는 영적 본성, 즉 종교성을 갖게 되는 것은 인간의 본성을 거스르거나 본성과 모순되는 부자연스러운 현상이 아니라 자연스러운 본성적 현상이다.

몸이 땅의 흙으로부터 나오고 다시 흙으로 돌아가는 존재로서, 인간은 기본적으로 생물학적 존재다. 현대 과학은 인간의 인격이 생물학적 요인, 특히 유전자에 의해 매우 큰 영향을 받는다는 사실을 밝혀 주었다. 유전자는 생명 정보로서 DNA 복제를 통해 다음 세대로 이어진다. 그러나 생물학적 요인에 의해 인간의 인격이 전적으로 결정되는 것은 아니다. 리처드 도킨스가 인간을 DNA에 의해 통제되고 결정되는 기계로 본 것은 지나친 환원주의적 사고임이 분명하다. 그러나 사실상 도킨스 자신도 인간 존재와 행동이 전적으로 생물학적 요인에 의해 결정된다고 본 것은 아니다. 왜냐하면 그는 인간에게 관대함과 이타주의를 가르침으로써 이기적 유전자의 지시에 저항할 수 있는 힘을 길러야 하며 또한 기를 수 있다고 주장하기 때문이다.[2] 이것은 사회적 차원을 포함하는 다차원적인 인간 인격이 생물학적 결정론에 전적으로 종속되지 않고 그것에 저항할 수 있다는 사실을 인정한 것이다.

인간은 정신-육체적(psychosomatic) 존재로서, 정신이 육체적 요인에 의해 매우 심대한 영향을 받는 것이 사실이다. 그러나 정신이 육체적 요인에 의해 결정된다고 단정하는 물리학적 또는 생물학적 환원주의는 잘못된 것이다. 모든 인간의 인격에 있어서 육체와 정신 사이에는 '아래로부터 위

---

2) Richard Dawkins, *The Selfish Gene*(Oxford : Oxford University Press, 1989); 홍영남 옮김, 「이기적 유전자」(서울 : 을유문화사, 2003), pp. 130 - 133, 그리고 10장, 12장을 참고하라.

로'(bottom up)의 인과율과 아울러 '위로부터 아래로'(top down)의 인과율이 작용한다. 만일 위로부터 아래로의 하향식 인과율이 작용할 수 없다면, 인간에게 자유의지란 존재하지 않을 것이며 인간은 단지 육체의 욕구에 지배되는 짐승 같은 존재가 될 것이다. 그러나 인간은 단지 육체적 요인에 의해 심대하게 영향을 받음에도 불구하고 결정론적으로 지배되지 않으며, 오히려 육체적 요인을 통제하고 목적 지향적으로 인도하는 존재라는 의미에서 정신적, 영적 존재라고 할 수 있다.

　정신-육체적 존재로서 인간은 역설적인 존재다. 인간은 높은 도덕적, 종교적 특성을 발현하는 선한 행동도 할 수 있지만, 비도덕적, 악마적 특성을 발현하는 악한 행동도 할 수 있다. 통상적으로, 전자를 표현할 때는 '영'이란 개념이 사용되고, 후자를 표현할 때에는 '육체' 또는 '육신'이란 개념이 사용된다. 신약성경의 바울은 육신과 영을 날카롭게 대립시키면서 "육신의 생각은 사망이요 영의 생각은 생명과 평안이니라"(롬 8 : 6)고 말씀한다. 그러나 여기서 '영'과 '육신'이란 개념은 한 인격을 구성하는 두 부분이 아니라 인간을 이해하는 두 관점을 가리킨다. 즉, '영'이란 성령을 따라 하나님의 뜻대로 사는 삶을 가리키고, '육신'이란 세상 풍조를 따라 자기의 소욕대로 사는 삶을 가리킨다. 정신은 선하고 육체는 악하다는 이원론은 잘못된 것이다. 영혼에 의해 선한 인간이 되고 육체 때문에 악한 인간이 되는 것이 아니다. 인간이 선한 행동을 하든지 악한 행동을 하든지 모두 정신적, 영적 차원에 의해 결정된다. 인간의 악한 결정과 행동에 대해서, 단지 그러한 행동을 실행하는 육체가 책임을 지는 것이 아니라, 육체를 통해 자신의 결정을 행동으로 옮기는 정신이 육체와 함께 책임을 지는 것이다. 그러므로 정신 또는 영이 인간의 일차적인 주체성과 책임성의 자리이다.

3. 인간 안의 하나님 형상

구약성경은 인간이 하나님의 형상과 모양으로 창조되었다고 말씀한다. "하나님이 이르시되 우리의 형상을 따라 우리의 모양대로 우리가 사람을 만들고 그들로 바다의 물고기와 하늘의 새와 가축과 온 땅과 땅에 기는 모든 것을 다스리게 하자 하시고 하나님이 자기 형상 곧 하나님의 형상대로 사람을 창조하시되 남자와 여자를 창조하시고"(창 1 : 26-27). 이 본문에서 하나님의 '형상'(첼렘)과 '모양'(데무트)이란 용어가 사용되는데, 본래적인 히브리적 어법에서 이 둘은 동의 반복어로 이해되는 것이 자연스럽다. 그러나 고대 교회 이래 '형상'은 인간 안의 이성과 같은 자연적인 특성을, 그리고 '모양'은 하나님과 관계를 맺을 수 있는 초자연적 특성을 가리키는 용어로 이해되었다. 그리고 인간의 타락으로 후자는 상실되었으나, 전자는 여전히 남아서 인간의 주체성을 구성하고 있는 것으로 여겨졌다.

이러한 맥락에서 에밀 브루너는 인간 안의 하나님 형상이 죄로 인해 내용적으로는 상실되었지만 형식적으로는 남아 있다고 말했다. 브루너에 따르면 인간에게 하나님의 형식적 형상이 남아 있기 때문에 인간은 다른 피조물들과 구별되는 인간 고유의 사회적 규범과 국가적 질서를 유지할 수 있으며, 나아가서 하나님의 계시에 대하여 인격적 주체로서 응답할 수 있다. 브루너는 하나님의 계시에 대한 인간의 주체적 응답의 가능성을 '접촉점'(contact point)으로 표현했다. 접촉점은 형식적인 하나님의 형상으로서, 그 말의 뜻은 "죄인인 인간들도 잃어버리지 않은 것으로서, 인간은 인간이라는 사실과…… 이중적 의미인 말씀을 받아들이는 능력과 책임성을 가진 인격성

(Humanitas)"이다.[3] 브루너는 하나님께서 하시는 말씀을 인간이 들을 수 있는(거부할 수도 있는) 형식적 가능성으로서 말씀에 대한 인간의 수용(또는 거부) 능력을 인정했다.

성경에서 언급되고 있는 인간의 하나님 형상에 대해서는 여러 가지 해석이 가능하다. 그 가운데 하나는 하나님의 형상이 인간이 모든 피조물을 다스리는 하나님의 대리자로 세움을 받았다는 사실에 있다는 해석이다. 이러한 해석의 근거는 하나님이 인간을 하나님의 형상대로 창조하셨다는 창세기 1 : 27의 바로 다음 절인 28절에 하나님이 인간에게 "생육하고 번성하여 땅에 충만하라, 땅을 정복하라, 바다의 물고기와 하늘의 새와 땅에 움직이는 모든 생물을 다스리라"고 말씀하신 사실에서 발견된다. 그런데 이 절에서 "정복하라"는 구절은 인간이 다른 피조물에 대해 강압적인 지배력을 행사해도 된다는 것을 의미하는 것이 아니라 하나님의 청지기적 대리자로서 자신에게 위임된 다른 피조물을 돌보고 가꾸어야 한다는 것을 의미한다.

신학자들 가운데는 창세기 1 : 27의 "하나님이 자기 형상 곧 하나님의 형상대로 사람을 창조하시되 남자와 여자를 창조하시고"에서 하나님이 인간을 하나님의 형상대로 창조하셨다는 구절 바로 다음에 남자와 여자를 창조하셨다는 구절이 뒤따르는 것에 주목하여, 하나님의 형상이 남자와 여자를 창조하신 것과 관계가 있다고 보는 사람들이 다수 있다. 구약학자인 클라우스 베스터만은 창세기 본문에서 여자의 창조가 단지 인간의 성적 분화를 의미하는 것만이 아니라 타자와의 관계성 안에 있는 인간의 공동체성을 의미한다고 이해한다.[4] 칼 바르트도 인간 안의 하나님 형상의 의미가 인간이 남

---

3) Emil Brunner, Karl Barth, *Natural Theology*, 김동건 역, 「자연신학」(서울 : 한국장로교출판사, 1997), p. 37.
4) Claus Westermann, *Genesis 1-11 : A Commentary*, trans. John J. Scullion(London : SPCK, 1984), p. 192.

자와 여자로 지음을 받은 사실에서 발견된다고 주장했다. 즉, 바르트는 인간이 남자와 여자로 창조된 것은 삼위일체 하나님의 존재가 세 위격의 관계성으로 구성되는 것처럼 인간이 관계적 존재로 창조되었음을 지시한다고 주장했다. 그는 이것을 관계유비라고 불렀다.[5]

일반적으로 고대 교부들은 인간의 하나님 형상이 육체가 아닌 이성적 영혼에 있다고 생각했다. 그러나 이와 같은 생각은 오늘날 그리 큰 호응을 얻지 못한다. 창세기 1:27에 기초해서 인간의 하나님 형상을 인격 내적인 구성 요소가 아닌 관계성의 관점에서 이해하는 견해가 오늘날 큰 공감을 얻고 있다. 왜냐하면 오늘날 우리는 관계론적 세계관에서 살고 있기 때문이다. 오늘날의 과학(특히 양자 물리학)은 실재를 구성하는 근본적 요소 또는 구조를 서로 고립된 자기충족적인 실체(입자)로가 아니라 장(場, field)과 같은 관계의 그물망으로 파악한다. 근대적 '초월적 자아'(transcendental ego) 개념은 오늘날 허구임이 드러났다. 인간은 이웃과 타자와 세계와의 관계성 속에서 자신의 정체성을 구현한다. 이웃과 타자와 세계가 존재하지 않는다면 나 자신의 정체성도 존재하지 않는다.

알리스터 맥그래스는 인간 안의 하나님 형상을 '인간의 본성에 내재한 본능적 충동'으로서 '하나님을 향한 귀소 본능'으로 이해한다. 그에 따르면 인간은 자기가 나온 물질적 질서 속으로 무너져 내리지 않으려고 위쪽을 지향하는데, 이러한 인간의 자기초월 욕구는 하나님을 향한 숨겨진 갈망을 나타낸다.[6] 다른 피조물과 구별되는 인간만이 가지고 있는 하나님의 형상의 핵심은 인간만이 하나님을 갈망하며 하나님과의 인격적 관계 안에서 하나님

---

5) Karl Barth, *Church Dogmatics* 4 vols. eds. G. W. Bromiley and T. F. Torrance(Edinburgh T. & T. Clark, 1936 – 1969), III/2, p. 220.
6) 알리스터 맥그래스, 「인간 Great Mystery」(서울 : 복있는 사람, 2018), pp. 230 – 231.

과(그리고 이웃과) 대화하고 교제할 수 있다는 사실에 있다. 다른 피조물과 구별되는, 인간만이 가지고 있는 영적 실존의 본질은 인간이 육체와 구별되는 영이란 불멸의 실체를 가지고 있다는 사실에 있는 것이 아니라 오직 인간만이 하나님과 상호적인 인격적 관계를 맺을 수 있는 위상을 부여받았다는 사실에 있다.[7]

인간 안의 하나님 형상의 원형인 삼위일체 하나님 자신이 삼위일체적 관계성 안에 존재하신다. 즉, 삼위일체 하나님의 세 위격은 페리코레시스(perichoresis) 안에서 친교적 연합(communion)을 이룬다. 페리코레시스는 상호 내주, 상호 침투, 상호 의존, 상호 순환을 의미한다. 아버지의 아버지 됨은 아들과 성령과의 관계성 안에서만 가능하고, 아들의 아들 됨과 성령의 성령 됨도 각기 다른 두 위격과의 관계성 안에서만 가능하다. 페리코레시스는 '자기초월적 개방성 안에서의 공감적 사랑'으로 재해석될 수 있다.[8] 하나님은 세 위격 사이의 '자기초월적 개방성 안에서의 공감적 사랑'을 통해 친교적 연합을 이루신다.

이 하나님의 공감적 사랑이 참된 하나님의 형상인 예수 그리스도의 생애와 십자가의 죽음에서 결정적으로 계시되었다. 성경은 예수 그리스도만이 유일하게 완전한 하나님의 형상이라고 말씀한다. "그는 보이지 아니하는 하나님의 형상이시요 모든 피조물보다 먼저 나신 이시니"(골 1 : 15). 우리 인간은 이 그리스도 안의 하나님 형상을 닮아가고 이 형상으로 변해가야 한다(롬 8 : 29 ; 고전 15 : 49 ; 고후 3 : 18). 아담 안에서 하나님의 형상은 인간에게 주어진 선물이며, 예수 그리스도 안에서 하나님의 형상은 인간의 최종적 운명이다. 예수 그리스도는 종말론적 운명으로 인간에게 주어진 완전한 하

---

7) 윤철호, 「인간」, p. 494.
8) 이에 대해서는 Ibid., pp. 500 - 507을 참고하라.

나님 형상의 역사적 현현으로서, 죄로 인해 손상된 인간의 하나님 형상을 회복시키고 완성으로 이끈다. 예수 그리스도의 십자가 죽음 안에 나타난 삼위일체 하나님의 공감적 사랑이 죄악된 인간을 구원하고 인간 안의 하나님 형상을 새롭게 하고 완성하는 하나님의 능력이다.

위르겐 몰트만은 삼위일체 하나님의 관계성이 하나님의 내적 구조 안에 닫혀 있지 않고 본유적으로 세계를 향해 열려 있다는 사실을 강조했다.[9] 몰트만에게 있어서 삼위일체 하나님은 오직 예수 그리스도의 십자가로부터만 인식 가능하다. 따라서 경세적 삼위일체와 분리되거나 그것으로부터 동떨어진 내재적 삼위일체란 존재하지 않는다. 인간 안의 하나님 형상은 이와 같은 관계성 안에 계신 하나님의 삼위일체적 존재를 반영한다. 다시 말하면, 인간 안의 하나님 형상은 세 위격 사이의 페리코레시스, 즉 자기초월적 개방성 안에서의 공감적 사랑을 통해 친교적 연합을 이루시는 삼위일체 하나님의 형상으로부터 이해되어야 한다.

인간 안의 하나님 형상은 완전한 형태로 주어진 것이 아니라 종국적으로 완성되어야 할 것으로 주어졌다. 최초의 인간 아담은 하나님의 형상으로 지음 받았음에도 불구하고 완전한 하나님의 형상은 아니다. 만일 아담이 완전한 하나님의 형상이었다면 하나님의 뜻을 거스르는 죄를 짓지도 않았을 것이다. 볼프하르트 판넨베르크는 인간 안의 하나님 형상이 처음부터 완전한 형태로 주어진 것이 아니라 종말론적 운명으로 주어진 것임을 강조한다. 그에 의하면, 타락하기 전의 완전한 원의(原義) 상태란 인류의 역사 속에 존재한 적이 없으며, 최초의 인간이 지니고 있었던 완전한 하나님의 형상이 타

---

9) Jürgen Moltmann, *The Trinity and the Kingdom of God : The Doctrine of God*, trans. Margaret Kohl(London : SCM, 1981), p. 19.

락으로 상실되었다는 생각은 오늘날의 과학적 지식과 양립하기 어렵다.[10]

판넨베르크는 인간이 하나님의 형상으로 창조되었다는 사실의 의미를 다음 세 가지로 설명한다. 첫째, 인간이 하나님의 형상으로 창조되었다는 것은 인간이 하나님과의 교제 또는 교제로의 운명으로 창조되었다는 것을 의미한다. 인간의 하나님 형상은 인간이 하나님과의 교제 안에서 하나님의 영광과 불멸성에 참여하도록 되어있다는 데 있다.[11] 둘째, 인간이 하나님의 형상으로 창조되었다는 것은 인간이 본래적으로 하나님을 찾고 영화롭게 하려는 자연적 성향을 가지고 있다는 것을 의미한다.[12] 인간의 운명으로서의 하나님의 형상을 향한 성향, 즉 하나님을 찾고 하나님과 교제하려는 인간의 종교성은 인간의 자연적인 특성이다. 물론 하나님의 형상의 완전한 실현은 인간 자신의 힘이 아니라 하나님의 은혜에 의존한다. 그러나 하나님의 형상은 인간의 자연적 실존 너머가 아닌 자연적 실존 안에서 실현되어야 하는 것이다. 셋째, 하나님의 형상을 종말론적 운명으로 부여받은 인간은 역사적 존재이다. 인간은 자기 완결적이고 불변적인 본성으로서가 아니라 미래의 운명을 향해 개방된 역사적 과정으로서 존재한다. 다시 말하면, 인간의 본질은 종말론적 운명으로서의 하나님의 형상을 향한 역사적 개방성에 있다. "인간의 본성은 인간 운명 실현의 역사 자체다."[13]

마지막으로, 우리는 삼위일체 하나님의 관계성에 근거해서 인간 안의 하나님 형상의 본질을 인간이 갖는 세 가지 차원의 관계성의 관점에서 이해할

---

10) Wolfhart Pannenberg, *Systematic Theology*, 3 vols, trans. Geoffrey W. Bromiley(Edinburgh : T&T Clark, 1991–98), Ⅱ, p. 214 ; *Anthropology in Theological Perspective*, trans. Matthew J. O'Connell (Philadelphia : Westminster Press, 1985), p. 57.
11) Pannenberg, *Systematic Theology*, Ⅱ, p. 219.
12) Ibid., pp. 227, 292.
13) Wolfhart Pannenberg, *Human Nature, Election, and History*(Philadelphia : Westminster Press, 1977), p. 24.

수 있다. 다시 말하면, 인간 안의 하나님 형상은 인간이 하나님과 세상(이웃)과 미래와의 관계성에서의 자기초월적 개방성으로 정의될 수 있다. 즉, 하나님과의 관계에서의 자기초월적 개방성은 믿음으로, 세상(이웃)과의 관계에서의 자기초월적 개방성은 사랑으로, 미래와의 관계에서의 자기초월적 개방성은 소망으로 각각 정의될 수 있다.[14] 예수 그리스도의 십자가 안에 나타난 삼위일체 하나님의 공감적 사랑을 통해 구원을 받은 그리스도인들은 자기초월적 개방성 안에서 하나님을 향한 믿음과 미래를 향한 소망을 가지고 이웃을 향한 사랑을 실천함으로써 종말론적 운명으로서의 하나님 형상을 구현해 나가야 한다.

4. 인간의 하나님 인식

성경은 자연 세계가 창조자 하나님을 계시한다고 증언한다. 시편 저자는 우주가 하나님을 나타낸다는 사실을 다음과 같이 묘사했다. "하늘이 하나님의 영광을 선포하고 궁창이 그의 손으로 하신 일을 나타내는도다"(시 19 : 1). 히브리서 저자도 보이는 세계를 통해 보이지 않는 하나님을 알 수 있다고 말씀한다. "믿음으로 모든 세계가 하나님의 말씀으로 지어진 줄을 우리가 아나니 보이는 것은 나타난 것으로 말미암아 된 것이 아니니라"(히 11 : 3). 자연 세계가 창조주 하나님을 계시하는 것을 우리는 어떻게 알 수 있는가? 무엇보다 이 인식은 하나님을 믿는 믿음 안에서 가능하다. 시편과 히브리서 저자는 창조주 하나님을 믿는 믿음 안에서 자연 세계가 하나님을 증언

---

14) 이에 대해서는 윤철호, 「기독교 신학개론」(서울 : 대한기독교서회, 2015), pp. 195 - 198을 참고하라.

한다는 고백을 했다. 성경의 저자들은 하나님을 믿는 믿음 안에서 이와 같은 고백을 했다.

그러면 이 성경의 저자들은 하나님을 믿는 믿음이 선행되지 않으면 창조 세계를 통해 하나님을 알 수 없다고 말하고 있는 것인가? 그렇게 단정할 수 있는 근거는 없다. 시편과 히브리서의 저자들은 인간이 자연적 본성 안에서 자연 세계를 통해 하나님을 인식하는 것이 불가능하다고 주장하고 있는 것은 아니다. 왜냐하면 하나님은 인간을 다른 피조물과 달리 하나님의 형상으로 창조하셨기 때문이다. 인간이 하나님의 형상으로 창조되었다는 사실은 인간이 하나님을 인식할 수 있는 고유한 본성을 부여받았으며, 나아가서 하나님과의 인격적 관계 안에서 하나님과 교제할 수 있는 특권을 부여받았다는 사실을 함축한다. 물론 이 인간의 고유한 본성과 특권은 창조자 하나님의 은혜로 주어진 것이다. 그리고 이 인간의 본성과 특권은 이미 완성된 형태로 주어졌다기보다는 미래에 완성되어야 할 종말론적 운명으로 주어졌다. 여기서 중요한 사실은 기독교 창조신학에 있어서 인간의 자연적 본성(nature)과 하나님의 은혜(grace)는 결코 대립적이거나 배타적인 관계에 있지 않다는 사실이다.

아우구스티누스는 인간의 영혼 또는 정신이 진선미의 기준을 인식하는 가운데 하나님에 대한 직접적인 직관을 갖는다고 말했다. 이 직관은 비록 희미할지 모르지만, 인간의 정신 속에 현존하는 하나님의 빛이다. 한편, 아퀴나스는 피조된 우리의 정신적 능력 안에 있는 창조된 빛을 강조했다. 즉, 그는 우리가 하나님에 대해 직접적인 직관을 갖기보다는 논증적 사고를 통해 비록 암시적으로지만 하나님의 실재를 포착할 수 있다고 주장했다. 이 같은 차이점에도 불구하고 아우구스티누스와 아퀴나스는 인간의 본성 안에 하나님에 대한 존재론적 관계와 아울러 인식론적 관계가 있다는 사실을 공통적

으로 긍정했다.15)

존 칼빈은 인간의 자연적 하나님 인식 문제를 일반계시와 특별계시의 관점에서 다루었다. 한편으로 그는 인간에게 본성적으로 자연적인 하나님 인식 능력이 있음을 인정했다. 즉, 인간에게 보편적으로 '하나님에 대한 감각', 또는 '종교의 씨앗'이 있다. "인간에겐 자연적 본성에 의한 하나님에 대한 감각이 있다."16) 그러나 다른 한편 칼빈은 인간의 자연적 본성 안에 있는 하나님에 대한 보편적 감각이 죄로 인해 약화되고 모호하게 되었다고 보았다. 나아가서 그는 자연 세계와 인간의 도덕적, 종교적 의식을 통해 인간에게 드러나는 하나님 지식이 종종 부패하고 파괴적으로 작용한다고 보았다.17)

인간의 자연적 하나님 인식, 즉 자연신학의 가능성을 가장 강하게 거부했던 신학자는 20세기 초의 칼 바르트이다. 그는 젊은 시절에 독일의 히틀러 정권을 지지했던 독일 개신교회에 반대하여 1934년에 발표된 바르멘 선언의 초안을 작성했다. 당시 독일 개신교회는 하나님의 계시가 히틀러의 나치 정권의 지배와 그 지배하의 독일 민족의 역사를 통해서도 나타날 수 있다고 생각했다. 바르멘 선언의 핵심 내용은 하나님의 유일무이한 계시인 예수 그리스도로부터 주어지지 않는 모든 하나님 인식 가능성을 거부하는 것이었다. 바르트는 성경 외에 역사, 이성, 자연에서 계시의 근원을 찾으려는 모든 자연신학의 시도를 거부했다. 그는 인간 안에 계시를 수용할 수 있는 능력이 있다는 브루너의 견해를 거부했다. 바르트에 따르면 인간은 계시를 수용할 능력도 없다. 접촉점은 필요 없고 성령이 필요한 것을 창조하신다.18)

---

15) 이에 대해서는 데이비드 H. 켈시, "인간," 피터 C. 하지슨, 로버트 H. 킹, 「현대기독교조직신학」(서울 : 한국장로교출판사, 1999/2015), pp. 258 - 259를 참고하라.
16) John Calvin, *Institutes of the Christian Religion*, ed. John T. McNeill, trans. Ford Lewis Battles(Philadelphia : The Westminster Press, 2018), 1. 3. 1 - 3.
17) Ibid., 1. 4. 1 - 2 ; 1. 5. 4 - 5.
18) Emil Brunner, Karl Barth, *Natural Theology*, 김동건 역, 「자연신학」, pp. 99 - 106, 133.

부패한 본성을 가진 인간의 모호한 종교성이 바르트 당시 나치 정권의 지배하의 정치 상황에서처럼 자연신학이란 이름으로 이데올로기화된다면 그것은 매우 위험한 일이 아닐 수 없다. 이와 같은 자연신학은 경계해야 마땅하다. 그러나 1930년대의 독일의 특수한 정치적 상황에서 나온 바르트의 반자연주의적 계시신학이 신학의 지평이 인간의 역사를 넘어 자연 세계, 즉 전 지구와 우주로 확장된 오늘의 "자연의 신학"(theology of nature) 시대에 무시간적으로 적용될 수는 없다.[19] 계시신학과 자연신학은 결코 적대적인 관계에 있는 적군이 아니다. 자연신학에는 바르트가 생각했던 것과 같은 자연신학만 있는 것이 아니라 계시신학과 조화될 수 있는 자연신학도 있다. 특히 오늘의 과학시대에 신학은 자연과학과의 대화를 통해 범 우주적인 자연신학의 전망을 수립해야 할 필요가 있다.

물론 인간의 본성과 자연 세계에 의존하는 자연계시를 통해서는 예수 그리스도가 선포한 하나님 나라의 복음을 알 수 없으며, 인간을 구원하기 위해서 예수 그리스도를 십자가에 내어 주기까지 인간을 사랑하시는 자기희생적인 사랑의 하나님을 알 수 없다. 그러므로 자연계시는 결코 특별계시의 중요성을 약화시킬 수 없다. 유한한 피조물인 인간은 자신의 본성과 자연 세계만으로는 무한한 창조자 하나님을 온전하게 인식할 수 없고 단지 희미하게 창조자 하나님의 존재를 인식하고 그분을 향해 갈망의 손을 뻗을 수 있을 뿐이다. 더욱이 인간은 죄로 인해 눈이 어두워져서 하나님에 의해 창조된 자연 세계를 보고 그 세계 너머에 계신 창조자 하나님을 발견할 수 없게 되었

---

[19] 바르트는 1956년에 쓴 *Systematic Theology* IV/3 p. 69에서 세상의 빛이신 예수 그리스도의 빛을 반영하는 '빛들의 이론'(Lichterlehre)에 관해 말함으로써 자연신학의 가능성을 열어놓고 있다. 그는 이 이론을 위한 기독론적 근거로서 칼빈의 '엑스트라 칼비니스티쿰'(Extra Calvinisticum) 교리를 끌어들인다. '엑스트라 칼비니스티쿰'이란 말씀이 성육신한 이후에도 지상의 예수 안에 갇혀 있지 않고 천상에서 삼위일체 하나님의 한 위격으로서 온 우주를 다스린다는 교리이다.

다. 이것이 전통적으로 교회가 아담의 타락으로 인해 유전적으로 모든 인간의 본성이 부패했다는 원죄 교리를 발전시킨 이유이다.

그렇다면 원죄 교리는 죄로 인해 인간이 하나님을 전혀 인식할 수 없게 되었다는 것을 의미하는가? 그렇지는 않다. 고대 교부들 이래 기독교 역사 속에서 그렇게 생각했던 신학자들은 거의 없다. 왜냐하면 만일 그렇게 된다면 그것은 하나님께서 창조하신 자연적 본성으로서의 인간 안의 하나님 형상 자체가 완전히 파괴되는 것을 의미하기 때문이다. 바울은 아레오바고에서 하나님의 창조 행위에 근거해서 인간에게는 하나님을 찾으려는 마음이 있다고 말씀했다. "인류의 모든 족속을 한 혈통으로 만드사 온 땅에 살게 하시고 그들의 연대를 정하시며 거주의 경계를 한정하셨으니 이는 사람으로 혹 하나님을 더듬어 찾아 발견하게 하려 하심이로되 그는 우리 각 사람에게서 멀리 계시지 아니하도다. 우리가 그를 힘입어 살며 기동하며 존재하느니라……"(행 17:26-29). 이와 같은 성경적 근거에서, 자신의 본성과 자연 세계를 통해 하나님을 인식할 수 있는 능력이 죄로 인해 심대한 손상을 입었지만 완전히 상실된 것은 아니라는 자연신학 전통이 고대 교부시대 이래 교회의 신학 전통의 한 부분으로 계승되어 왔다.[20]

물론 교회는 죄로 인해 인간의 하나님 인식 능력이 심각하게 손상을 입었기 때문에 하나님에 대한 온전한 인식을 위해서는 인간의 본성과 자연 세계 이외에 하나님의 특별한 계시가 필요하다는 점을 또한 강조해 왔다. 구약성경은 하나님께서 인간들을 찾아오셔서 그들과 언약을 맺으시고 그 언약을 신실하게 지키심으로써 자신이 어떤 하나님인지를 계시하신 이스라엘의 역사를 증언하며, 신약성경은 예수 그리스도 안에서 성령을 통해 자신

---

[20] 유명한 영국의 기포드(Gifford) 강좌는 기독교의 자연신학 전통을 보여 주는 대표적인 강좌이다.

을 결정적으로 계시하신 하나님을 증언한다. 이 예수 그리스도 안에서의 하나님의 계시를 기독교는 특별계시라고 부른다. 예수 그리스도 안에서 계시된 하나님은 창조자 하나님임과 동시에 온 인류를 죄로부터 구원하시는 구원의 하나님이다.

여기서 다시금 기억해야 할 점은 이와 같은 계시신학이 자연신학과 반드시 양립 불가능할 이유가 없다는 점이다. 인간의 유한한 본성과 자연 세계를 통한 하나님 인식은 불충분하고 모호하며 더욱이 인간의 죄로 인해 심하게 왜곡된 것이 사실이다. 그러나 하나님의 형상으로 지음을 받은 인간에게 본성적으로 하나님을 알 수 있는 능력이 주어져 있으며, 이 형상이 죄로 인해 완전히 파괴될 수 없다면, 자연신학의 가능성은 희미하게나마 열려 있다고 할 수 있다. 만일 우주에 관해 연구하던 천체물리학자가 우주의 신비에 경탄한 나머지 우주를 통해 우주를 창조한 창조자 하나님의 숨결과 손길을 느끼게 되었다면, 그의 하나님 인식이, 그가 예수 그리스도 안에 나타난 구원의 하나님을 알지 못하는 한 아직 매우 희미하고 불충분한 하나님 인식이라고 하더라도, 반드시 창조자 하나님에 대한 기독교의 인식과 대립되는 환상이라고 주장할 수 있는 근거는 없다.

자연신학은 하나님의 계시(특별계시)를 통한 믿음 안에서 기독교 자연신학이 된다. 예수 그리스도 안에 나타난 하나님의 계시는 인간 안에 하나님의 형상을 회복시켜 자신의 자연적 본성과 세계를 통해 하나님을 인식할 수 있게 하며 또한 하나님에 대한 인식 안에서 자신과 세계를 올바로 인식할 수 있게 해 준다. 창조주와 구속주 하나님에 대한 인식 안에서, 우리는 자연 세계 안에서 자연 세계 너머의 창조주 하나님을 가리키는 표지들을 더욱 분명히 발견할 수 있으며, 자연 세계를 단지 죽어있는 물질이나 인간의 역사적 드라마가 펼쳐지는 무대로서가 아니라 하나님의 영광을 찬양하는 살아 있는 창조 세계로 인식할 수 있다. 자연 세계를 하나님의 영광을 위해 지음을 받은 창조 세계로 이해할 때, 인간은 욕망의 충족을 위해 자연을 임의로 변형시키려는 욕구로부터 자유로워질 수 있으며, 자연 세계를 통해 그리고 자연 세계와 함께 하나님께 영광을 돌려드릴 수 있다.

5. 인간의 죄의 실존

하나님의 형상과 죄는 서로 대립된다. 선과 악이 함께할 수 없듯이 하나님의 형상과 죄는 함께할 수 없다. 그럼에도 불구하고 한 인간 안에는 선과 악이, 하나님의 형상과 죄가 함께 있다. 왜냐하면 인간 안의 하나님 형상은 완성된 형태로 주어진 것이 아니라 미래에 완성될 운명으로 주어진 것이며, 따라서 이생에서는 언제나 불완전하기 때문이다. 최초의 인간(아담)이 죄를 지음으로써 하나님의 형상을 완전히 상실했으며, 따라서 그 후의 모든 인간은 하나님의 형상이 없는 인간, 즉 선은 행할 수 없고 오직 죄만 행할 수밖에 없는 인간으로 태어난다는 생각은 지나치게 비관적인 생각이다. 아담 이후에 타락한 인간에게는 하나님의 형상이 없다는 생각은 성경적인 생각이 아니다. 창세기 9 : 6은 "다른 사람의 피를 흘리면 그 사람의 피도 흘릴 것이니 이는 하나님이 자기 형상대로 사람을 지으셨음이니라"라고 말씀하는데, 이 본문은 아담 이후에도 인간이 여전히 하나님의 형상을 가지고 있음을 보여준다. 인간의 하나님 형상이 종말론적 미래에 온전히 성취될 운명이며, 지상의 인간의 하나님 형상이 언제나 불완전할 수밖에 없다면, 인간이 하나님의 형상과 죄를 동시에 가지고 있다는 사실은 매우 역설적이긴 하지만 결코 불합리하거나 이상한 일이 아니다. 맥그래스도 인간 안에 하나님의 형상과 죄가 동시에 있다고 말한다. 그에 따르면 하나님의 형상은 우리가 위를 지향해야 할 필요성, 즉 하나님의 사랑을 붙잡아야 하고 그 사랑에 붙잡혀야 할 필요성을 가리키며, 죄는 이끌리고 끌려가는 우리의 어두운 성향을 가리킨다.[21] 인간 안에서 하나님의 형상과 죄는 서로 대립하는 가운데 함께 있다.

죄란 무엇인가? 바울은 죄가 육신, 즉 세상적 욕망을 따라 사는 것이라고 정의한다(롬 8:5-14). 죄란 단지 개인적인 행위일 뿐 아니라 근원적인 인간의 상태를 가리킨다. 폴 틸리히는 타락을 소외의 실존으로 정의한다. 즉, 인간은 하나님과 자신과 이웃(세상)으로부터 소외되었다. 그는 죄의 본질을 불신앙, 교만, 정욕으로 보았다. 불신앙은 인간이 하나님으로부터 돌아서서 자기중심적인 실존을 추구하는 것이다. 교만은 인간이 자신의 유한성을 부인하고 자기를 높여 하나님처럼 되어보고자 하는 것이다. 정욕은 인간이 세계를 자아 안으로 끌어들여 자기를 확장하려는 욕구를 말한다.[22] 판넨베르크는 죄를 우리의 미래의 운명, 즉 하나님의 형상의 완성을 향해 가는 역사적 과정에서 우리를 이탈시키는 것으로 보았다. 그에 따르면 우리의 운명, 즉 하나님의 형상은 하나님과의 교제에 있기 때문에 죄는 하나님과의 교제로부터 분리시키는 것을 의미한다.[23] 죄란 하나님의 형상으로서의 인간의 참 목표 성취를 가로막는 인간 본성 안의 결함을 가리킨다. 인간 안의 하나님 형상이 하나님과 세상(이웃)과 미래와의 관계 속에서의 자기초월적 개방성으로서의 믿음과 사랑과 소망에 있다면, 하나님의 형상에 대적하는 죄는 그 세 차원의 관계 속에서의 자기중심적 폐쇄성으로서 불신앙과 미움과 절망에 있다고 할 수 있다.[24]

---

21) 맥그래스, 「인간 Great Mystery」, pp. 231-232.
22) Paul Tillich, *Systematic Theology*, 3 vols. (Chicago : The University of Chicago, 1951-1963), Ⅱ, pp. 29 이하.
23) Pannenberg, *Systematic Theology*, Ⅱ, p. 248.
24) 이에 대해서는 윤철호, 「기독교 신학개론」, pp. 198-200을 참고하라.

구약성경학의 관점에서, 창세기 3장의 아담의 타락 이야기(J문서)는 죄의 인과적 기원에 대한 역사적 기술이라기보다는 죄의 비극적 보편성에 대한 상징적 묘사로 보는 것이 적절하다. 하지만 바울은 죄의 보편성을 역사적 관점에서 표현했다. 즉, 그는 모든 사람의 죄가 아담의 타락에서 기인한다고 기술했다(롬 5 : 12). 이 바울의 표현에 근거해서 기독교의 전통적인 원죄 교리가 생겨났다. 즉, 아담의 원죄로 인해 인간은 태생적으로 거스를 수 없는 악을 향한 성향을 가지고 태어난다는 것이다. 바울은 선을 이루는 것이 옳은 것임을 알면서도 악을 따라가는 인간의 모순적인 이중적 실존을 이렇게 표현했다. "내가 원하는 바 선은 행하지 아니하고 도리어 원하지 아니하는 바 악을 행하는도다"(롬 7 : 19).

맥그래스는 원죄 개념이 폭력과 자기중심성에 대한 유전학적 고찰과 일치한다고 본다.[25] 유전학에 따르면 인간은 자신을 지배하는 내적인 유전적 성향을 가지고 태어난다. 진화생물학의 관점에서 보자면 죄는 인간이 유전자의 생존 본능에 따라 사는 것이라고 할 수 있다. 인간은 진화 과정에서 다른 동물과 종들을 제압하고 생존 투쟁에서 승리함으로써 살아남았다. 그리고 이 과정에서 인간의 유전자는 생존 투쟁에서 경쟁자들을 이기고 살아남도록 진화하였다. 인간이 철저히 이기적 유전자의 지배를 받는다는 도킨스의 견해는 인간이 원죄의 유전적 영향 안에 있다는 기독교의 원죄 교리와 유사한 점이 있다.[26]

우리는 선한 인간과 악한 인간을 이분법적으로 구별하는 데 익숙해 있다. 그러나 이 구별은 절대적인 것이 아니라 상대적인 것이다. 즉, 완전히 선한

---

25) Ibid., pp. 238-239.
26) 물론 이 유사성은 인간 안의 하나님 형상의 상실을 초래한 타락이라는 역사적 사실을 전제하지 않는 한도 내에서 말해질 수 있다.

인간과 완전히 악한 인간이 있는 것이 아니라 상대적으로 좀 더 선한 인간과 상대적으로 좀 더 악한 인간이 있을 뿐이다. 모든 인간 안에는 선한 마음과 악한 마음이 함께 있으며, 따라서 때에 따라 선한 행동도 하고 악한 행동도 한다. 어떤 경우에는 선한 마음이 악한 마음을 누르고 선한 행동을 하지만 또 다른 경우에는 악한 마음이 선한 마음을 누르고 악한 행동을 한다. 또 선한 마음으로 행한다고 하지만 무의식 속에 악한 마음이 혼재되어 있는 경우도 있다. 선한 마음과 악한 마음이 공존하고, 선과 악을 교호적으로 행하는 모순적인 존재인 인간은 티끌만큼의 악도 용납할 수 없는 거룩하신 하나님 앞에서 예외 없이 모두 죄인이다.

한 인간이 경우에 따라 선한 마음으로 선한 행동을 할 수도 있고 반대로 악한 마음으로 악한 행동을 할 수도 있다는 사실은 인간이 자유로운 결정을 할 수 있는 의지를 가지고 있음을 함축하는 것처럼 보인다. 그렇다면 과연 인간은 어느 정도의 자유의지를 가지고 있는가? 아우구스티누스는 인간 안에 있는 두 가지 의미의 의지를 구별한다.[27] 하나는 '아비트리움'(arbitrium)이다. '아비트리움'은 여러 가지 대안들 가운데 자유롭게 선택하는 자유의지를 의미한다. 이 의지는 인간의 자연적 본성으로서 결코 상실되지 않는다. 다른 하나는 '볼룬타스'(voluntas)다. '볼룬타스'는 행복을 위한 자유로운 사랑의 선택으로서, '아비트리움'의 행사를 위한 기초를 제공한다. 그런데 인간(아담)은 '볼룬타스'로 참된 행복의 기초인 하나님을 자유로운 사랑 가운데 선택하지 않고 피조물(그 자신)을 선택함으로써 새로운 방식으로 자신을 구성했다. 즉, 그는 여러 대안 가운데 자유롭게 선택하는 '아비트리움'은 유지했지만, 이 '아비트리움'은 하나님이 아니라 자신을 사랑하는 자로서의 자유

---

[27] 이에 대해서는 데이비드 H. 켈시, "인간," 피터 C. 하지슨, 로버트 H. 킹, 「현대기독교조직신학」(서울 : 한국장로교출판사, 1999/2015), pp. 268 - 269를 참고하라.

의지일 뿐이다. 이와 같은 설명을 통해 아우구스티누스는 타락으로 인해 하나님의 형상이 손상된 인간의 기형화, 즉 의지가 죄의 굴레에 사로잡혀 있는 인간의 모습을 표현했다. 즉, 타락으로 인해 하나님의 형상이 손상되고 죄의 굴레에 사로잡혀 기형화된 인간은 자신을 사랑하기 위한 자유의지는 갖고 있지만 하나님을 사랑하기 위한 자유의지는 갖고 있지 못하다는 것이다.

이와 같은 아우구스티누스의 인간과 죄에 대한 이해는 매우 현실주의적이다. 이미 언급한 바와 같이 인간은 한편으로는 죄를 지음과 동시에 다른 한편으로는 여전히 하나님의 형상을 지니고 있다. 인간에겐 여전히 자신의 본성 안에 하나님을 찾고 갈망하는 종교성이 남아 있으며, 이 인간의 영적 실존이 하나님의 형상으로서 인간의 인간다움을 구성한다. 그러나 인간 안에서의 영과 육 또는 선과 악의 갈등은 예수 그리스도 안에서 하나님의 형상을 회복한 그리스도인 안에서도 완전히 극복되지 않는다. 오히려 그리스도인은 자신 안에 하나님의 형상이 회복됨으로 인해서 더욱 자신 안에서의 영과 육 또는 선과 악의 갈등을 민감하게 느낀다. 원하는 바 선은 행하지 않고 원하지 않는 바 악을 행한다는 탄식은 단지 예수 그리스도를 만나기 전의 탄식이 아니라 그 이후의 더욱 애절한 탄식이기도 하다.

자신 안에 있는 역설 또는 이중적 모호성을 인식하지 못하는 인간이 추구하는 모든 외적인 제도적 개혁은 결국 실패할 뿐이다. 라인홀드 니버가 지적했듯이 인간이 만든 제도의 결함은 결국 인간 본성 자체의 결함에서 비롯된다.[28] 20세기에 인류는 근대를 지배했던 인간에 대한 낙관주의와 역사에 대한 진보주의 신화가 무참하게 깨어지는 것을 경험했다. 아우슈비츠의 비극이 자신을 미신에서 벗어난 이성적 인간으로 자부했던 '너무도 인간적인 사

---

28) Richard Crouter, *Reinhold Niebuhr on Politics, Religion, and Christian Faith*(New York : Oxford University Press, 2010), pp. 101-102.

람들'에 의해 저질러졌다는 사실은 그러한 비극이 앞으로 언제라도 다시 일어날 수도 있다는 불편한 진실을 함축한다.

6. 인간의 구원과 종말론적 운명

기독교는 예수 그리스도를 통한 구원의 복음을 선포한다. "곧 누구든지 주의 이름을 부르는 자는 구원을 받으리라"(롬 10 : 13). 바울은 예수 그리스도의 십자가와 부활을 통한 구원의 복음을 화해의 관점에서 증언한다. "우리가 원수 되었을 때에 그의 아들의 죽으심으로 말미암아 하나님과 화목하게 되었은즉 화목하게 된 자로서는 더욱 그의 살아나심으로 말미암아 구원을 받을 것이니라"(롬 5 : 10). 예수 그리스도를 통한 구원의 복음 중심에 구속(또는 대속)교리가 있다. 즉, 예수 그리스도가 모든 인간의 죄를 대신해서 십자가에서 죽으심으로써 우리가 하나님의 의를 힘입어 의롭게 되었다는 것이다. "하나님이 죄를 알지도 못하신 이를 우리를 대신하여 죄로 삼으신 것은 우리로 하여금 그 안에서 하나님의 의가 되게 하려 하심이라"(고후 5 : 21). 마틴 루터는 예수 그리스도를 믿음으로 말미암아 그분의 대속의 죽음 안에 나타난 하나님의 의를 힘입어 의롭게 된다는 '이신칭의'(以信稱義, justification by faith) 교리를 주창했다. 이 교리에 따르면 예수 그리스도는 죄인들의 죄를 대신 지고 죽음을 당하심으로써 우리에게 하나님의 의를 전가해 주신다. 바르트의 표현을 빌리면 심판자(The Judge)가 피심판자(The Judged)가 되어 우리 대신 심판당함으로써 우리에게 하나님의 의를 부여해 주었다.29) 이 '즐거운 교환'이 십자가에서 일어났다.

'칭의' 또는 '중생'(거듭남)으로 표현되는 우리의 구원 경험에 있어서 구원은 하나님으로부터 즉각적으로 주어진다. 그러나 이것은 우리의 실존이 악을 행하는 육신으로부터 즉시 완전히 해방되고 또한 우리 안의 하나님 형상이 즉시 완성된다는 것을 의미하지는 않는다. 아우구스티누스는 구원받은 그리스도인의 실존을 치료를 받으며 회복 가운데 있는 사람으로 비유했다. 우리는 아직 몸이 아프지만 치유가 진행되고 있으며 완전히 건강해질 것이라는 소망 가운데 있다. 루터는 이를 '의인이면서 동시에 죄인'(simul justus et peccator)이라고 표현했다. 새 아담인 예수 그리스도 안에 사는 그리스도인의 삶에도 여전히 옛 아담의 영향력이 남아 있다. 우리 안에서는 아직도 이기적이고 투쟁적인 생존 본능의 유전자가 영향력을 행사하고 있다. 우리 안에서는 아직도 불신앙과 교만과 정욕이 완전히 죽지 않고 꿈틀거리고 있다. 우리 안에서는 아직도 날마다 영과 육이 투쟁하고 있다. 여전히 우리 자신의 힘만으로는 우리의 육신, 즉 옛사람과의 싸움에서 이기는 것이 매우 어렵다. 우리에게는 성령의 도우심이 꼭 필요하다.

이레네우스는 예수 그리스도가 성취한 구원을 '총괄갱신'(recapitulation)이란 개념으로 표현했다. 이 개념은 그리스도가 아담이 일찍이 좌절시킨 근원으로 돌아가서 그것을 다시 회복시켰다는 의미와 아울러 창조의 완성과 신화(deification)의 의미도 함께 포함하고 있다.30) 즉, 총괄갱신은 예수 그리스도가 아담 이래로 파멸을 향해 나아가던 인간의 역사 전체를 총괄하여 하나님이 창조하신 인간의 본래 목표, 즉 하나님 형상의 완성을 향해 나아가도

---

29) Karl Barth, *Church Dogmatics*, IV/1, pp. 256 - 257.
30) Irenaeus, *Proof of the Apostolic Preaching*, trans. Joseph Smith(Westminster, MD : Newman Press, 1952), 32, p. 68 ; Dai Sil Kim, "Irenaeus of Lyons and Teilhard de Chardin ; A Comparative Study of 'Recapitulation' and 'Omega'," *Journal of Ecumenical Studies*(13. 1, 1976), pp. 69 - 93.

록 새롭게 갱신했다는 의미다. 판넨베르크에 따르면 하나님 형상의 종말론적 완성을 선취한 예수 그리스도의 역사 안에서 세계의 종말론적 미래가 구원으로 도래했으며, 하나님 형상의 종말론적 완성을 향한 인간의 본래적인 역사적 과정이 회복되었다.[31] 종말론적 운명을 향한 역사적 과정 안에 있는 우리 안에는 여전히 선과 악이 공존하며 하나님의 형상과 죄가 함께 있다. 우리는 여전히 수시로 넘어지고 실패를 반복하는 연약한 존재들이다. 그럼에도 하나님께서는 이와 같은 우리를 늘 다시 일으켜 세워 주시고 종말론적인 구원의 완성을 향해 나아가도록 이끌어 가신다. 하나님의 은혜로 홍해를 건너 애굽으로부터 해방되었지만 약속의 땅 가나안에 들어가기 위해 힘들고 험한 광야의 길을 가야 했던 이스라엘 민족처럼, 그리스도인은 하나님의 은혜로 의롭게 되고 구원받았지만 미래의 종말론적 운명, 즉 하나님 형상의 완성에 이르기 위해 세상에서의 고되고 힘든 성화의 여정을 지나야 한다. 이 여정에서 우리의 거듭되는 실패에도 불구하고 하나님께서는 자신이 시작하신 구원의 역사를 끝까지 이루실 것이다. "너희 안에서 착한 일을 시작하신 이가 그리스도 예수의 날까지 이루실 줄을 우리는 확신하노라"(빌 1 : 6).

신약성경은 종말론적 미래와 관련하여 죽은 자의 부활, 예수 그리스도의 재림, 최후의 심판, 하나님 나라, 영생 등 여러 가지의 표상들을 보여 준다. 이 표상들 가운데 가장 중심적인 것은 하나님 나라다. 하나님 나라는 예수 그리스도 안에서 역사 속에 선취적으로 도래했으며, 종말론적 미래에 완성될 것이다. 예수 그리스도의 부활은 종말에 일어날 보편적 부활의 역사 내적 선취 사건으로서 그리스도인들의 미래의 부활의 약속과 보증이 된다. 종말론적 미래의 하나님 나라에서 하나님의 형상으로서 인간의 궁극적인 목

---

31) Pannenberg, *Systematic Theology*, III, p. 550.

표는 그리스도 안에서 성령에 의해 삼위일체 하나님의 인격적 실존, 즉 공감적 사랑의 페리코레시스 안에서의 친교적 연합에 참여하는 것이다. 영원하신 하나님과의 교제 안에서 하나님의 성품에 참여함으로써(벧후 1 : 4) 인간의 하나님 형상은 최종적으로 완성될 것이다. 이 인간의 하나님 형상이 종국적으로 완성되는 단계에서 자기초월적 개방성 안에서의 믿음과 사랑과 소망이 온전히 성취될 것이며, 우리는 영원한 하나님 나라에서 믿음, 소망, 사랑 안에서 영원한 생명을 누리게 될 것이다(고전 13 : 13).

종말론적 미래의 하나님 나라에서는 인간의 운명뿐만 아니라 전 창조 세계의 운명이 완성될 것이다. 그때에는 옛 하늘과 땅이 없어지고 새 하늘과 새 땅이 임할 것이다. "또 내가 새 하늘과 새 땅을 보니 처음 하늘과 처음 땅이 없어졌고 바다도 다시 있지 않더라"(계 21 : 1). 그리고 그때에는 하나님께서 만유의 주로서 만유 안에 충만하게 거하실 것이다. "만물을 그에게 복종하게 하실 때에는 아들 자신도 그때에 만물을 자기에게 복종하게 하신 이에게 복종하게 되리니 이는 하나님이 만유의 주로서 만유 안에 계시려 하심이라"(고전 15 : 28). 그리고 또한 그때에는 인간과 모든 창조 세계가 세세토록 하나님께 영광을 돌림으로써 하나님의 영광에 참여할 것이다. "아멘 찬송과 영광과 지혜와 감사와 존귀와 권능과 힘이 우리 하나님께 세세토록 있을지어다 아멘"(계 7 : 12).

7. 결론

인간은 정신과 육체가 불가분의 관계 속에 상호작용하는 전일적 존재이다. 인간의 정신은 육체로부터 창발하며 육체에 의해 매우 심대한 영향을 받는다. 그러나 정신은 단지 육체에 의해 결정되지는 않고 오히려 육체를 통제하고 의도된 목적을 위해 육체를 사용할 수 있다. 이런 의미에서 인간은 정신적 또는 영적 존재라고 할 수 있다. 인간 안의 하나님 형상의 본질적인 특징은 인간이 관계적 존재라는 사실에 있다. 무엇보다 하나님의 형상은 인간이 하나님과 인격적 관계 안에서 교제할 수 있는 존재로 창조되었다는 사실에 있다. 하나님과의 인격적 교제의 자리가 인간의 영혼(정신)이다. 인간 안의 하나님 형상은 하나님과 세상(이웃)과 미래와의 관계 속에서의 자기초월적 개방성, 즉 믿음과 사랑과 소망으로 정의될 수 있다. 이 하나님 형상은 완전한 형태로 주어진 것이 아니라 종국적으로 완성되어야 할 운명으로 주어졌다. 세 위격의 페리코레시스, 즉 공감적 사랑 안에서 친교적 연합을 이루시는 삼위일체 하나님 안에 참여하는 것이 인간의 하나님 형상의 궁극적 운명이다.

하나님의 형상으로 창조된 인간의 자연적 본성과 하나님의 은혜는 대립적이거나 배타적인 관계에 있지 않다. 인간이 하나님의 형상으로 창조되었다는 것은 인간이 본성적으로 하나님을 찾고 하나님과의 관계를 갈망하도록 창조되었다는 것을 의미한다. 하나님과의 교제의 운명을 향한 인간의 성향은 인간의 외부로부터 오는 것이 아니라 인간의 자연적 본성에 내재해 있다. 그리고 하나님의 창조에 의해 주어진 이 자연적 본성은 인간의 죄에 의해 심대하게 훼손되었음에도 불구하고 완전히 파괴될 수는 없다. 하나님의 창조는 인간의 죄에 의해 완전히 파괴되지 않는다. 따라서 하나님의 은혜에 기초한 계시신학과 인간의 피조적 본성에 기초한 자연신학은 반드시 서로 배타적이어야 할 이유가 없다. 계시는 온전한 기독교 자연신학을 가능케 한다. 특히 오늘의 과학시대에 신학은 자연과학과 열린 대화를 통해 범우주적 차원의 기독교 자연신학의 전망을 수립해야 한다.

우리 인간 안의 하나님 형상은 언제나 불완전하다. 하나님의 형상은 종말론적 미래에 성취될 운명으로서 현재는 언제나 불완전하기 때문에, 인간은 하나님의 형상과 죄를 동시에 지닐 수밖에 없는 모순적 존재다. 우리를 향한 하나님의 구원(칭의)은 즉각적으로 주어짐에도 불구하고, 우리 안에는 여전히 육신, 즉 옛사람의 힘이 작용한다. 자기중심적 폐쇄성으로서의 죄, 즉 불신앙과 미움과 절망은 이생에서의 우리의 삶 속에서 완전히 극복되지 않는다. 그러나 우리가 수시로 넘어지고 실패를 거듭함에도 불구하고, 하나님께서는 무한하신 사랑과 지혜 안에서 우리를 종말론적 구원의 완성을 향해 인도해 가신다. 우리 안의 하나님 형상이 종국적으로 완성되는 종말론적 하나님 나라에서 우리는 완전한 믿음과 사랑과 소망 안에서 영생을 누리게 될 것이다.

마지막으로, 인간에 대한 고찰을 끝맺으면서 오늘날의 인간 현실에 대한 올바른 인식과 기도의 필요성을 다시 한 번 강조할 필요가 있다. 오늘날 우리 사회에서는 과학기술에 의한 유토피아의 실현을 약속하는 테크노피아의 신화가 미신처럼 확산되고 있다. 미래학자들은 생명 공학, 인공 지능, 로봇 공학 등의 가속적 발전을 통해 호모사피엔스로서의 인간의 생물학적 한계를 초월하는 포스트휴먼의 시대가 멀지 않아 도래할 것으로 전망한다. 이러한 때에 우리는 우리 자신 안에 있는 악의 실체를 다시금 새롭게 인식해야 한다. 우리 인간은 진화의 역사 속에서 유례없는 폭력적인 방식으로 다른 생물들을 멸종시키고 살아남아 번성한 종이다. 우리 인간은 오늘날 돌이킬 수 없을 정도로 자연환경을 파괴하고 지구의 생태계를 파괴하고 있는 장본인이다. 오늘날 세계에는 인류뿐만 아니라 지구 전체의 생명체를 파멸시킬 수 있는 가공할 위력의 핵무기가 개발·비축되어 있다. 전 세계적으로 비축된 엄청난 수의 핵탄두가 국가 지도자의 순간적인 오판에 의해 언제라도 전 지구를 재앙에 빠뜨릴 수 있는 가능성이 상존한다.[32] 우리가 아우슈비츠의 교훈을 잊는다면 우리는 다시금 돌이킬 수 없는 전 지구적인 묵시적 종말을 맞이할 수도 있다. 그때에는 우리가 아무것도 되돌리거나 다시 시작할 수 없을 것이다.

이와 같은 시대에 우리 인간에겐 창조주 하나님의 피조물로서 우리 자신의 유한성에 대한 인식과 아울러 우리 안에 있는 이중적 모호성 또는 죄성에 대한 인식이 절실히 요청된다. 그리고 이 유한성과 이중적 모호성 또는 죄성 안에 있는 우리에게는 성령의 도우심을 구하는 기도와 더불어, 인간과 자연 세계의 모든 생명을 회복하고 살리기 위한 실천적 노력이 그 어느 때보다 더욱 절실히 요구된다. "주여 저희를 불쌍히 여겨 긍휼과 자비를 베풀어 주시옵소서!"(Kyrie eleison!)

---

[32] 스톡홀름국제평화연구소(SIPRI)는 2018년 초 현재 세계 핵 보유 9개국이 비축하고 있는 전 세계 핵 탄두 숫자는 1만 4,465기라고 동년 6월 18일 밝혔다. 9개국은 미국, 영국, 프랑스, 중국, 러시아, 인도 및 파키스탄, 이스라엘, 북한 등이다. http : //www.sisaweekly.com/sub_read.html?uid=22929.

7장

교회론

최윤배(장로회신학대학교)

1. 성경에 나타난 교회

1) 구약성경에 나타난 교회

우리가 보통 성경적 관점에서 교회에 대해 언급할 때, 우리의 주된 관심은 신약성경에 있을지라도, 성경적 관점에서 말하는 교회는 구약성경에서 말하는 교회를 무시하거나 배제하는 것으로 이해되어서는 안 된다. 왜냐하면, 이미 구약시대에도 '광야 교회'(행 7 : 38)가 있었고, 신약성경에 나타난 교회는 구약성경에 나타난 '하나님의 백성'과 상호 분리될 수 없는 밀접한 관계 속에 있기 때문이다.

구약성경에서는 선택된 백성, 곧 선민(選民)으로서의 이스라엘 '백성'을 위해서는 히브리어 '암'(עַם)을 사용하고, 이스라엘 이외의 다른 백성들과 민족들을 위해서는 '고임'(goyim ; גּוֹיִם)을 사용한다. 그런데 구약성경의 헬라어 성경인 70인경(Septuaginta ; LXX)은 '암'을 '라오스'(λαός)로 번역하고, '고임'을 '에쓰노스'(ἔθγος)로 번역하여 사용함으로써, 이 둘 사이를 더욱 분명하게 구별하고 있다.[1]

'하나님의 백성'이라는 말은 하나님과 특별한 관계 속에 있는 백성을 뜻한다. "너는 네 하나님 여호와의 성민(聖民)이라 여호와께서 지상 만민 중에서 너를 택하여 자기 기업의 백성으로 삼으셨느니라"(신 14 : 2 ; 참고. 신 26 : 16-19). 선민으로서의 이스라엘은 자신의 신분에 걸맞는 책임과 의무도 가지고 있다. "너희는 나에게 거룩할지어다 이는 나 여호와가 거룩하고 내가 또 너희를 나의 소유로 삼으려고 너희를 만민 중에서 구별하였음이니라"(레 20 : 26 ; 참고. 레 19 : 2). 한 걸음 더 나아가 구약성경은 하나님께서 특별히 이스라엘 백성에게만 부여하시는 특권과 책임과 의무에도 불구하고, 하나님은 다른 많은 백성들에게도 관심을 갖고 계신다는 사실을 말씀하고 있다. "그날에 많은 나라가 여호와께 속하여 내 백성이 될 것이요 나는 네 가운데에 머물리라 네가 만군의 여호와께서 나를 네게 보내신 줄 알리라"(슥 2 : 11 ; 참고. 사 45 : 23, 56 : 6-8).

구약성경에서 '카할'(קָהָל)은 '교회' 또는 '회중'을 지칭하는 단어로 사용된다. 이 단어와 함께 구약에서의 교회는 하나님의 백성이 다 함께 한곳에 모여 하나님께 예배드리는 '예배 공동체'의 특징을 가지고 있다. 하나님께서 이 회중의 한가운데 임재하시고, 하나님의 백성들은 예배를 통해서 점점 더

---

1) Gerhard Kittel(Hrg.), *Theologisches Wörterbuch zum Neuen Testament*(=TWNT), IV(Stuttgart : W. Kohlhammer Verlag), 34.

거룩해진다. "여호와께서 이 모든 말씀을 산 위 불 가운데 구름 가운데 흑암 가운데에서 큰 음성으로 너희 총회(קָהָל)에 이르신 후에 더 말씀하지 아니하시고 그것을 두 돌 판에 써서 내게 주셨느니라"(신 5 : 22). "솔로몬이 여호와의 제단 앞에서 이스라엘의 온 회중과 마주서서 하늘을 향하여 손을 펴고"(왕상 8 : 22), "회중은 여호와 앞에 나아와서 그를 찬송하고"(시 22 : 23, 26). 여기에 남녀노소 모두가 참여했다(느 8 : 3). 그럼에도 불구하고, 여기에서 특정한 질병을 가진 사람이나 일부 민족들은 총회로부터 배제되기도 했다(신 23 : 1-8). 구약성경에서 이스라엘 백성 전체와 회중이 긴밀한 관계에 있음에도 불구하고, 이스라엘 백성과 회중이 서로 완전히 일치를 이룬 것은 아니었다. 언약(계약) 공동체는 항상 선택된 자들보다 더 많았다. 오늘날의 말로 하면, 언약 공동체인 교회 안에서도 항상 선택받지 못한 가라지가 있다는 사실이다. 바벨론 포로 이후에 이스라엘은 '회당'(συναγωγή)에서 모였다. 회당은 주로 '가르치는 집', '기도하는 집'으로 통용되었다.

2) 신약성경에 나타난 교회

신약성경에서 '교회'는 헬라어로 '에클레시아'(ἐκκλησία)로 표기되었다. 이 단어는 사도행전 19 : 40의 '군중의 모임'의 이름과는 다르다. 헬라어 구약성경인 70인경에서 '에클레시아'라는 단어가 약 100회 정도 발견되는데, 이 단어는 주로 구약 히브리어 성경에 나타난 '카할'로부터 번역되었다. 헬라어 '에클레시아'라는 용어는 기본적으로 모든 종류의 '모임', '집회'라는 뜻을 지니고 있었다(신 9 : 10 ; 왕상 8 : 65). 이 용어는 '주님의'(ἐκκλησία τοῦ κυρίου, 신 23 : 2f), '이스라엘의'(왕상 8 : 14), 또는 '거룩한 자들의'(시 89 : 5) 등의 말과 함께 사용되어 신학적인 의미를 가지게 되었다.

다시 말하면 주님 또는 하나님에 의해서 불러 모아진 '모임'이라는 것이다. '쉬나고게'(συναγωγή)의 용법도 70인경에서는 에클레시아와 비슷하게 구약 히브리어 '카할'의 번역어로 사용되었다.

영어의 '처치'(church)라는 단어는 헬라어 형용사 '주님의 것인'(κυριακός =kuriakos), '주님에게 속한'이란 단어로부터 파생되었다. 이 형용사는 신약성경에서는 '주의 만찬'(고전 11 : 20), '주의 날'(계 1 : 10) 등의 구절에서 발견될 뿐, 그리스도인 공동체에서는 사용되지 않고 있었다. 무엇보다도 신약성경은 '에클레시아'가 '부활하신 그리스도'의 공동체라는 사실을 증거하고 있다. 이 말은 예수님의 지상 활동 기간에 교회의 기초가 사도들 위에 기초되었다는 것을 부정하는 것이 아니며, 고대 이스라엘과 어떤 연속성이 없음을 주장하는 것도 아니다. 다시 말하면, 예수 그리스도의 부활에 대한 경험을 통해서 신약의 교회가 탄생하고, 부흥하고, 발전했지만, 이 신약의 교회는 사도들 및 구약의 이스라엘과 연속선상에 서 있다는 것이다.

사복음서에서는 '교회'라는 낱말 자체가 아주 가끔 나타난다(마 16 : 18 ; 마 18 : 17). 왜냐하면 복음서는 교회를 주로 예수님께서 선포하셨던 하나님의 나라와 밀접하게 연관시켜 이해하고 있기 때문이다. 우리가 알고 있다시피 비록 하나님의 나라와 교회는 직접적으로 밀접한 관계 속에 있을지라도, 하나님의 나라와 교회가 100% 완전히 일치하는 것은 아니다. 하나님의 나라는 교회 이상(以上)을 포괄하고 있다. 교회가 하나님의 나라 자체를 대체하는 것이 아니다. 하나님의 나라는 메시야의 나라이고, 그리스도의 교회는 메시야의 백성이다. 메시야는 자신에게 속한 백성을 가지고 있고, 자신의 백성을 죄로부터 구원하기 위해서 오셨다(마 1 : 21). 메시야는 자신에게 속한 교회를 가지고 있다. 메시야이신 예수님께서 자신의 교회를 세우실 것이라고 약속하셨다(마 16 : 18). 예수님을 그리스도, 곧 메시야로 믿는 자들이 하나님의 백성이다. 교회에 가장 본질적인 것은 성령과 말씀을 통한 그리스도와의 연합과 결합과 결속이다(요 10장, 15장, 6 : 68). 교회는 하나님의 나라의 계시와 성장과 미래를 통해 다양한 국면 속에 감싸져 있다.

사도행전은 성령과 말씀을 통해서 성립된 신약 교회에 대한 중요한 내용을 담고 있다. 오순절 사건 이전에 이미 '광야 교회'가 있었지만(행 7 : 38, 1 : 14-15), 성령강림을 통해서 신약 교회가 탄생하고, 증언하는 교회로 바뀌었기 때문에, 오순절 사건은 교회를 위해서 대단히 중요하다. 성령을 통해서 성도들의 '교제'(행 2 : 42)와 교회의 선교가 사도행전에서 두드러지게 나타난다.

바울서신은 구약의 약속과의 연속성 속에서 '하나님의 백성'을 말할 뿐만 아니라(고전 10 : 1-11), 이스라엘에 대한 경고와 이방인들이 포함된 신약성경적인 하나님의 백성에 대해서도 진술하고 있다(롬 9 : 6-26). 바울 사도는 그리스도의 몸(고전 10 : 17, 12 : 27 ; 엡 1 : 23, 4 : 12f ; 골 1 : 24), 하나님의 밭과 집(고전 3 : 9), 하나님의 성전(고후 6 : 16), 성령 안에서 하나님의 거하실 처소(엡 2 : 22), 살아 계신 하나님의 교회, 진리의 기둥과 터(딤전 3 : 15) 등의 다양한 표상들과 표현들을 사용하여 교회를 이해하고 있다. 그러나 바울 사도가 표현하는 세 가지의 표현들, 즉 '하나님의 백성', '그리스도의 몸', '성령의 전'이라는 표현들은 교회를 이해하는 데 매우 중요하다.

위에서 언급한 신약성경의 교회에 대한 성경 본문들을 아래와 같이 살펴볼 수 있을 것이다. 히브리서에는 하나님의 백성으로서의 교회상(敎會象)이 두드러지게 나타나며, 교회는 그리스도께서 대제사장으로 계시는 하나님의 집이다(히 4 : 1-11, 11 : 13-16, 12 : 1-13). 베드로서에서 그리스도는 머릿돌이시며(벧전 2 : 4-10), 하나님의 양(벧전 5 : 2), 택하신 족속이요, 왕 같은 제사장이요, 거룩한 나라요, 하나님의 소유 된 백성이다(벧전 2 : 9). 요한계시록에서 교회는 금 촛대이며(계 2 : 1), 신랑 되신 그리스도의 신부이다(계 22 : 17).

이상에서 언급한 교회에 대한 신약성경의 다양한 표현들과 표상(表象 : 하나님의 백성, 그리스도의 몸, 그리스도의 신부, 하나님의 집, 성령의 전과 친교 등) 들로부터 우리는 삼위일체론적으로 규정될 수 있는 교회상을 발견할 수 있을 것이다. 밀리오리(D. L. Migliore)는 신약성경이 표현하고 있는 교회에 대한 풍부한 이미지들을 네 가지 카테고리, 곧 '하나님의 백성'(people of God), '섬기는 백성'(servant people), '그리스도의 몸'(body of Christ), '성령의 공동체'(community of the Holy Spirit)로 분류했다.[2]

신약성경에서 교회(ἐκκλησία)는 보편 교회와 지역 교회 모두에 해당되고(마 16 : 18과 마 18 : 17을 비교 ; 엡 3 : 10과 살전 1 : 1을 비교 ; 골 1 : 18과 골 4 : 16을 비교), 정량적(定量的) 관계가 아니고, 질적(質的) 관계로서, 죽었다가 가 부활하신 예수 그리스도에 대한 관계가 결정적으로 중요하다(마 18 : 20).

신약성경에 나타난 교회론의 핵심 내용은 다음과 같이 요약될 수 있을 것이다. 첫째, 교회의 기원과 생존은 삼위일체 하나님의 사역이다. 하나님께서 자신을 섬기도록 자신의 교회를 모으신다. 둘째, 교회는 처음에는 주로 이스라엘의 백성 중에서, 나중에는 이스라엘 백성과 모든 백성 중에서 불러 모아졌다. 셋째, 신약성경에서 교회는 이미 도래했지만 장차 완성될 하나님의 나라와 밀접하게 연결되어 있다. 교회는 하나님 나라의 징조(徵兆) 또는 전조(前兆, sign)이다. 교회는 하나님의 나라의 은사를 가지고 살며, 영광 중에 완성될 하나님의 나라의 완성을 기다리고 있다. 넷째, '하나님의 백성',

---

[2] Daniel L. Migliore, *Faith Seeking Understanding : An Introduction to Christian Theology*, 신옥수, 백충현 공역, 「이해를 추구하는 신앙 : 기독교 조직신학 개론」(서울 : 새물결플러스, 2016), 441 – 444.

'그리스도의 몸', '성령의 전(殿)/집'과 같은 용어와 표상을 통해서 교회는 삼위일체 하나님의 사역임을 알 수 있다. 그러므로 교회는 확실한 미래를 가지고 있고, 교회는 머리로서의 그리스도와 영원한 연합의 관계 속에 있다. 그리스도는 그의 영(성령)과 말씀을 통해서 교회를 돌보시고, 통치하시고, 다스리신다. 다섯째, 그리스도와의 교제는 성령을 통한 교제이며, 바로 여기서부터 성도들 상호 간의 교제가 비롯된다. 여섯째, 교회 안에서의 모든 직분들과 봉사들은 교회의 구축과 성장을 위하고, 교회의 사명을 감당하기 위해 사용된다. 일곱째, 하나님으로부터 받은 성령의 은사는 하나님의 거룩한 백성으로서의 교회의 소명과 사명, 즉 주님을 사랑하고, 이웃과 세상에 주님을 증거하고, 이웃과 세상을 섬김으로써 하나님의 나라를 구현하기 위해 사용되어야 한다.

2. 기독교 역사(歷史) 속에 나타난 교회

1) 로마천주교회론과 계층 구조적 성직 발생

매우 초기에 이미 발생한 로마천주교회론의 특징 중에서 제일 중요한 것은 '감독'($ἐπισκοπή$, 딤전 3:1; $ἐπίσκοπος$) 제도이다. 여기에서 교회의 의미는 너무나도 중요하다. 이레네우스(Irenaeus, ?-202)는 "교회가 있는 그곳에 하나님의 영도 계신다. 하나님의 영이 계시는 그곳에 교회와 모든 은사가 있다. 그러므로 성령은 진리이다."라고 주장했다.[3] 카르타고의 키프리아

---

3) Irenaeus, *Adv. haer.*, III, 24, 1.

누스(Cyprianus, ?-258)는 교회의 통일성의 관계 속에서 감독의 직무에 강조점을 두었다. 그는 로마 감독에게 기능적인 우월권(수장권)을 부여했을지라도, 이를 사법적인 의미에서의 수장(首長)으로 결코 이해하지는 않았다. 그는 "교회를 어머니로 갖지 않는 자는 하나님을 아버지로 가질 수 없다." 라고 말했다.[4] 16세기 종교개혁자 칼뱅(Calvin, 1509-1564)도 교회론을 전개하면서, 키프리아누스의 위의 말을 직접 인용하여 '어머니로서의 교회'를 매우 강조했다.[5]

성 아우구스티누스(Augustinus, 354-430)는 교회론을 더욱 발전시켰다. 그에 의하면 교회는 성령의 교회로서 영적인 교회이며, 교회 속에 하나님의 사랑이 존재한다. 그에 의하면 교회는 그리스도의 몸이며, 이 속에서 모든 성도들은 교회의 지체를 이루고 있다. 그에 의하면 참된 성도들은 하나님에게만 알려져 있어서, 하나님 앞에서의 교회는 선택적 측면도 가지고 있지만, 지상의 교회는 기구적(제도적) 측면도 갖고 있다. 사람들이 은혜와 구원의 수단에 참여하여 은혜와 구원을 받는 장소가 바로 교회이다. 그러므로 교회의 말은 권위를 가진 말이 된다.

중세 시대에는 교황 보니파키우스 8세(Bonifacius Ⅷ, 1302)와 플로렌스 회의(1439)의 교리 결정들이 있었지만, 대체로 교회론이 거의 발전되지 않았다. 트렌트 공의회(1563)에서 서품 성사(예전)에 대한 교리는 미사 등 다른 성사들과 밀접하게 결부되었다. 교회상(敎會象)은 강력하게 계층 구조적인 성직계급 구조, 곧 교황 → 주교 → 사제 → 부사제/집사 → 신자들과 같은 순서로 배열될 수 있었다.

『트리덴트 신앙고백서』(1564)에서는 다음과 같이 기록하고 있다. "나는

---

4) Cyprianus, *De cath. eccl.unitate*, 6.
5) 최윤배, 『깔뱅신학 입문』(서울 : 장로회신학대학교출판부, 2012), 384-387.

거룩하고, 보편적이고, 사도적인 로마의 교회를 모든 교회들의 어머니와 교사로 시인합니다. 나는 로마의 교황을 복된 베드로의 계승자이며, 사도들의 지도자로, 예수 그리스도의 대리자로, 후계자로, 교사로, 참된 순종으로 시인하고 맹세합니다.""국가권력은 교회권력에 종속된다."고 주장한 벨라르민(Robert Franz Romulus Bellarmino, 1542-1621)처럼 17세기의 로마천주교회 신학자들은 로마 교황이 교회의 머리가 됨을 추호도 의심하지 않았으며, 그 교회는 심지어 지상에 있던 프랑스 공화국이나 베니스 공화국처럼 가시적이 되고, 역사화되었다. 이 같은 로마천주교회의 특징들은 다음과 같다. 첫째, 교회는 가시적인 구원의 기관이다. 둘째, 성직자들은 평신도 위에 서 있다. 이 성직 계급 속에서 주교들이 중심인물이 된다. 셋째, 보편 교회는 교황에 의해서 다스려지는 성직계급 구조에 의해서 통치된다.

최근의 로마천주교회론은 중세 시대의 교회론과 비교할 때 얼마나 발전하였는지 질문할 수 있을 것이다. 여기에 대한 답변으로 '제2차 바티칸회의'(Vaticanus II, 1962-1965)에서 '하나님의 백성'으로서의 교회라는 사상이나 로마천주교회 밖에 있는 '익명의 그리스도인' 사상 등에서 변화가 발견되지만, 본질적인 측면에서 로마천주교회의 교회론은 중세의 교회론과 '제1차 바티칸회의'(Vaticanus I, 1869-1870)에 나타난 교회론을 그대로 견고하게 유지하고 있다. 심지어 19세기 말에 개최된 '제1차 바티칸회의'에서 조차도 로마 교황의 사법적 우월성과 무오성(無誤性) 교리가 그대로 확정되어 있다. '제1차 바티칸회의' 문서가 담고 있는 몇 가지 중요한 내용들을 요약하면 다음과 같다. 첫째, 교황은 성도들의 최고 법관이다. 둘째, 교황은 최고의 교도권(교리결정권)을 갖는다. 셋째, 교황이 모든 그리스도인들의 목자와 교사로서 말할 때(ex cathedra), 모든 교회를 위해서 신앙 또는 도덕에 관계된 교리를 확정할 때, 베드로 속에서 그에게 약속된 신적 지지를 통해서 무오(無

誤), 곧 전혀 잘못을 하지 않는다. 로마천주교회는 이것을 하나님에 의해서 계시된 교리라고 부른다. 마지막 부분에서는 "이를 부인하는 자는 저주받을 지어다!"라고 선포하고 있다. 1943년 피우스 12세(Pius XII)에 의해서 '그리스도의 신비스런 몸으로서의 교회'에 대한 강조가 생겼다. 여기서 그리스도의 신비스러운 몸은 지상의 로마천주교회와 완전히 일치한다. 그리스도는 자신의 사역을 이 로마천주교회를 통해서 일하시고, 성령은 그리스도의 신비한 몸인 이 교회의 영혼이다.

20세기 중반에 개최된 '제2차 바티칸회의'의 문서 중에서 특히 『이방의 빛』(Lumen Gentium, 1964) 문서 속에 교회론이 집중적으로 나타난다. 여기서는 교황과 주교들 사이의 관계가 가장 중요하다. 교회는 신적(神的) 요소와 인간적(人間的) 요소로 구성된 복합적인 현실성이다.

이 문서의 제1장의 주된 내용은 다음과 같다. 로마천주교회 속에 성육신 하신 말씀의 신비와 상당한 유비가 존재한다(교회론의 성육신론적 확장이론, 비교 Nr. 52). 신앙의 대상으로서의 교회는 베드로의 계승자이며, 베드로의 계승자와 일치된 주교들에 의해서 통치되는 로마천주교회 속에 있다. 바로 이런 교회가 로마천주교회 속에 구체적으로 존재한다. 이 문서의 제2장에서의 내용은 다음과 같다. 하나님의 백성과 관련하여 하나님의 백성의 제사장직은 성사(성례)에 종속되어 있음을 천명한다. 결국 '이방의 빛'(Lumen Gentium)이라는 항목에서 교회론의 핵심은 성직계급 구조, 특히 주교(감독) 제도이다. 여기에서는 성경이 아니라 교회 전통이 결정적으로 중요하다. 여기에서 성직계급 구조가 교회의 본질을 이루고 있다. 신학적으로 말한다면, 교회직제절대론이 잘 나타나고 있다. 칠성례를 집례할 수 있는 성직자가 있는 곳에 교회가 있지만, 칠성례를 집례하는 성직자가 없는 곳에는 교회가 존재하지 않게 된다. 비록 주교들의 '연합체'(Kollegium) 사상이 발견될지라도,

이것은 교황의 우월성과 무오성과의 관련 속에서 이해되지 않고 있다. 여기서 교황 파울루스 6세(Paulus VI)를 비롯하여 모든 교황들은 주교들의 연합체를 우선하고, 선언하고, 명령하는 사법적 절대 우월성의 위치에 서 있다.

이 문서의 마지막에서 교회론은 마리아론으로 끝을 맺는다. 마리아는 그리스도의 편에서 교회의 동역자이고, 보호자이며, 동시에 교회의 어머니로서의 마리아는 사랑하고, 경외하고, 그녀를 닮아야 하는 교회의 모형이다. 교황은 언제나 마리아를 교회의 어머니라고 부른다. '제2차 바티칸회의' 문서 속에 세상과 타종교와 기독교(개신교)에 대한 열린 시각이 존재하고 있지만, 교회론에서 주된 흐름은 로마천주교회의 전통적 교리에 견고하게 머물러 있다.

2) 종교개혁적 교회론

마르틴 루터(Martin Luther, 1483-1546)는 영적이거나 내적 기독교 외에 거짓 그리스도인들을 포함하고 있는 기독교가 있다는 것을 인정하지만, 그에게서 교회는 본질적으로 '신자들의 모임'(Versammlung aller Gläubigen)이다. 신자들은 예수 그리스도와 함께 연합되어 있고, 예수 그리스도 안에서 상호 교통한다. 하나님의 말씀이 선포되고, 믿어지는 곳에 그리스도께서 그의 교회를 모으신다. 루터는 거룩한 백성의 특징 중에서 거룩한 하나님의 말씀의 복음적 선포가 첫째라고 말한다. "하나님의 백성이 없이는 하나님의 말씀이 존재할 수 없고, 그 반대로 하나님의 말씀이 없이는 하나님의 백성이 존재할 수 없다."[6] 교회의 가장 중요한 표지들(marks)은 복음과 성례전(세례

---

6) M. Luther, WA 50, 629.

와 성찬)이다. 복음이 존재하지 않는 곳에는 역시 교회가 없다. 루터는 로마 천주교회의 가시적인 구원 기관에 대한 그의 투쟁에서 교회와 성도들은 숨겨져 있다고 주장했다. 그러나 이것은 참 교회는 잘 인식될 수 있다는 것을 배제하는 것으로 이해되어서는 안 된다.

루터의 제자인 멜란히톤(P. Melanchthon, 1497-1560)은 『아우크스부르크 신앙고백』(1530) 속에서 확장되고 발전된 교회론을 펼쳤다. 여기서 교회는 "복음이 순전히 설교되고, 그 복음에 일치하는 성례전이 거행되는 '신자들의 모임'(Versammlung aller Gläubigen ; congregatio sanctorum)"으로 정의되어 있다. "우리는 다음의 사실도 가르친다. 한 거룩한, 기독교 교회는 모든 시대에 항상 존재하고, 존재해야 하는데, 이 교회는 모든 신자들의 모임이며, 이 교회에서는 복음이 순전히 설교되고, 그 복음에 일치하는 성례전이 거행된다." 『아우크스부르크 신앙고백』은 종교개혁 교회와 개신교회(기독교)의 두 가지 표지를 최초로 가장 잘 명료하게 정의했다고 볼 수 있다. 『쉬말칼텐 조항』(1537)은 일곱 살짜리의 아이도 교회가 무엇인지 알고 있으며, 목자의 음성을 듣는 성도들과 양(羊)들이 교회라고 고백한다.[7]

칼뱅은 그의 '영적 아버지'인 동시에 '개혁교회의 원조(元祖)'와 '칼빈주의의 시조(始祖)'로 알려진 마르틴 부처(Martin Bucer, 1491-1551)의 교회론으로부터 큰 영향을 받았다.[8] 바젤의 종교개혁자인 외콜람파디우스(J. ökolampadius, 1482-1531)는 중세에 정부나 국가만이 가지고 있던 성도들과 교회에 대한 치리권으로부터 완전히 독립된 교회가 갖는 고유한 치리권을 주장했는데, 이를 바젤에서 일시적으로 교회 안에서 실행했지만 큰 성과

---

7) *Die Bekenntnisschriften der Evangelisch - Lutherische Kirche*(1956³)(=BSLK), 459.
8) 최윤배, 「한국에서 마르틴 부처(Martin Bucer)에 대한 연구사」, 「한국조직신학논총」 제51(2018. 6), 161 ; 최윤배, 「잊혀진 종교개혁자 마르틴 부처」(서울 : 대한기독교서회, 2012), 72.

를 거두지 못하고 중단하였다. 마르틴 부처는 외콜람파디우스의 치리 개념을 그대로 수용하여 교회의 제3표지로 그의 교회론 속에 받아들였다.[9]

칼뱅에 따르면, 하나님께서 우리와 교제하시기 위한 외적 수단으로서 말씀선포(설교)와 성례전(세례와 성찬)을 주셨으며, 우리는 하나님께서 우리를 위해서 주신 하나님의 질서를 유지해야 한다. 칼뱅은 교회의 사중직(목사, 교사, 장로, 집사)과 루터와 멜란히톤처럼 교회의 두 가지 표지를 주장했지만, 마르틴 부처는 치리(권징)를 교회의 표지에 첨가하였다. 『네덜란드 신앙고백』(27-32항, 1561)과 『하이델베르크 신앙고백』(1563)도 종교개혁자들의 교회론의 전통을 잘 계승하고 있다. 오늘날의 대부분의 개신교 전통, 특히 개혁교회 전통에 서 있는 교회는 종교개혁자들의 교회관을 따르고 있다.

3) 교회론의 유형들

네덜란드의 평신도 선교학자 크레머(Hendrik Kraemer, 1900-1965)는 그의 저서 『비기독교 세계 속에서 기독교 메시지』(*The Christian Message in a Non-Christian World*, 1938)에서 세상 속, 특별히 비기독교 세계 속에서 증언하고 섬기는 교회로서의 기능을 강조했다. 네덜란드의 후껜데이끄(Johannes C. Hoekendijk)는 『흩어지는 교회』(*The Church Inside Out*, 1966)에서 '하나님→교회→세상'이라는 전통적인 패러다임을 '하나님→세상→교회'라는 패러다임으로 전환했다. 또한 교회의 선교적 사명이라는 관점에서 교회의 '사도성'을 강조했고, 타자를 위한 교회의 개념을 특히 본회퍼(D. Bonhoeffer, 1906-1945)로부터 빌려왔다. 오늘날에는 특히 정치신학, 해방

---

[9] M. Bucer, *Von der waren Seelsorge und dem rechten Hirtendienst*(1538), 최윤배 역, 『참된 목회학』(용인 : 킹덤북스, 2014), 162-238.

신학, 여성신학, 민중신학 등 정치와 사회참여 신학에서 인간과 세상을 악의 구조로부터 해방시키는 해방자나 세상을 섬기는 종으로서의 교회의 모습이 강조되고 있다.

오트(H. Ott)는 기독교 역사(歷史) 속에서 교회의 네 가지 유형들(typen)을 발견했다.[10] 오트의 교회의 네 가지 유형들을 요약하면 아래와 같다. 첫째, 로마천주교회의 교회관으로서 교회는 기관과 제도로서의 교회이다. "교회는 그리스도께서 지상에 살아 계셨을 때, 곧 참된 역사적 그리스도께서 직접 친히 세우신 것이다." 둘째, 사건(Ereignis)으로서의 교회상이 초기 바르트(K. Barth, 1886-1968)에게 잘 나타난다. "형제들의 공동체로서, 예수 그리스도께서 그 안에서 성령으로 말미암아 말씀과 성례전 속에 현재적으로 행하신다." 셋째, 교회는 사건인 동시에 기관(제도)으로도 이해된다. 역사학적으로 교회의 근거를 설정하는 것과 케리그마적(선포적) 사건의 말씀으로 근거를 설정하는 것 사이에 풀리지 않는 긴장을 에벨링(G. Ebeling, 1912-2002)은 해석학적인 시도를 통해, 렌토르프(T. Rendtorff)는 보편사관의 입장에서 해결하려고 시도했다. "교회는 예수의 생전에 설립된 것이 아니었다. …… 오히려 교회는 예수의 죽음으로 말미암아 말하자면 몸으로서 부활하신 분의 역사적 현재로서 개설되었다." 넷째, 교회는 사회화의 형식이다. "종교적 기관들(교회 또는 소종파)은 종교적인 것이 사회적으로 제도화되는 특례이다."

에버리 딜레스(A. Dulles)는 교회 모델(models)을 다섯 가지(제도, 신비적 교제, 성례전, 복음전달자, 종)로 제시했는데[11], 딜레스가 분류한 각 유형의 장단

---

10) Heinrich Ott, *Die Antwort des Glaubens : Systematische Theologie in 50 Artikeln*(Kreuz Verlag : Sttutgart · Berlin, 1973), 358-362.
11) Avery Dulles, *Models of the Church*, 김기철 옮김, 『교회의 모델』(서울 : 한국기독교연구소, 2003), 39-118.

점을 지적하고, 어떤 유형도 절대화시키지 말 것을 주장한 밀리오리(D. L. Migliore)의 말을 우리가 경청할 필요가 있을 것이다.[12]

3. 조직신학적 관점에서 본 교회론

1) 교회의 본질

(1) 삼위일체 하나님의 교회

성경신학이나 조직신학에서 취급되는 삼위일체론적 교회 개념은 우리에게 낯선 개념이 아니다. 우리는 신학적으로 교회를 삼위일체 하나님의 사역의 관점에서 보게 된다. 즉, 삼위일체 하나님의 교회는 '하나님의 선택받은 백성으로서 교회', '그리스도의 몸으로서 교회', '성령의 전 또는 피조물로서 교회'이다. 이 내용을 다른 동사(動詞)들로 표현한다면, 하나님 아버지께서는 교회를 세우시고, 하나님의 아들은 하나님의 부르심을 입은 그의 백성을 교회에 모으시고, 성령은 교회에 모여진 하나님의 백성들과 교회를 거룩하게 하신다는 것을 의미한다.[13]

"두세 사람이 내 이름으로 모인 곳에는 나도 그들 중에 있느니라"(마 18 : 20)고 예수 그리스도께서 말씀하시듯이, 교회는 공동체를 형성하고 있지만, 단순한 사회적 집단이나 특정한 정치적 연맹이나 혈연에 기초한 혈연공동체가 아니다. 왜냐하면 교회는 삼위일체 하나님의 활동과 사역(事役)의 결과

---

12) Daniel L. Migliore, *Faith Seeking Understanding : An Introduction to Christian Theology*, 신옥수, 백충현 공역, 『이해를 추구하는 신앙 : 기독교 조직신학 개론』(서울 : 새물결플러스, 2016), 444 - 454.
13) J. van Genderen & W. H. Velema, *Beknopte Gereformeerde Dgmatiek*(Kampen : Vitgeversmaatschapij J. H. Kok, 1992), 631.

이며, 신앙의 문제와 직접적으로 연관되어 있기 때문이다. 교회는 삼위일체 하나님의 교회이기 때문에, 교회의 주인은 인간이 아니라 삼위일체 하나님 자신이다. 생전에 예수 그리스도께서 "이 반석 위에 내 교회를 세우리니 음부의 권세가 이기지 못하리라"고 말씀하셨다(마 16 : 18).

『대한예수교장로회총회 헌법』은 교회를 삼위일체론적으로 정의하고 있다. "우리는, 교회가 하나님의 백성이요, 이 세상에 현존하는 그리스도의 몸이요, 성령의 전임을 믿으며, 성도의 교제 가운데 하나님이 임재하심을 믿습니다."[14] "하나님이 만민 중에서 자기 백성을 택하여 그들로 무한하신 은혜와 지혜를 나타내신다. 이 무리가 하나님의 집(딤전 3 : 15)이요, 그리스도의 몸(엡 1 : 23)이며, 성령의 전(고전 3 : 16)이다."[15]

종교개혁자 칼뱅 역시 교회를 삼위일체론적 관점에서 이해했다. "온 세계의 조직이 무너지더라도 교회는 흔들리거나 넘어질 수가 없다. 첫째, 교회는 하나님의 선택에 의해서 굳건히 서 있다. 따라서 하나님의 영원한 섭리와 같이 동요하거나 파멸될 수 없듯이 교회도 마찬가지인 것이다. 둘째, 교회는 어떤 방법으로 영원불변하시는 그리스도께 연결되어 있어서, 그리스도께서 자신의 지체가 찢기는 것을 허락하시지 않는 것과 같이 신자들이 자신에게서 멀어지는 것도 허락하시지 않을 것이다. …… 끝으로, 우리에게도 적용된다고 생각되는 약속들이 있다. …… 우리에게 주어진 임무는 성부 하나님의 자비하심으로 말미암고, 성령의 역사하심을 통해서 그리스도와 함께 나누는 교제 속으로 들어온 자들은 모두가 하나님의 특별한 소유로 구별된다는 것과 또한 우리가 거기에 속할 때 우리도 그 큰 은혜를 함께 나누게

---

14) 대한예수교장로회총회 헌법개정위원회(편), "제6부 21세기 대한예수교장로회 신앙고백서," 『대한예수교장로회총회 헌법』(서울 : 한국장로교출판사, 2011), 160.
15) 대한예수교장로회총회 헌법개정위원회(편), "제2편 정치" 『대한예수교장로회총회 헌법』, 172.

된다는 마음으로 확신하는 것이기 때문이다."[16]

몰트만도 교회를 철저하게 삼위일체 하나님과의 관련성 속에서 이해한다. "몰트만은 교회가 언제나 삼위일체 하나님의 역사와 관련되어 있다고 주장한다. 교회의 사명과 의미, 실존과 기능은 하나님의 삼위일체적 역사의 지평에서 찾을 수 있다."[17] "이종성 박사는 교회를 삼위일체 하나님과 생동적인 관계와 소유 관계에서 이해할 뿐만 아니라, 삼위일체 하나님 사역 안에 있는 교회로 파악한다."[18]

(2) 고대 교회에서 교회의 네 가지 속성들 : 통일성, 거룩성, 보편성, 사도성

고대 교회로부터 사용되어 온 교회의 네 가지 특징들(통일성, 거룩성, 보편성, 사도성)과, 종교개혁자들과 종교개혁 전통에서 참 교회를 규정하기 위해 사용된 교회의 표지들(marks ; 말씀선포, 성례전 집례, 치리 등)은 용어가 다양하게 번역되고 사용되어 우리에게 신학 용어상 혼동을 일으킨다. 우리는 이런 혼동을 피하기 위해 초대 교회로부터 교회의 네 가지 특징을 교회의 네 가지 '속성'(屬性, attributes)이라는 용어로 사용하고, 종교개혁자들이 참 교회의 특징을 규정하기 위해 사용한 내용을 교회의 '표지'(標識, marks)로 명명하여 사용하기로 한다.

교회의 네 가지 속성들(attributes)은 A.D. 381년 콘스탄티노플에서 제정된 『니케아—콘스탄티노플 신조』(Symbolum Nicaeno—Constantinopolitanum)에 "우리(나)는 또한 하나의 거룩하고 보편적인 사도적인 교회를 믿습니다."(Credimus〈Credo〉 …… Et unam sanctam catholicam et apostolicam

---

16) John Calvin, 『기독교 강요』(1559), IV. i. 3.
17) 신옥수, "위르겐 몰트만의 교회론," 한국조직신학회 엮음, 『교회론』(서울 : 대한기독교서회, 2009), 310 - 311.
18) 최윤배, "춘계(春溪) 이종성 박사의 교회론," 김도훈, 박성규(책임편집), 『춘계 이종성 박사의 생애와 사상』(서울 : 장로회신학대학교출판부, 2014), 194.

Ecclesiam)에 나타나고,[19] 왕 필립 Ⅳ세와 정면으로 충돌했던 교황 보니파키우스 Ⅷ세가 1302년 11월 18일에 반포한『우남 상탐』(Unam Sanctam)이라는 교령에도 나타난다.[20]

대한예수교장로회총회가 고백하는『사도신경』은 '거룩한 공교회'(sanctam Ecclsiam catholicam)를 통해 교회의 거룩성과 보편성을 고백하고 있으며,『웨스트민스터 신앙고백』은 '보편적(Catholic)이고 우주적(Univesal)'인 교회를 고백하고, 최근에 신앙고백으로 받아들인『니케아–콘스탄티노플 신조』(381)는 "우리는 또한 하나의 거룩하고 보편적인 사도적인 교회를 믿습니다."라고 번역되어 있다.[21]

칼뱅은『사도신경』의 교회에 관한 조항인 "거룩한 공교회와 성도의 교제를 믿는다"(sanctam Ecclesiam catholicam sanctorum communionem)라는 구절을 해설하는 가운데, 교회의 네 가지 속성들, 곧 통일성(統一性; unity; Einheit), 거룩성(holiness; Heiligkeit), 보편성(普遍性; catholicity; Katholizität)과 사도성(使徒性; apostolicity; Apostolizität)을 언급했다. 여기서 칼뱅은 교회의 통일성이나 사도성에 대한 언급보다 교회의 보편성과 거룩성에 대해 더 많이 할애하고 있지만, 그에게서 교회의 통일성과 사도성에 대한 사상이 결코 약하지는 않다. 칼뱅은 그의 영적 스승인 마르틴 부처처럼 '교회일치운동가'로 불릴 정도로 교회의 통일성을 강조하고, 교회사에 나타난 교회분리주의자들을 강하게 비판했다.『대한예수교장로회 신앙고백서』

---

19) Carolus Rahner S. I.(Ed.), *Henrich Denzinger : Enchirdion symbolorum : definitionum et declarationum de rebus fidei et morum*(Barcione – Friurgi Brisg. – Romae : Herder, 1957), 41 – 42.
20) Ex Bulla [Unam sanctam], 1302년 11월 18일. Carolus Rahner S. I. (Ed.), *Henrich Denzinger : Enchirdion symbolorum : definitionum et declarationum de rebus fidei et morum*(Barcione – Friurgi Brisg. – Romae : Herder, 1957), 218 : "Unam sanctam Ecclesiam catholicam et ipsam apostolicam urgente fide credere cogimur et tenere, nosque hanc firmiter credimus et simpliciter confitemur, extra quam nec salus est, nec remissio peccatorum."
21) 대한예수교장로회총회 헌법개정위원회(편),『대한예수교장로회총회 헌법』, 167.

(1968)도 교회의 네 가지 속성을 분명하게 고백하고 있다.[22]

교회의 '통일성'(하나 됨) 또는 일치성은 외형적인 한 교단이나, 한 기구를 형성한다는 말이 아니라, 동일한 신앙과 신앙의 대상이 한 분이라는 뜻이다 (엡 4 : 5-6). 이런 측면에서 분열된 '교회연합과 교회일치운동', 곧 에큐메니칼 운동은 그것이 추구하는 바가 진리의 일치를 추구할 때 정당성을 갖는 것이며, 진리와 신앙을 희생하면서까지 교회의 모든 구조, 모든 조직의 군대식 획일화는 지양되어야 할 것이다.

교회의 '거룩성'은 두 가지 측면, 즉 객관적 거룩성과 주관적 거룩성으로 구별될 수 있다. 역사 속에 있는 현실 교회는 항상 흠과 점이 있어 완전하지 않음에도 불구하고 '거룩한 교회'라고 부르는 것은, 교회의 근거가 거룩한 삼위일체 하나님께 있기 때문이다(객관적 거룩성 : 직설법, indicative). 그러므로 교회와 성도는 하나님(성부, 성자, 성령)과 그의 말씀을 통해서 실제적으로 매일매일 거룩해져야 한다(주관적 거룩성 : 명령법, imperative).

교회의 '보편성' 또는 '가톨릭성'(catholica)은 로마천주교회를 지칭하는 것이 아니고, 인종, 국가, 교파 등을 초월해서 존재하는 교회의 특성을 가리킨다. '가톨릭'(catholic), 즉 '보편적'이란 말은 헬라어 부사(副詞) '카톨루'(καθόλου) 또는 헬라어 형용사(形容詞) '카톨리코스'(καθολικὸς)에서 유래하고,[23] 라틴어로 '카톨리쿠수'(catholicus) 또는 '우니베르살리스'(universalis)로 번역되며, '전체와 관련된', '전체를 지향하는', '모든 것을 포괄하는' 등의 뜻을 지닌 말로서 '보편적'이라는 뜻을 지닌다. 로마천주교회가 자신을 교회 자체의 고유명사로 로마'가톨릭'교회라고 부르기 때문에, 우리는 이런 혼

---

22) 위의 책, 150.
23) W. Arndt & F. W. Gingrich(tran. by Walter Bauer), *A Greek - English Lexicon of the New Testament and Other Early Christian Literarure*(Chicago & London : The University pf Chicago Press, 1979), 390 - 391.

동을 피하기 위해서 신학용어로서 '가톨릭'으로 사용하지 말고, '보편적' 또는 '우주적'으로 번역하여 사용하는 것이 상대적으로 더 좋을 것이다. 신약성경에서 이 단어는 부사로 단 한 번만 사도행전 4 : 18에서 사용되었는데, '절대로', '전혀', '철저히' 등으로 번역되며, 한글 개역개정판에는 '도무지'($\kappa\alpha\theta\acute{o}\lambda o\upsilon$)로 번역되었다.[24] 교회사에서 이 용어를 최초로 교회에 사용한 사람은 이그나티우스(Ignatius von Antiochen, A.D. 117년경)로 알려져 있다.[25]

교회의 '사도성'은 로마천주교회가 주장하는 것처럼 제1대 교황 베드로의 교황직을 역사적으로 계승하여 잇는 제도적 연속성에 근거한 사도성이나, 일부 선교신학자들이 주장하듯이 '교회의 세상에 대한 봉사와 사명'을 뜻하는 것이 아니다. 이는 구약과 신약의 하나님의 말씀, 특히 예수 그리스도의 제자들, 곧 사도들이 전한 복음이신 예수 그리스도에 대한 말씀을 교회가 신실하게 믿고, 교육하고, 선포하고, 선교하고, 그 복음의 말씀을 지키는 것을 의미한다.

네덜란드의 현대개혁신학자 베르까우어는 그의 교회론을 교회의 네 가지 속성을 중심으로 하여 두 권의 책에 기술한 바, 한 권에는 교회의 '통일성과 보편성'을, 다른 한 권에는 교회의 '사도성과 거룩성'을 기술하였다.[26] 판넨

---

24) 행 4 : 18 : "그들을 불러 경고하여 도무지($\kappa\alpha\theta\acute{o}\lambda o\upsilon$) 예수의 이름으로 말하지도 말고 가르치지도 말라 하니", cf. Nestle - Aland, *Greek - English New Testament*, 26th. revised ed.
25) Ignatius, ad Smyrn. 8, 2(=The Epistle of Ignatius to the Smyrn.) in : MPG 5, 713 : "주교나 주교의 임명을 받은 자가 집행하는 성찬은 신빙성이 있다. 주교가 나타나는 곳에 공동체가 있다. 이것은 예수 그리스도가 계신 곳에 보편적(=가톨릭) 교회가 있는 것과 같다."
26) Gerrit Cornelius Berkouwer, *Dogmatische Studiën : De Kerk I : Eenheid en Katholiciteit*(Kampen : Uitgave J. H. Kok N. V., 1970) ; G. C. Berkouwer, *Dogmatische Studiën : De Kerk II : Apostoliciteit en Heiligheid*(Kampen : Uitgave J. H. Kok N. V., 1972), 이 두 권의 네덜란드어판으로부터 번역된 영어판에 근거한 한글번역판 참고. 나용화, 이승구 역, 『개혁주의교회론』(서울 : 기독교문서선교회, 2006) ; 베르까우어와 바르트와 몰트만의 교회의 네 가지 속성들에 대한 연구 참고, 황기훈, "베르까우어(G. C. Berkouwer)의 교회론 : 교회의 네 가지 특성을 중심으로", (장로회신학대학교 대학원 조직신학 전공 미간행 신학석사(Th. M.) 학위논문, 2007, 12).

베르크(W. Pannenberg)는 교회론에 대한 논의에서 "이 모든 고려들은 '우리는 하나의 거룩하고 보편적인 사도적인 교회를 믿습니다.'라고 고백할 때, 그 고백의 의미가 무엇인지를 우리에게 상기시켜 주기 위해 암묵적으로 의도되었다."라고 말함으로써, 교회의 네 가지 속성들의 중요성을 우리에게 다시 한 번 깨우친다.[27]

비록 종교개혁자들은 교회의 두 가지 또는 세 가지 표지들을 주장했을지라도, 고대 교회의 네 가지 속성들을 무시하지 않고 그것들의 중요성을 인정했다. 몰트만(J. Moltmann, 1926-)은 "종교개혁자들은 교회의 네 가지 속성들(Prädikate)을 거부하지 않았다. 그러나 그들은 참된 교회의 표지들(Kennzeichen)을 순전한, 곧 성경적인 '복음 선포'와, 올바른 곧, 위임과 약속에 접합한 '성례전 관리' 안에서 보았다."고 말했다.[28] 몰트만이 고대 교회의 네 가지 속성들과 종교개혁자들의 교회의 두 표지들을 상호 분리시키거나 대립시키지 않고 관계 속에서 상호 보완적으로 이해한 것은 매우 타당해 보인다. "그러므로 네 가지 속성들 중에 각각이 두 가지 표지들과 조금도 대립하여 서 있을 수 없듯이, 이것들(복음 선포와 성례전 관리, 필자 주)도 다른 네 가지 속성들과 대립하여 서 있을 수 없다. 복음이 순수하게 선포되고, 성례전이 올바르게 집행되는 교회는 하나의 거룩하고 보편적인 사도적인 교회이다. 교회의 두 가지 종교개혁적 표지들(Ziechen)은 진실로 교회의 전통적 속성들(Prädikate)이 소위 외부로부터 기술하고 있는 그 무엇을 내부로부터 특징화한다. 순전한 말씀 선포 없이는 그리스도 안에 있는 일치

---

27) Wolfhart Pannenberg, *Ethik und Ekklesiologie*, translated by Keith Crim, *The Church by Wolfhart Pannenberg*(Philadelphia : The Westminset Press, 1983), 68.
28) Jürgen Moltmann, *Kirche in der Kraft des Geistes : Ein Beitrag zur messianischen Ekklesiologie*(München : Chr. Kaiser, 1989), 367, 참고, 박봉랑 외 4인 역, 『성령의 능력 안에 있는 교회』(서울 : 한국신학연구소, 1984), 363.

(통일성, Einheit)를 위해 함께 모인 메시야적 공동체가 없다! 식탁 친교와 하나의 세례 없이는 교회의 보편성(Katholizität)이 없다! 그럴 경우, 그 역(逆)도 성립한다. 곧, 통일성, 거룩성, 보편성, 그리고 사도성 없이는 순전한 말씀 선포와 올바른 성례전 사용도 없다! 여기에서 참된 차이점은 없고, 다만 상호 보완만이 있을 뿐이다. 교회의 네 가지 속성들은 복음 선포와 성례전을 가리키며, 그것들과 별도로 떨어져서 유지될 수 없다. 또한 말씀과 성례전은 교회의 네 가지 속성들을 가리킨다. 그리고 그것들은 이러한 속성들을 갖는 것으로 믿어지는 친교(Gemeinschaft) 없이 순수하고, 올바르게 실행될 수 없다."[29]

몰트만은 고대 교회의 네 가지 속성들, 다시 말하면 '자유 속에서의 통일성'(Einheit in Freiheit), '보편성과 당파성'(Katholizität und Parteinahme), '가난 속에서의 거룩성'(Heiligkeit in Armut), '고난 속에서의 사도직'(Apostolat im Leiden)이라는 제목으로 고대 교회의 네 속성들을 더욱 풍성하게 해석하여 우리에게 큰 유익을 주고 있다.[30] 그리고 몰트만은 "'하나의 거룩하고 보편적인 사도적인 교회'는 예수 그리스도의 교회이다. 그리스도와의 친교는 교회의 신비이다. 예수 그리스도의 교회는 '하나의 거룩하고 보편적인 사도적인 교회'이다. 자유 속에서의 통일성(Einheit in Freiheit), 가난 속에서의 거룩성(Heiligkeit in Armut), 약한 자들을 위한 당파성 속에서의 보편성(Katholizität in Parteinahme), 고난 속에서의 사도직(Apostolat im Leiden)은 세상 속에 있는 교회의 표지들(Kenzeichen)이다." 라고 글을 마치고 있다.[31]

---

29) Jürgen Moltmann, *Kirche in der Kraft des Geistes : Ein Beitrag zur messianischen Ekklesiologie*, 367. 참고, 박봉랑 외 4인 역, 『성령의 능력 안에 있는 교회』, 363 - 364.

30) Jürgen Moltmann, *Kirche in der Kraft des Geistes : Ein Beitrag zur messianischen Ekklesiologie*, 368 - 388. 참고, 박봉랑 외 4인 역, 『성령의 능력 안에 있는 교회』, 364 - 385.

31) Jürgen Moltmann, *Kirche in der Kraft des Geistes : Ein Beitrag zur messianischen Ekklesiologie*, 388. 참고, 박봉랑 외 4인 역, 『성령의 능력 안에 있는 교회』, 385.

대표적인 현대개혁신학자 칼 바르트(K. Barth, 1886-1968)는 그의 『교회교의학』에서 교회의 본질(das Sein der Gemeinde)과 관련하여, 고대 교회의 네 가지 속성들에 대한 방대한 작업을 하였고[32], 최근에는 한스 큉(H. Küng, 1928-)이 고대 교회의 네 가지 속성들을 방대하게 논의하였다.[33] 몰트만의 고대 교회의 네 속성들에 대한 풍성한 아이디어에 착안을 얻은 몇몇 대표적 현대신학자들도 고대 교회의 네 속성들에 대한 풍성한 신학적 착상들을 우리에게 제공해 주고 있다.[34]

(3) 종교개혁자들의 교회의 표지들(marks of church ; ecclesiae notae)
루터의 제자인 멜란히톤이 『아우크스부르크 신앙고백』 속에서 교회를 "복음이 순전히 설교되고, 그 복음에 일치하는 성례전이 거행되는 '신자들의 모임'(Versammlung aller Gläubigen ; congregatio sanctorum)"으로 정의하였다. 칼뱅도 그의 『기독교 강요』 초판(1536)에서 멜란히톤과 동일하게 교회의 두 가지 표지를 다음과 같이 주장했다. "우리는 아직 하나님의 심판을 확실히 모르는 상태에 있으면서, 비록 우리가 누가 교회에 속하는 자이며 누가 아닌지를 개인적으로 구별해 내도록 허락받지 못했을지라도, 그럼에도 불구하고, 하나님의 말씀이 순전하게 설교되고, 경청되는 곳에, 그리스도의 제정대로 성례전이 시행되는 곳에, 우리는 의심할 여지없이 하나님의 교회가 존재하는 것을 본다. 왜냐하면 '두세 사람이 내 이름으로 모인 곳에는 나도 그들 중에 있느니라.'고 하신 약속이 실패할 수 없기 때문이다

---

32) Karl Barth, Die Kirchliche Dogmatik Ⅳ/l(Zollikon - Zürich : Evangelischer Verlag AG, 1953), 746 - 810.
33) Hans Küng, Die Kirche, 정지련 역, 『교회』(서울 : 한들출판사, 2007), 375 - 514.
34) 참고, 김균진, 『기독교조직신학 Ⅳ』(서울 : 연세대학교출판부, 1996), 248 - 306 ; Daniel L. Migliore, Faith Seeking Understanding : An Introduction to Christian Theology, 신옥수, 백충현 공역, 『이해를 추구하는 신앙 : 기독교 조직신학 개론』, 465 - 472.

(마 18장)."35) 교회의 표지에 대한 칼뱅의 정의는 『기독교 강요』 최종판(1559) 에도 거의 동일하게 유지되고 있다. "여기서 교회의 모습이 나타나며 우리의 눈에 보이게 된다. 하나님의 말씀이 순전하게 설교되고, 경청되는 곳에, 그리스도의 제정대로 성례전이 시행되는 곳에, 우리는 의심할 여지없이 하나님의 교회가 존재하는 것을 본다. 왜냐하면 '두세 사람이 내 이름으로 모인 곳에는 나도 그들 중에 있느니라.'고 하신 약속이 실패할 수 없기 때문이다(마 18장)."36)

비록 칼뱅은 치리(治理) 또는 권징(勸懲, discipline ; Zucht ; tucht)을 '성도의 표지'로 간주하고, 교회의 제3의 표지로는 수용하지 않았을지라도, '교회의 근육과 힘줄'로서의 치리의 필요성과 중요성을 강조했고, 교회에서 철저하게 시행하였다. 칼뱅은 치리의 필요성을 부정하는 사람들에 대해 치리의 필요성과 중요성을 다음과 같이 역설한다. "치리를 혐오하여, 치리라는 말조차도 싫어하는 사람들은 다음 사실을 이해해야 할 것이다. 어떤 사회도, 아무리 작은 가족이라도 치리 없이는 적절한 상태를 유지할 수가 없으니, 가능한 한, 질서를 잘 유지해야 할 교회로서는 더욱 더 치리가 필요하다는 것이다. 따라서 그리스도에 대한 구원하는 교리가 교회의 영혼(soul ; anima)이듯이, 권징은 교회의 근육(sinews ; nervus/nervis)인데, 이 근육에 의해서 몸의 지체들이 각각 자신의 위치에 있도록 함께 묶여져 있다."37) "치리는 그

---

35) P. Barth(ed.), *Johannis Calvini Opera Select* I(München : Chr. Kaiser, 1926), 91 : "Quanquam autem, dum adhuc incertum est nobis DEi iudicium, censere singulatim non licet, qui da ecclesiam pertineant nec ne, ubi tamen cunque verbum Dei sincere praedicari atque audiri, ubi sacramenta ex Christi institutio administrari videmus, illie aliquam esse Dei ecclesiam nullo modo ambigendum est ; quando eius promissio fallre non potest : ubicunque duo aut tres congregati fuerint in nomine meo, ibi in medio eorum sum(Matth. 18)." 참고, 양낙흥 역, 『기독교 강요』[초판](고양 : 크리스챤다이제스트, 2008), 146.
36) P. Barth, G. Niesel(ed.), *Johannis Calvini Opera Select* V(München : Chr. Kaiser, 1936), 13 ; 참고, 『기독교 강요』(1559), IV. i, 9.
37) John Calvin, 『기독교 강요』(1559), IV. xii, 1,

리스도의 교훈에 반대하여 날뛰는 사람들을 억제하고, 길들이는 굴레와 같으며, 나태한 사람을 고무하는 박차와 같고, 더욱 심각한 타락에 빠진 사람들을 그리스도의 영의 유화함으로써 부드럽게 징벌하는 아버지의 매와 같다. …… 그리스도께서 명령하시고, 경건한 사람들이 항상 사용한 시정책은 이 권징뿐이다."[38]

칼뱅은 치리의 목적에 대해 세 가지를 주장한다. "교회가 이런 시정책과 출교를 사용하는 데 세 가지 목적이" 있으며, 치리의 첫째 목적은 부도덕한 사람으로부터 그리스도인이라는 호칭을 빼앗음으로써 그리스도의 몸이신 거룩한 교회를 보호하고, 주님의 성찬을 합당하게 보존하는 데 있다. 두 번째 목적은 악한 자들과 항상 교제함으로써 선한 자들이 타락하는 일이 없게 하는 데 있다. 세 번째 목적은 "비루한 자신에 대한 부끄러움을 이기지 못하는 사람들이 회개"하게 하는 데 있다.[39]

칼뱅은 치리의 필요성과 중요성을 주장하면서도, 치리의 방법과 절차에서 신중하게 접근하여 엄격주의를 배격하고 온건주의를 선택한다.[40] "우리는 그러한 엄격성이 '온유한 심령'(갈 6 : 1)과 함께 결합되는 것이 교회에 적합하다는 사실을 간과해서는 안 된다. 바울이 명령한 것처럼 벌을 받는 사람이 너무 심한 슬픔에 빠지지 않도록(고후 2 : 7) 특별히 주의해야 한다. 고치려다가 도리어 죽일 수도 있다. 그러나 고치려는 목적으로 본다면 온화한 규칙을 취하는 것이 더 나을 것이다."[41] "이러한 온유한 태도는 교회 전체에 필요하다. 교회는 타락한 사람을 온유하게 대해야 하며, 극도로 엄격한 벌을 주어서는 안 된다. 오히려 바울이 지시한대로 그들에 대한 사랑을 보여야

---

38) 위의 책, IV. xii, 1.
39) 위의 책, IV. xii, 5.
40) 위의 책, IV. xii, 8 - 13.
41) 위의 책, IV. xii, 8.

한다(고후 2 : 8). 마찬가지로 평신도들도 각각 이 같은 온건하고 온유한 태도를 가지도록 힘써야 한다."[42] "교회 치리의 방법과 수단이 경건하게 유지되려면, '서로 용납함으로써 지키라'(엡 4 : 2)고 사도가 우리에게 명령한 것, 곧 '평안의 매는 줄로 성령의 하나 되게 하신 것'(엡 4 : 3)에 주의해야 한다."[43]

칼뱅의 경우, 치리의 방법은 다양하지만, 수찬정지와[44] 출교를[45] 매우 큰 벌로 여겼다. 로마천주교회나 재세례파는 출교당한 사람을 선택론과 결부시켜서 하나님으로부터 완전히 저주받은 사람으로 간주한다. 그러나 칼뱅은 여기에 반대하여 다음과 같이 주장한다. "교회에서 추방된 사람들을 선택된 사람들의 수효에서 삭제하거나 그들이 이미 멸망한 사람인 것같이 절망하는 것은 우리가 할 일이 아니다."[46] 왜냐하면 칼뱅은 치리를 주님의 말씀에 근거한 '사랑의 매'로서 교정과 치유 및 구원 수단으로 이해하기 때문이다.

마르틴 부처는 바젤의 종교개혁자인 외콜람파디우스가 주장한 바 교회가 갖는 고유한 치리(권징) 개념을 그대로 수용하여, 교회의 제3표지로 그의 교회론 속에 받아들였다.[47] 교회의 표지 문제와 관련하여 종교개혁 이후 대부분의 장로교회와 개혁교회는 칼뱅이 아니라 마르틴 부처를 뒤따랐다. 장로교회의 대표적인 신앙고백서인 『스코틀랜드 신앙고백』(The Scots Confession, 1560)은 교회의 세 가지 표지를 다음과 같이 고백하고 있다. "참 교회의 표지는 세 가지이다. …… 즉, 첫 번째 표지는 하나님의 말씀에 대한 참된 설교이다. …… 두 번째 표지는 그리스도 예수의 성례전들을 올바

---

42) 위의 책, Ⅳ. xii, 9.
43) 위의 책, Ⅳ. xii, 11.
44) 위의 책, Ⅳ. xii, 6.
45) 위의 책, Ⅳ. xii, 8 - 10.
46) 위의 책, Ⅳ. xii, 9.
47) M. Bucer, *Von der waren Seelsorge und dem rechten Hirtendienst*(1538), 최윤배 역, 『참된 목회학』, 162 - 238 ; 최윤배 역, "제2부 그리스도 왕국론," 이은선, 최윤배 공역, 『멜란히톤과 부처』(서울 : 두란노아카데미, 2011), 369.

르게 관리하는 것이다. …… 세 번째 표지는 하나님의 말씀에 근거한 교회의 치리를 바르게 행사하는 것이다."[48] 개혁교회의 대표적인 신앙고백서인 『네덜란드 신앙고백』(Confessio Belgica ; The Belgic Confession, 1561)도 교회의 세 가지 표지를 다음과 같이 고백한다. "참된 교회가 알려지는 표지들(de merck-teckenen)은 다음과 같다. …… 만약 복음의 순수한 교리가 교회 안에서 선포되어진다면, 그리고 만약 교회가 그리스도에 의해 제정된 성례전의 순수한 시행을 유지하고 있다면, 그리고 만약 교회의 치리가 죄에 대한 처벌로 실시되고 있다면, …… 바로 여기에 참된 교회가 확실하게 알려질 수 있다."[49]

한편 로마천주교회의 추기경이었고, 교회의 박사로 불렸던 로베르트 벨라르민은 뢰벤대학교에서 행한 강의를 3권으로 묶어 출간한 저서 『오늘날의 이단에 대한 기독교 신앙논쟁서』(*Disputationes de controveriis Christianae Fidei adversus huis temporis haereticos*)에서 '선교'를 참된 교회의 표지로 이해하고, 해외선교만을 선교로 정의하여, 해외선교가 없는 종교개혁교회는 이단이라고 터무니없이 비판했다. 그러나 사실상 칼뱅과 제네바교회는 브라질에 해외선교를 하였다.[50]

종교개혁 당시 재세례파인 후터(Jacob Hutter, 약 1500-1536)를 추종하던 소위 후터파(Hutterites)는 성도들의 거룩한 삶의 실천을 위하여 '재산공유'를 참 교회의 표지로 간주했다.[51] 여기서 우리의 관심사는 교회의 표지로서

---

48) 이형기, 『세계개혁교회의 신앙고백서』(서울 : 한국장로교출판사, 2003), 52 ; 참고, 총회교육자원부(편), 『개혁교회의 신앙고백』(서울 : 한국장로교출판사, 2007), 323.
49) 총회교육자원부(편), 『개혁교회의 신앙고백』, 282.
50) 최윤배, "마르틴 부처의 종교개혁과 선교 : 하나님 나라를 중심으로," 『선교와 신학』 제21집(2008), 77 ; 최윤배, "칼뱅의 선교신학과 선교활동," 『성경과 신학』 제62권(2012), 133-162.
51) G. H. Williams & A. M. Mergal(ed.), *Spiritual and Anabaptist Writes*(LCC XXV)(Philadelphia : The Westminster Press, 1957), 274-284 ; 참고, 홍지훈, 『마르틴 루터와 아나뱁티즘』(서울 : 한들출판사, 2000), 111-120.

의 성도들의 재산공유에 대한 신학적 타당성 여부가 아니라, 교회 공동체가 반드시 개인적으로 뿐만 아니라 공동체적으로 깊은 거룩성과 높은 윤리성을 지향해야 한다는 사실이다. 예수 그리스도는 "좋은 나무마다 아름다운 열매를 맺고 못된 나무가 나쁜 열매를" 맺는다고 말씀하셨다(마 7 : 17). 마르틴 부처가 『참된 목회학』에서 성도들과 교회의 성화(聖化)를 실천하기 위해 교회의 고유한 치리 시행을 매우 강조했지만, 그의 책은 당시 일부 진영으로부터 치리가 율법주의적인 발상이라는 이유로 환영을 받지 못했다.[52]

체코 출신이며, 바젤대학교에서 교수와 총장을 역임한 현대개혁신학자 얀 밀리치 로흐만(Jan Milic Lochman, 1922-2004)은[53] 마르틴 부처 이후 개혁교회 전통에서 계속 이어져 내려오는 교회의 제3표지로서 치리의 중요성과 필요성을 강조했다. 로흐만에 의하면 교회는 신자들의 교제이지만, 참 신앙은 선한 행위의 열매를 맺어야 한다. 따라서 선한 행위의 열매가 참 신앙의 표지이다. 그러나 불행하게도 교회는 말씀과 성례전만을 교회의 표지로 간주함으로써 선한 행위와 실천의 약화에 직면할 수밖에 없었다. "참된 교회는 자신의 가르침(Lehre)의 정통(Orthodoxie) 속에서도 일어날 뿐만 아니라, 자신의 뒤따름(Nachfolge)의 정통실천(Orthopraxie) 속에서도 일어난다."고 기술하고, 참 교회의 표지로서의 교회의 치리는 "다른 하나의 협소화, 곧 교회가 영적-예전적 영역(den geistlich-litergischen Raum)으로 집중되는 것을 통제한다."라고 기술한 로흐만의 주장은[54] 오늘날 특별히 정통실천의 위기 속에 있는 한국 교회가 곱씹어야 할 신학적 통찰일 것이다.

한국 장로교회에 속한 수많은 교단들은 지금도 치리를 교회의 제3의 표지

---

52) M. Bucer, *Von der waren Seelsorge und dem rechten Hirtendienst*(1538), 최윤배 역, 『참된 목회학』, 17.
53) 최윤배, "로흐만(J. M. Lochman)의 구원론에 대한 연구," 『교회와 신학』 제81집(2017) : 109-135.
54) J. M. Lochman, "Dogmatisches Gespräch über die Kirche," *Theologische Zeitschrift*, Jahrgang 28, Heft 1(1972) : 64이하.

로 신앙고백하고 있다. 『대한예수교장로회 신앙고백서』(1986)는 "그리스도인들은 한곳에 모여 …… 세우심을 받은 자들로부터 하나님의 말씀을 듣고, 주님의 몸에 접붙임을 받기 위하여 세례를 받고, 주님의 구속적인 사역인 십자가의 사건을 기억하고, 영적으로 그 사건에 동참하기 위하여 성만찬에 참여한다. …… 교회는 그리스도인들의 신앙생활을 공공히 하기 위하여 말씀으로써 훈련하며, 필요에 따라서는 권징을 시행한다."라고 고백하고 있다.[55]

우리는 성령의 감동을 받은 예언자들과 사도들이 기록한 정경으로서의 성경을 성령의 도구로 사용하고, 성령의 내적 조명을 받아 설교를 준비하고 선포해야 한다. 우리는 세례와 성찬의 내용은 예수 그리스도 자신이며, 성령과 성령의 선물인 믿음을 통해서 효과가 나타남을 명심해야 한다. 『소요리문답』은 "세례는 성례의 하나로 성부와 성자와 성령의 이름으로 물을 가지고 씻는 예식입니다. 그것은 우리가 그리스도께 접붙임을 받음과 은혜 언약의 혜택들에 참여함과 우리가 주님의 것이 된다는 약속으로 표시하고 확증하는 것입니다."라고 세례를 정의하고, "성찬은 성례의 하나로 그리스도께서 정하신 대로 떡과 포도주를 주고받음으로써 그리스도의 죽음을 나타내 보이는 예식입니다. 그것은 합당하게 받는 자들은 육체적이고 육욕적인 방식을 따르는 자가 아니라 믿음에 의한 자로서, 그리스도의 몸과 피에 참여하는 자가 되며 그의 모든 혜택을 받고 은혜 가운데서 영적인 양육과 성장을 얻게 되는 것입니다."라고 성찬을 정의한다.[56]

침례교회는 믿음을 전제로 세례를 베풀고, 유아는 신앙을 가질 수 없다는 이유로, 또한 칼 바르트는 유아세례에 성경적 근거가 없다는 이유로 유아세례를 부정한다. 그러나 칼뱅은 구약의 할례와 예수 그리스도께서 유

---

55) 대한예수교장로회총회 헌법개정위원회(편), 『대한예수교장로회총회 헌법』, 149.
56) 위의 책, 62.

아를 축복하심 등 일곱 가지 이유로 유아세례를 주장하고, 유아세례를 받은 자는 성인이 되어 스스로 입교를 통해 입교 교인이 되어야 한다고 말한다.[57] 16세기 종교개혁 당시에 성찬론 논쟁이 매우 뜨거웠다. 로마천주교회는 '화체설'(化體說, transsubstantiation theory)을, 루터는 '공재설'(共在說, consubstantiation theory)을, 츠빙글리는 '기념설' 또는 '상징설'을 주장했지만, 마르틴 부처와 칼뱅은 '영적 임재설'을 주장했다. 대한예수교장로회 총회는 과거에 츠빙글리 관점에서 성찬을 이해했지만, 현재 마르틴 부처와 칼뱅의 관점에서 '영적 임재설'(성령론적 임재설)을 예식서에 수용했다. "성찬 성례전은 십자가에 달려 죽으시고 부활하신 주님과 함께 연합하는 증표이다. 성찬 성례전에서는 교회는 하나님의 창조와 구속과 믿음과 성화시키는 은혜에 감사하고, 그리스도의 삶, 죽음, 부활, 재림의 약속을 기억하고, 성령님의 임재를 기원한다. 또한 이 예전은 그리스도 안에서 세례받은 모든 성도와 함께 교제하고, 하나님 나라의 백성의 즐거운 잔치와 어린양의 혼인 잔치의 기쁨을 미리 맛보는 예전이다."[58]

즉, 세례는 성령을 통해서 우리가 죄 사함을 받고 예수 그리스도에 접붙임을 받아 연합되는 은혜의 수단이며, 성찬은 구원받은 자가 성령을 통해서 예수 그리스도의 보혈과 몸에 참여하며 믿음을 강화하는 하나님의 은혜의 수단이다. 치리와 권징은 성도들의 성화를 위해 성령께서 하나님의 말씀인 율법에 근거해서 사용하시는 치유와 구원의 수단이다. 치리를 교회의 제3의 표지로 고백하고 있는 한국 장로교회는 치리를 올바르게 시행함으로써 교회의 거룩성과 윤리성 향상을 위한 무한 책임을 의식하고, '정통실천'에 매진해야 할 것이다.

---

57) John Calvin, 『기독교 강요』(1559), IV. xvi, 3 – 32.
58) 대한예수교장로회총회 헌법개정위원회(편), 『대한예수교장로회총회 헌법』, 359.

2) 교회의 목적과 사명(기능)

신앙과 신학의 관점에 따라 교회의 목적과 사명(기능, 과제, 임무)은 매우 다양할 수 있다. 그러나 핵심적으로 말한다면, 교회의 목적은 세계 구원과 하나님 나라의 구현을 통해 삼위일체 하나님께 영광을 돌리는 것이다. 이 목적을 달성하기 위해 교회에게 다양한 사명들과 기능들이 부여된다.

『대한예수교장로회 신앙고백서』(1986)는 교회의 사명을 크게 두 가지로 나눈다. 다시 말하면, 교회는 대내적(對內的)으로 '모이는 교회'의 사명을 다하는 동시에, 대외적(對外的)으로 '흩어지는 교회'의 사명도 다해야 한다. "교회는 하나님으로부터 받은 임무를 수행하기 위하여 교회 안에서와 교회 밖에서 활동한다. 교회 안에서는 기록된 말씀의 선포를 통하여 하나님의 창조주 되심과 역사의 주관자 되심과, 예수 그리스도를 통해서만 인류의 구원이 가능하다는 것을 재확인하고, 성경연구를 통해서 하나님의 섭리를 더 자세히 알고, 성례전을 통해서 그리스도 안에서의 신앙의 성장을 도모한다. 그리스도인은 교회 밖에서도 그리스도인으로서의 활동을 수행해야 한다. 그리스도인은 세상의 소금과 빛의 역할을 해야 한다(마 5 : 13-16). 그들은 세상에 속하지 않으나 세상을 떠나서는 존재하지 않는다(요 17 : 14-15). 세상의 부패를 막고, 하나님의 공의를 확립하여, 모든 사람들이 하나님으로부터 받은 은총을 향유하도록 하며, 세상 사람들이 눈이 어두워서 바른 길을 가지 못할 때 그들에게 그리스도의 빛을 비춰 줌으로써 어두운 세상을 밝게 해 주어야 한다."[59]

『21세기 대한예수교장로회 신앙고백서』(1997)는 전통적으로 내려오던 교

---

59) 대한예수교장로회총회 헌법개정위원회(편),『대한예수교장로회총회 헌법』, 150 - 151.

회의 복음전도 사명을 그대로 유지하면서, 20세기 이후 심각하게 제기된 교회의 대사회적 사명인 '정의, 평화, 창조보전'(Justice, Peace and Integrity of Creation, JPIC)을 신앙고백서에 포함시켰다. 이로써 교회의 대외적 사명을 더욱 강화시키고, 확장시키면서, 신학적 균형을 훌륭하게 유지했다. "우리는, 교회가 하나님의 백성이요, 이 세상에서 현존하는 그리스도의 몸이요, 성령님의 전임을 믿으며, 성도의 교제 가운데 하나님이 임재하심을 믿습니다. 모든 그리스도인은 하나님의 나라를 이 땅 위에 실현하며, 하나님의 영광을 위하여 예수 그리스도의 성육신의 삶을 실현하고, 복음전도와 정의, 평화, 창조보전의 사명을 받았음을 믿습니다."[60]

키프리아누스(Cyprianus) 이후 전통적으로 교회는 노아의 방주에 비유되어 '구원의 방주'로 여겨졌다. 그러나 "교회 밖에는 구원이 없다."(Extra ecclesiam nulla salus ; Salus extra ecclesiam non est)라는 말에 대한 오해가 있다. 우리는 "교회 밖에는 구원이 없다."는 명제를 근본적으로 인정하지만, 로마천주교회가 이해하듯이 교회가 자동적으로 구원을 소유하여 마음만 먹으면 구원을 분배할 수 있는 '구원기관'이라는 뜻은 아니다. 이는 삼위일체 하나님께서 임재하시는 교회가 교회에게만 주어진 구원의 수단들(말씀 선포, 성례전 등)을 기도와 성령의 능력 안에서 효과적으로 사용할 때, 역동적인 '구원 공동체'가 된다는 뜻이다. 그리고 '구원 공동체'로서의 교회는 전도와 선교를 통해 구원의 능력을 온 세계에 전파하여 하나님 나라를 구현하는 강력한 도구와 전위대가 된다. '모이는 교회'로서의 '구원의 방주'라는 표상은, 선교하는 교회로서의 '흩어지는 교회'(행 2 : 42-47) 개념과 상호 관계 속에서 상호 보완적으로 사용될 때, '구원의 방주'라는 표상에 내재된

---

60) 위의 책, 160 - 161.

협소성과 배타성이 충분하게 해소될 수 있을 것이다.

김명용은 교회의 사명(과제)을, 하나님 사랑과 이웃 사랑으로 요약될 수 있는 십계명(출 20 : 1-17)과 예수 그리스도의 말씀(마 22 : 34-44)에 근거하여, 교회의 대내적 사명으로서의 수직적 차원을 '하나님 사랑'(예배, 전도, 교육, 감사, 하나님께 영광 등)으로, 교회의 대외적 사명으로서의 수평적 차원을 '이웃 사랑'(디아코니아, 정의, 평화, 창조보전 등 다양한 사회적, 정치적, 경제적, 문화적, 환경적 책임)으로 훌륭하게 파악하였다. 그는 이 두 가지 차원 사이의 균형을 유지하지 못하고 한쪽으로 편향된 일부 한국 교회의 신앙과 신학을 비판하면서, 두 차원 사이의 연결과 균형의 필요성을 역설한다. "하나님 사랑과 연관된 교회의 책임이 영적이고 종교적인 특징이 있는 반면에 이웃 사랑과 연관된 교회의 책임은 세상적이고 정치적인 현실과 연관을 맺고 있다. …… 오늘의 대다수의 한국 교회는 수직적인 차원의 책임과 수평적인 차원의 책임을 잘 조화시키지 못하고 편향적으로 기울어져 있는 현상을 보이고 있다. …… 교회는 영혼의 구원과 이웃 사랑의 정신을 동시에 구현해 나가야 할 책임이 있다. 이 두 가지 책임을 한 가지 책임으로 줄이거나 협소화시켜서는 안 된다."[61] 무엇보다도 우리는 하나님의 영광과 하나님 나라에 초점을 맞추어 다양한 교회의 사명을 감당하되, 하나님 사랑으로서의 '예배와 말씀' 중심의 교회인 동시에 이웃 사랑으로서의 '전도와 선교' 중심의 교회가 되어야 할 것이다.

---

61) 김명용, 『열린신학 바른 교회론』(서울 : 장로회신학대학교출판부, 1997), 25-26.

3) 교회의 모양과 구조

(1) 교회의 이중적인 모양

일부 신학자들은 '가시적(visible) 교회'와 '불가시적(invisible) 교회'의 구분이 플라톤적 이원론의 영향에서 비롯되었다고 주장한다. 우리가 플라톤의 이원론을 교회론에 정확하게 적용할 경우, 땅에 있는 교회는 '가시적 교회'로서 허상(虛像)에 불과함으로 잠정적이고 언젠가 사라질 것이지만, 장차 완성될 하늘에 있을 '불가시적' 교회는 교회의 이상(理想)이요 실체(實體)가 된다. 그러면 과연 '가시적 교회'와 '불가시적 교회'를 구분하고 있는 종교개혁자들과 대한예수교장로회 총회 헌법은 플라톤적 영향 아래에서 교회를 이해하고 있는가? 루터와 칼뱅은 가시적 교회와 불가시적 교회를 각기 다른 두 교회들이라고 말하지 않고, 예수 그리스도의 하나의 교회가 가지고 있는 두 양상들(樣相, aspects)로 이해한다.[62]

종교개혁자들과 같은 맥락에서 대한예수교장로회총회의 헌법도 이 용어를 채택하여 사용하고 있다. 『웨스트민스터 신앙고백』(1648)은 "보편적(Catholic)이고 우주적인(Universal)인 교회는 불가견적이다. 이 교회는 과거나 현재나 미래에 있어서 머리 되시는 그리스도를 중심으로 하여 모이는 택함 받은 모든 사람들로 말미암아 구성된다. …… 가견적 교회도 복음 아래 있는 보편적이요 우주적인 교회이다. 이 교회는 율법 시대와 같이 한 민족에게만 국한된 것이 아니라 전 세계를 통하여 참 종교를 신봉하는 …… 모든 사람과

---

[62] L. Berkhof, *Systematic Theology*(Grand Rapids : WM. B. Eerdmans Publishing Co., 1981), 565 : "But he and Calvin stress the fact that, when they speak of a visible and an invisible Church, they do not refer to two different Churches, but to two aspects of the one Church of Jesus Christ." Horst Georg Pöhlmann, *Abriß der Dogmatik*(Gütersloh : Gütersloher Verlag haus Gerd Mohn, 1980), 290 : "die unsichtbare und sichtbare Kirche sind nicht zwei Kirchen, sondern *Zwei Aspekte der einen Kirche*." 참고, 이신건 역, 『교의학』(서울 : 신앙과 지성사, 2013), 451.

'그들의 자손들로서' 구성된다."라고 고백한다.[63] 『대한예수교장로회 신앙고백서』(1986)는 "예수 그리스도가 이 세상에 오셔서 제자들을 불러 그의 일을 맡겨 주심으로 보이는 교회의 원형이 시작되었으나, 예수 그리스도의 부활과 오순절의 성령강림을 통하여 비로소 보이는 교회의 실재가 지상에 형성되었다. 교회에는 보이는 교회와 보이지 않는 교회가 있다. 보이는 교회는 예수 그리스도를 구주로 믿는 신앙을 고백한 사람들의 모임으로서, 거기에서는 최후에 구원을 받을 사람과 받지 못할 사람이 함께 생활한다(마 13 : 24-30). 보이지 않는 교회는 하나님의 택함을 받아 구원이 확실한, 전 세계에 흩어져 있는 모든 사람들로 구성된다. 그러나 후자는 전자를 떠나서는 단독적으로 존재하지 않는다."라고 하여, 고백하고 있다.[64] 대한예수교장로회총회는 '정치' 부분, '교회' 조항에서 "교회는 두 가지 구별이 있으니, 보이는 교회와 보이지 않는 교회이다. 보이는 교회는 온 세계에 산재한 교회이고, 보이지 않는 교회는 하나님만 아시는 교회이다."라고 하여, 가시적 교회와 불가시적 교회를 존재론적 차원이 아니라 인식론적 차원에서 구별하고 있다.[65]

칼뱅은 '가시적'과 '불가시적'이라는 대조적 형용사를 한정사(限定詞)로 교회와 연결시키는 것이 아니라, 술어(述語)로 교회와 연결시킨다. 칼뱅은 교회를 더 명확하게 설명하기 위하여 교회의 두 측면, 곧 '하나님 앞에 있는 교회와 사람들 앞에 있는 교회'(ecclesia coram Deo et ecclesia coram huminibus)를 구분하여 사용했을 뿐이다. 다시 말하면 플라톤적 이원론에 근거한 교회론은 존재론적 차원에서 '가시적 교회'와 '불가시적 교회'를 구분하지만, 종

---
63) 대한예수교장로회총회 헌법개정위원회(편), 『대한예수교장로회총회 헌법』, 115-116.
64) 위의 책, 149-150.
65) 위의 책, 172.

교개혁자들과 대한예수교장로회의 신앙고백들은 인식론적 차원에서 구분하고, 무엇보다도 우리가 지상과 역사 속에서 만나고 경험하는 현실적 교회를 강조했다. 하나님은 가시적인 교회 안에 있는 선택된 자들을 아실 수 있지만, 사람들은 가시적 교회 안에서 누가 알곡인지 누가 가라지인지를 모른다. "그러므로 우리는 볼 수는 없으나 하나님께서 보시는 불가시적 교회를 믿어야 할 뿐만 아니라, 인간의 눈으로 보는 교회의 현실의 교회를 잘 유지하며, 교회 안에서 성도의 교제를 도모할 의무가 있다."[66] 가시적 교회와 불가시적 교회 사이에 지역 교회와 보편 교회라는 공통분모 또는 교집합(交集合)이 플라톤적 이원론에 입각한 교회론에서는 존재하지 않지만, 종교개혁자들과 대한예수교장로회 총회 신앙고백서들의 교회론에서는 존재한다.

교회는 '사건'인가? 아니면 '제도'인가? '사건'(Ereignis)으로서의 교회상이 초기 바르트에게 나타나지만, 후기 바르트 사상 속에서 '형태(Gestalt)와 존재(Sein)'로서의 교회의 측면이 충분하게 보충되었다.[67] 교회가 사건의 성격을 갖는지, 제도적 성격을 갖는지에 대한 판가름은 성령의 활동에 대한 이해와 맞물려 있다. 주관주의적・열광주의적 성령 이해에서 성령은 직접적으로 일하시지, 인간을 비롯한 제반 수단들과 도구들을 사용하실 필요가 없다. 그와는 정반대로 객관주의적 성령 이해에서는 성령이 제반 수단들과 도구들에게 얽매여 있다. 전자의 경향은 주로 오순절적・은사주의적(pentecostal-charismatic) 교회 속에서, 후자의 경향은 주로 로마천주교회에서 발견된다. 하나님으로서의 성령은 신적 주권성과 자주성을 항상 가지고 계시기 때문에, 성령께서 일하실 때 제 수단들과 도구들을 사용하시지

---

66) John Calvin, 『기독교 강요』(1559), IV. i. 7.
67) 이신건, 『칼 바르트의 교회론』(서울 : 성광문화사, 1989), 278 ; 김명용, "칼 바르트의 교회론," 한국조직신학회 엮음, 『교회론』, 204 : "후기 바르트의 신학은 사건인 동시에 제도로서의 교회를 주장하고 있기 때문이다."

않고도 일하실 수 있지만, 대체로 성령께서는 사람 등을 비롯하여 제 수단들과 도구들을 사용하신다. 특히 사도행전에 나타난 오순절 사건 직전에 하나님께서 가룟 유다의 궐을 메우기 위해 맛디아를 보궐선거를 통해 선출하게 하시고, 오순절 사건 이후 헬라파 과부들에 대한 구제(救濟 ; 디아코니아) 문제로 선거를 통해 일곱 집사가 세워졌다. 사도행전 20 : 28에 의하면, 성령께서 주님의 피로 사신 에베소교회를 보살피기 위해 '감독자'를 세우셨다.

    사건으로서의 교회만이 일방적으로 강조될 경우, 자칫 제도나 직분이 교회에 전혀 필요 없다는 무교회주의적 교회나 개인주의적 교회 또는 '흩어지는 교회'로만 귀결되어, 교회의 일관성과 안정성이 보장될 수 없다. 그 반대로 제도로서의 교회만이 강조될 경우, 특정한 제도나 직분이 절대화되어 교회의 역동성이 약해지고, 교회가 화석화될 수 있다. 하나님의 말씀과 예수 그리스도의 복음이 성령을 통해 선포될 때 이 말씀 사건과 성령 사건 속에서 교회가 탄생하지만, 성령께서 교회를 유지하고 구축하시기 위해 구속사적으로 적응된 합당한 제도들을 제공하신다. 말씀과 성령의 사건으로서의 교회 개념 속에 제도로서의 교회 개념이 상호 보완되어야 할 것이다. 구심력(求心力)과 원심력(遠心力)이 균형을 이루어야 인공위성이 일정한 궤도 위를 안전하게 계속적으로 공전할 수 있듯이, 사건으로서의 교회 개념과 제도로의 교회 개념이 상충 관계가 아니라 상호 보완 관계에 있어야 할 것이다. "초대 교회도 성령의 사건으로 탄생했다. 오순절의 성령강림이 없었다면 초대 교회도 없을 것이다. 그러나 이 성령의 사건으로 탄생한 교회는 신약성경 시대부터 이미 제도성을 가지고 있었다."[68]

---

68) 김명용, 『열린신학 바른 교회론』, 22.

(2) 교회의 정치구조

세계교회사에서 교회의 정치 구조(질서 : ordo)는 다양하지만, 대체로 네 가지, 곧 교황제도, 감독제도, 회중제도, 장로회제도로 분류될 수 있을 것이다. 첫째, 로마천주교회는 교황제도를 채택하고 있는데, 교리와 도덕에서 절대 무오(無誤)한 교황은 베드로부터 시작된 사도권을 계승하고 있다. 이 제도는 성직자절대주의 제도이며, 비민주적인 제도라고 할 수 있다. 둘째, 감독제도(성공회, 루터교, 감리교 등)는 교리와 도덕에서 감독의 유오성(有誤性)은 인정되지만, 감독에 의해 지교회의 목회자들이 파송되는 중앙집권적인 제도이다. 셋째, 회중제도는 교회의 모든 권한을 전체 교인들인 회중이 가지고 있다. 회중제도는 지교회의 자주권을 최고 권위로 삼고, 상회(上繪)를 인정하지 않는다. 비록 설교하는 목사나 봉사하는 집사가 있을지라도, 직분자들은 회중에 의해서 세움 받고, 회중에게 종속된다. 넷째, 대체로 개혁교회와 장로교회는 장로회제도를 채택하고 있다. 장로회제도는 목회자(목사)와 평신도 대표(장로)로 구성된 교회법적 기구인 치리회(당회, 노회, 총회 등)를 통해서 운영된다. 교황제도와 감독제도에서는 평신도의 역할이 매우 제한적이고, 그 반대로 회중교회에서는 직분자들의 역할이 매우 제한적이라면, 장로회제도에서는 목회자와 평신도가 조화를 이루어 교회를 다 함께 섬기는 제도이다.

또한 우리는 교회정치구조를 직제절대론(職制絶對論), 직제무용론(職制無用論), 직제유용론(職制有用論)의 관점에서 분류할 수 있을 것이다. 로마천주교회는 교황직을 비롯한 교회의 직분을 교회의 본질로 이해하기 때문에 직제절대론의 입장에 서 있다. 반면에 만인제사장직(모든 신자 제사장직, the priesthood of all believers) 외에 어떤 교회의 직분도 허락하지 않는 교회는 직제무용론을 수용하는 것이다. 이런 교회에서는 성도라면 누구든지 설교할 수 있고, 성례전도 집례할 수 있다. 그러나 대부분의 개신교는 직제유용론의 입장에 서 있다. 칼뱅이 주장하듯이 직제나 직분은 교회의 본질에는 속하지 않지만, '좋은 교회'를 만들기 위해 성령의 은사와 함께 반드시 필요하고도 중요한 도구와 수단이다.

대한예수교장로회 총회는 "교인은 성부, 성자, 성령, 삼위일체 하나님을 믿는 자들인데 그리스도인이라 부른다."라고 '만인제사장직'에 근거하여 교인을 정의함으로써 교회의 일반직제를 인정하고[69], 또한 특별직제로의 '교회의 직원'을 인정하여 항존직과 임시직으로 나눈다. 항존직에는 장로(설교와 치리를 겸하는 자로서의 목사, 치리만 하는 자로서의 장로), 집사, 권사가 있고, 임시직에는 전도사와 서리집사가 있으며[70], 치리회로서는 목사와 장로로 구성되는 당회, 노회, 총회가 있다.[71]

교회의 정치 구조를 요약하면, 목회자 중심으로 운영되는 중앙집권적인 형태가 있고(로마천주교회, 성공회, 루터교, 감리교 등), 제도와 직제를 무시하면서 평신도 중심으로 운영되는 회중교회 체제가 있다(퀘이커교도 등). 그러나 우리는 성령이 모든 신자들에게 은사를 주어서 교회와 세상에서 일할 수 있도록 하실 뿐만 아니라(만인제사장직), 성령은 특별히 교회의 직분자들을 세워서도 일하신다는 성경(행 20 : 28)에 근거하여, 성령론을 밑바탕에 깔고 있는 장로회제도(딤전 4 : 14)가 균형 잡힌 교회정치제도라고 말할 수 있다. 우리는 로마천주교회의 직제절대론을 거부하고, 직제무용론의 약점을 의식하면서, 직제유용론의 입장에서 '만인제사장직'의 일반직제와 특별직제를 똑같이 받아들이는 것이 바람직할 것이다. 세계 대부분의 개혁교회와 장로교

---

69) 대한예수교장로회총회 헌법개정위원회(편), 『대한예수교장로회총회 헌법』, 173.
70) 위의 책, 175.
71) 위의 책, 185.

회는 마르틴 부처와 칼뱅에게서 기원한 교회의 사중직(목사, 교사, 장로, 집사)을 채택하여, 치리회(당회, 노회, 총회 등)를 중심으로 교회정치를 운영하고 있다.[72]

4) 교회와 하나님의 나라

우리는 먼저 교회와 하나님 나라의 관계에 대한 두 가지 양극단의 이해를 피해야 할 것이다. 중세 로마천주교회에서처럼 지상의 교회를 하나님의 나라와 완전하게 동일시하는 경우와, 그 반대로 일부 신학에서처럼 하나님의 나라가 교회와 전혀 무관한 것처럼 상호 분리시켜 이해되는 경우이다. 교회는 하나님의 나라와 밀접한 관계 속에 있지만, 교회 자체가 하나님의 나라는 아니다. 교회는 하나님 나라의 징조 또는 전조(前兆, sign)이며, 하나님 나라의 실현을 위한 가장 중요한 도구이며, 전위대(前衛隊, avant-garde)이다.

몰트만의 교회론에는 종말론적 교회론이 강하게 나타난다.[73] "성령의 권능 하에 있는 교회는 아직 하나님의 나라는 아니지만, 그러나 역사(歷史) 속에서의 하나님의 나라의 예기(豫期) 또는 선취(先取, Antizipation)이다. …… 이런 의미에서 예수 그리스도의 교회는 하나님 나라의 백성이다."[74] 하나님의 나라는 그리스도와 그의 영이 계시는 그리스도인 안에서와 그리스도의 교회에서 출발하여 전(全) 세계적으로, 전(全) 우주적으로 종말을 향해서 확장되어야 할 것이다(행 20 : 28 ; 계 22 : 1-5). 음부의 권세가 교회를 결

---

72) 장로회직제의 다양한 신학적 의미들(그리스도의 통치권 속에 있는 직제, 말씀에 대한 봉사 속에 있는 직제, 본질상 동등하나 기능상 차이성 속에 있는 직제 등)을 참고, 최윤배,『개혁신학 입문』(서울 : 장로회신학대학교출판부, 2015), 429-451.
73) 신옥수, "위르겐 몰트만의 교회론," 한국조직신학회 엮음,『교회론』, 319-320.
74) Jürgen Moltmann, Kirche in der Kraft des Geistes : Ein Beitrag zur messianischen Ekklesiologie, 220-221, 참고, 박봉랑 외 4인 역,『성령의 능력 안에 있는 교회』, 217-218.

코 이길 수 없다(마 16 : 18). 그리스도 자신과 그리스도의 교회로부터 시작된 하나님의 나라는 아직도 완성되지 않았지만, 예수 그리스도의 재림을 통해서 완성될 것이다. "성부 하나님께서 이 교회를 통하여 죄의 지배 아래에서 저주에 빠진 사람들을 구속하시고, 이 땅 위에 하나님의 나라를 세우시며, 하나님이 지으신 선한 창조를 회복하시고, 새 창조의 세계를 약속하셨다. …… 이 교회는 믿지 않는 사람들에게 복음을 전할 뿐만 아니라, 정치, 경제, 사회, 문화 및 가치관과 인생관들을 그리스도 중심적으로 재정립하여 이 세상에서 하나님의 나라를 확장하고, 하나님의 선한 창조 세계의 보전을 위해서 힘써야 한다."[75]

5) 21세기에 비추어 본 교회론에 대한 새로운 논쟁들

21세기는 포스모던주의(post-modernism) 시대와 IT 기술과 AI(인공지능) 기술 등의 발달로 인한 제4차 산업혁명의 시대로 불린다. 교회론과 관련된 몇 가지 논쟁적인 주제들을 제안하고자 한다. '사이버 처치'(Cyber Church)가 병상에 있는 사람들, 교회에서 시험받아 실족 위기에 있는 사람들, 삶의 현장에 묶여 교회에 가고 싶어도 못 가는 사람들 등을 위해 세워져 운영되고 있다. 또한 에디 깁스(Eddie Gibs)는 '이머징 교회'(Emerging Church)를 "포스트모던 문화 안에서 예수의 길을 실천하는 공동체"로 이해하고, '이머징 교회' 운동을 전개하고 있다.[76] 특히 21세기에 세계 교회는 '이단'(異端) 문

---

75) 대한예수교장로회총회 헌법개정위원회(편), 『대한예수교장로회총회 헌법』, 164.
76) 참고, Eddie Gibbs, *Emerging Church : Creating Christian Community in Postmodern Cultures*, 김도훈 역, 『이머징 교회』(서울 : 쿰란출판사, 2008).

제외[77] '동성애' 문제에[78] 직면해 있고, 여기에 더해 한국 교회는 '목회자 이중직' 문제에 대한 해법도 제시해야 할 것이다.

---

[77] "이단사이비상담자료," www.pck.or.kr.
[78] 참고. 기독교윤리연구소, 「동성애에 대한 기독교적 답변」,(서울 : 예영커뮤니케이션, 2011) ; 배정훈 공저, 「동성애, 21세기 문화 충돌」(용인 : 킹덤북스, 2016).

8장
구원론

김형근(대전신학대학교)

1. 서론

본 교단 총회의 결의에 따라, 여러 교수님들이 교단의 신학에 입문하는 신학생들에게 간추린 조직신학 교과서를 내놓게 되었다. 여기서는 영원한 생명으로 다시 태어나는 부활의 소망을 보증하는 하나님의 구원에 관한 교리, 즉 구원론을 취급하려고 한다. 전통적으로 그리스도론에서 참 하나님이고 참 사람인 예수 그리스도의 인격과, 선포하고 가르치며 치유하는 그분의 사역을 논하면서, 그리스도의 사역이 바로 구원론에 해당하는 것으로 말하여져 왔다.[1] 필자는 주로 그리스도의 구원 사역을 증언하는 복음서들과 바울

---

1) 윤철호, 「너희는 나를 누구라 하느냐 : 통전적 예수 그리스도론」(서울 : 대한기독교서회, 2013), 35.

서신에 기초하여, 마르틴 루터(Martin Luther, 1483~1546)와 장 칼뱅(Jean Calvin, 1509-1564)의 견해들을 중심으로, 영국의 「웨스트민스터 신앙고백」 (1648)과 "대한예수교장로회 신앙고백서"(1986)에 근거하여, 또한 부차적으로 여러 신학자들의 다양한 견해들을 심사숙고하여, 개혁교회의 구원론을 간략하게 소개하고자 한다.

그 무엇보다도 그리스도를 통하여 제공되는 구원론이 담당하는 기능과 조직신학의 각론들 가운데서 차지하는 위치는 아주 특별하다. 삼위일체론은 유대교나 이슬람교의 유일신론이나 힌두교나 신도(神道)의 다신론과 질적으로 다른 신관을 가진 그리스도교의 정체성을 명확하게 확립해 준다. 그와 마찬가지로 그리스도의 십자가를 통하여 일어난 구원의 사건이야말로 타종교들 가운데서, 특히 자력적인 선(禪) 수행을 통하여 비신론(非神論)적인 연기(緣起) 법문을 깨달아 니르바나(열반)에 도달하려는 불교로부터, 맹자가 말한 인간의 선천적 품성들인 인의예지(仁義禮智) 사단(四端)을 수양하여 성인군자에 이르려는 유교로부터, 호흡수련을 통한 내단(內丹)의 증진과 영약의 섭취를 통한 양생(養生)으로 신선이 되려는 도교로부터 복음의 정체성을 분명하게 구별하는 기능을 지니고 있다. 그런 점에서 구원론의 위치는 그리스도교의 신앙고백적인 교리들 가운데 중심에 있다고 할 수 있을 것이다. 따라서 구원론은 하나님으로부터 시작하여 그리스도 안에서, 그리스도를 통하여 인간과 세계를 위해 일어난 복음의 선포와 가르침에 있어 그리스도교가 증언해야 할 모든 것을 그 속에 포괄한다고 말할 수 있다.[2]

2. 성경의 구원 개념

---

2) 김균진, 「기독교 신학 3」(서울 : 새물결플러스, 2014), 277.

오랜 번민과 연구 끝에 은혜의 하나님을 발견한 루터는 로마서 1 : 16~17에 나오는 '하나님의 의'라는 개념이 죄인들을 정죄하고 심판하는 의가 아니라, 자신이 죄인임에도 불구하고 그리스도의 복음에 나타난 하나님의 의를 믿는 자들을 의롭다 여겨 주시는 의, 즉 인간의 노력으로 성취한 공로적인 의가 아니라 덧입혀진 은총이나 그리스도로부터 전가되는 외래적인 의로서 이해하여 자신의 구원을 확신하게 되었다. 마찬가지로, 자신이 지키던 죄수들이 도망한 줄로 생각하여 자결하려던 빌립보 감옥의 간수가 바울과 실라에게 던진 질문은 "선생들이여 내가 어떻게 하여야 구원을 받으리이까"(행 16 : 30)와 같이 구원의 방편에 대한 질문이었다. 그에 대한 바울의 대답은 "주 예수를 믿으라 그리하면 너와 네 집이 구원을 받으리라"(행 16 : 31)는 것이다. 이처럼 성경은 구원의 문을 두드리는 죄인들을 구원에 이르게 하는 책이다. 구약이 인간의 궁극적인 구원을 예비하고 약속하는 책이라면, 신약은 그 구원의 약속이 죄로 물든 세상 속에서 살아가는 인간들에게 성취되었다는 것을 선언하고, 그리스도의 재림에 이어지는 영원한 생명의 부활을 약속하는 책이라 할 수 있다. 즉, 성경은 하나님의 형상을 따라 창조된 인간이 불순종으로 타락하여 죽음을 맞이하게 되었으나, 하나님이 예비하신 은혜로 구원을 받을 수 있다는 것을 보여 주는 장편의 위대한 드라마이다.[3]

1) 구약성경의 구원

구약에서 하나님은 창조를 통하여 존재와 생명이 없는 무로부터 인간과 세계에 존재와 생명을 주신다. 이것이 바로 창조주 하나님께서 인간과 세계에

---

3) 브루스 데머리스트, *The Cross And Salvation*, 이용중 옮김, 「십자가와 구원」(서울 : 부흥과개혁사, 2006), 37.

새로운 생명의 세계를 부여하는 구원자가 되시는 이유라 할 수 있다(사 43 : 1). 그런 창조의 하나님은 원초적으로 이스라엘 민족에게 출애굽을 행하시는 해방자나 구원자 하나님으로 경험된다. 속박당하며 신음하던 애굽의 종살이로부터 이스라엘을 구원해 내신 하나님은, 시내산 계약을 파기하여 범죄한 이스라엘 민족을 징벌하고, 바벨론으로 끌려가 눈물과 한숨의 포로기를 겪게 한 후에 회개한 그들을 다시 예루살렘으로 돌아오게 한다. 그래서 포로기 전에 이사야는, 어떤 주변의 강대국들을 의지할 것이 아니라 하나님만을 굳게 믿어야 유다 왕국이 굳게 선다고 외쳤다(사 7 : 9). 그리고 포로지에서 신음하는 이스라엘 백성에게 임박한 새로운 출애굽을 예언하며 위로의 말씀을 전한 이사야는 다음과 같이 증언한다. "나 곧 나는 여호와라 나 외에 구원자가 없느니라"(사 43 : 11). 또한 포로기 이후의 이사야는 경제적 빈곤과 이스라엘 왕국의 정치적 회복이 불가능한 절망적인 상황에서, 이스라엘의 참된 회복과 구원은 메시야를 통한 새 하늘과 새 땅의 창조를 통해서 이루어진다는 묵시문학적인 희망을 노래하였다.[4]

구약의 구원 개념을 어원적인 차원에서 살펴보면, 히브리어 동사 야사(yasa')와 그 파생어들은 구약에 353회에 걸쳐 사용된 것으로 나타난다. 야사의 단순 수동형은 '구원받다'나 '해방되다'라는 의미를 지니고 있고, 야사의 사역 능동형은 '해방하다'나 '승리를 주다' 혹은 '구원하다'라는 뜻을 지니고 있다. 또한 구약에서 64회 사용된 명사 예수아(yesu' ah), 31회 사용된 명사 예사(yesa'), 19회 사용된 테수아(tesu' ah)는 각기 '도움'과 '해방'과 '구원'을 의미한다. 이러한 단어들은 여러 가지 형태의 낙심이나 위험, 또는 속박에서 해방됨을 표현할 때 가장 빈번하게 사용되는 어휘들이다. 다시 말해서

---

[4] 박준서, 「성경과 기독교」(서울 : 연세대학교출판부, 1985), 114, 125, 131.

그것들은 현실적인 의미에서 출애굽의 해방이나 대적자들에 대한 이스라엘의 승리, 혹은 포로에서 풀려남이나 국가적인 위기 탈출을 묘사하고, 영적인 의미에서 범죄와 그 범죄의 결과로부터의 해방을 말하는 데 사용되었다. 구약은 구원을 가져오려는 모든 종류의 인간의 노력은 헛되기에, 유일한 구원자는 바로 창조주이시며 역사의 주님이신 하나님이라고 선언한다.[5] 다른 한편으로, 하나님의 구원을 드러내는 히브리어 동사 파다(padah)와 가알(gaal)이 있다. 파다는 속전이나 몸값을 지불하고 '풀어 주다', '되찾다', '해방하다'를 의미한다. 파다는 법적이나 제의적인 개념으로 사용되기도 하고, '도와주다'라는 일반적인 의미로 사용되기도 한다.[6] 그리고 가알은 법적으로 훼손된 상태에서 본래의 상태로 돌아가는 해방이나 회복을 말하는 '속량하다', '구원하다'라는 의미를 지니고 있다. 가알로부터 파생된 히브리어 명사 고엘(goel)은 해방자, 속량자, 구속자, 보호자, 피의 복수자를 뜻한다.[7]

이런 어휘들을 통하여 구약의 구원관의 두드러진 특징들은 다음과 같이 요약된다. 첫째, 하나님의 구원은 피안적인 것이라기보다는 차안적이며 현실적인 구원이다. 둘째, 인간의 영, 혼, 육을 포함한 삶의 영역 전체가 하나님의 구원의 대상이기에, 하나님의 구원은 총체적이고도 보편적인 구원, 즉 육체적이고도 물질적인 구원이다. 셋째, 하나님의 구원은 사회와 정치적인 영역도 포함하는 공적인 영역의 구원이다. 넷째, 하나님의 구원은 자연의 세계를 포함하는 생태학적이고도 우주적인 구원이다. 다섯째, 하나님의 구원은 율법과 희생제물을 통하여 개인의 죄를 용서하는 개인구원의 차원도 포함하고 있다. 구약에서 개인구원은 율법을 준수하는 것을 통하여 하나님으

---

5) 브루스 데머리스트, 「십자가와 구원」, 38.
6) 김균진, 「기독교 신학 3」, 298.
7) Ibid., 300.

로부터 의롭다고 인정받음으로 성취되며, 또한 율법을 어겨 하나님 앞에 죄를 범했을 때에는 희생제물을 드림으로써 하나님으로부터 그 죄를 용서받고 죄인과 하나님의 내면적인 관계가 회복되는 화해가 이루어진다. 여섯째, 하나님이 베푸시는 궁극적인 구원은, 신음하는 피조세계에 하나님의 정의와 사랑과 평화의 통치가 임하고 온전하게 살아가는 삶을 위하여 메시야에 대한 약속이 실현되는 데 있다. 이러한 전 세계적인 보편성을 상실하고 국수적인 민족종교로 전락한 유대교를 넘어서, 구약의 메시야적 구원관은 신약으로 이어진다. 일곱째, 예언자들을 통하여 약속된 후기 유대교의 묵시사상적인 구원은 세계사의 마지막에 오는 악의 통치에 종말을 고하는 새로운 시대의 열림이다. 그러나 이스라엘 역사는 주변의 강대국들에 의하여 지속적으로 반복된 식민통치의 경제적 수탈과 종교적 탄압으로 인해 더욱더 고난의 질곡으로 떨어져 왔다. 묵시사상은 역사의 마지막에 선악의 통치가 바뀌는 극단적인 시간적 이원론을 말하지만, 그것이 세상의 종말에 이르러 성취된다는 것은 아니다. 오히려 일반적인 시간을 넘어서 구원의 특별한 때로 진입하는 신약적인 의미에서, 그리스도의 십자가와 부활을 통하여 이미 하나님의 나라가 선취되었고, 그것은 지금 여기에서 점점 확장되어 가며, 결국 종말에 완성될 것이다.[8]

2) 신약성경의 구원

신약에서 구원과 관련된 동사는 소조(sozo)로 '구조하다'와 '해방하다'나 '구원하다'의 의미로 100회 이상 사용되었다. 이것의 명사형 소테리아

---

8) Ibid., 303 - 307.

(soteria)는 '구원'의 의미로 49회나 나타나고, 인칭명사형 소테르(soter)는 '구속자'와 '해방자'나 '구원자'의 의미로 24회나 쓰였다. 신약에서 이러한 단어들은 대개 위험과 질병이나 대적자들과 속박으로부터 벗어나는 구조와 해방을 의미한다. 구약에서 구원자로 활동하신 성부 하나님께서 이제 예정하신 때가 차매 자신의 독생자를 아낌없이 내어 줄 정도로 세상을 사랑하사 그 아들을 보내시니, 이는 누구든지 그를 믿어 갈망하던 구원을 얻게 하셨다는 것이다(요 3:16). 하나님의 구원의 경륜은 예수라는 이름의 뜻, 즉 "야웨는 구원자이시다"라는 뜻을 지닌 히브리어 조수아(Joshua)의 음역인 헬라어 '예수스'(Jesous)가 "저희 백성을 죄에서 구원할 자"라는 의미를 지닌 데서 더 분명하게 드러난다. 브루스 데머리스트(Bruce Demarest)는 예수의 삶과 죽음의 목적이 잃어버린 죄인들을 되찾아 회복시키는 것이었기에, 예수를 통해 일어나는 구원은 주로 개인적이며 영적인 축복의 차원의 것이라고 말하지만,[9] 이는 예수가 구원하는 사회와 세계와 전 우주의 구원론적인 차원을 너무 소홀히 취급하여 협소한 의미로 축소화시키는 해석인 것 같다. 왜냐하면 신약에서 구원의 출발점이 되는 기초는 예수 자신을 통하여 선취되어 시작된 하나님의 나라를 선포한 그리스도 사건에 있기 때문이다. 또한 바울 신학에서 하나님의 구원은 개인의 내면적인 칭의로 해석되기도 하지만, 또한 하나님 나라의 총체적 구원을 소홀히 여기지 않기 때문이다.[10]

이런 단어들을 통하여 신약의 구원관의 두드러진 특징들은 다음과 같이 요약된다. 첫째, 구약의 구원관의 주요 내용들을 계승한 신약의 구원관은 이원론적인 세계관을 극복하는 총체적이고도 차안적인 것이다. 다시 말해서 신약에서 말하는 하나님의 구원이란 '세상의 구주'이신 예수가 선포한

---

9) 브루스 데머리스트, 「십자가와 구원」, 38-39.
10) 김균진, 「기독교 신학 3」, 307-308.

'하나님의 나라'라는 말에서 잘 나타나듯이, 피안적인 것이라기보다는 이 땅 위에서 이루어져야 하는 하나님의 통치이기에 차안적이며 현실적이라는 것이다. 바울에 따르면, 예수의 십자가의 죽음은 인간의 죄를 용서하기 위한 대속적 죽음으로 칭의의 근거이고, 인간의 죄 때문에 신음하며 고통당하는 피조물들도 해방되어 하나님의 자녀들이 누리는 영광스런 자유(구원)에 이르기 위해 인내하며 기다리는 소망의 근거이기도 하다. 게다가 죽음과 슬픔과 울부짖음과 고통이 없는 '새 하늘과 새 땅'을 노래하는 요한계시록의 비전은 구약의 총체적이고도 차안적인 구원관을 계승한 것이라 할 수 있다. 둘째, 그리스도교에서 하나님의 구원을 영혼구원이라 말하지만, 그것은 이원론적인 인간관을 극복하는 것으로서 영혼뿐만이 아니라 육체의 구원을 포함한 전인적이고도 총체적인 구원이다. 셋째, 메시야의 의역인 그리스도가 이룩하신 구원은 하나님의 정의로우신 메시야적 통치가 모든 영역에 걸쳐 이루어지는 하나님의 나라를 선포하는 구약의 메시야적인 구원관을 계승한 것이다. 넷째, 복음이 전파되던 로마제국의 암울한 역사적 상황 속에서 성행하던 것이 영적인 어두움과 지배와 착취와 술취함과 방탕한 음행이었다면, 예수의 복음이 주는 구원은 빛과 진리로 가득 찬 성령의 위로하심 속에서 누리는 참 생명과 사랑과 평안이 있는 새로운 소망의 삶이었다. 다섯째, 예수를 믿어 이미 구원을 얻은 사람들의 구원의 완성은 그리스도와 그의 영 안에서 현재적으로 체험되는 동시에 그리스도의 재림을 통하여 종말론적인 미래에 완성될 것이고, 그러한 부활의 소망을 지닌 성도들에게 성령은 그 약속의 보증자가 되신다. 새로운 구원의 시대를 개방시킨 예수의 죽음과 부활을 통하여 이미 성취되어 완성을 향하여 진행되어 나가는 성도의 온전한 구원은 구약에서 말하는 율법의 준행과 특정한 장소에 얽매인 희생제사를 통해서 받는 것이 아니다. 율법의 완성으로 이웃 간에 서로에 대한 용서와 사랑을 강조하며, 유대교의 지역적이고도 민족적인 한계를 넘어 전 세계로 퍼져 나가며, 전 인류와 온 피조 세계와 모든 우주의 영역들을 대상으로 하나님의 정의와 사랑과 자유와 생명을 부여하여, 하나님이 모든 것의 중심이 되는 샬롬의 질서와 참 생명을 누리게 하는 것이다.[11]

3. 구원은 오직 하나님의 은혜로만

대한예수교장로회 신앙고백서 '제6장 구원'에 따르면, 선악과를 따먹어 전적으로 타락한 인간은 하나님의 은혜를 통하여서만 구원을 받는다. 인간이 원죄를 범하여 타락함으로 인해 하나님과의 영적인 교제가 끊어지는 죽음에 이르게 되고, 결국 그것이 인간들 사이에도 죄가 들어서게 만들어 살인이 난무하고 하나님을 인식하는 영성을 상실하여 육체로 전락한 고통의 상태로 나아가게 만들었다. 하지만 그런 죄의 상태를 극복하는 세계를 향한 하나님의 절대적인 사랑인 그리스도를 믿음으로써 성도가 구원을 받은 것은, 오직 하나님의 은혜라는 것이다. 그리스도를 믿어 구원받은 성도는 하나님의 자녀가 되는 신분을 획득하게 되고, 또한 그리스도 안에서 성령의 인도함을 받는 복된 삶을 살게 된다. 그리고 그러한 믿음의 종말론적인 현실은 그리스도의 재림을 통하여 완성되는 영원한 생명을 하나님께로부터 받아 누리는 부활의 영화(榮化)로 이어진다.[12]

1) 하나님의 은혜

---

11) Ibid., 312 - 324.
12) 대한예수교장로회총회 헌법개정위원회 편집, 「헌법」(서울 : 한국장로교출판사, 2007), 147.

「웨스트민스터 신앙고백」은 구원에 있어서 인간 편에서의 자유의지적인 결단에 따라 응답하는 신앙고백적인 구원의 주관적 측면보다도, 인간의 전적인 타락을 말함으로써 인간을 창조한 구원자 하나님의 절대적인 주권을 드높이는 구원의 객관적 측면인 하나님의 은혜를 부각시킨다. 즉, "사람은 죄의 상태에 타락함으로서 구원에(롬 5 : 6, 8 : 7, 요 15 : 5) 따르는 어떤 영적 선을 원하는 모든 능력을 전부 상실하였다. 그러므로 자연인은 선을 행하기를 싫어하며(롬 3 : 10, 12) 죄 안에 죽어 있어서 자기의 힘으로는 회개하거나 회개할 수 있도록 준비할 수도 없다(요 6 : 44, 65, 고전 2 : 14, 딛 3 : 3-5, 엡 2 : 2-5)."[13] 그다음에 이어지는 고백에 따르면, 전적으로 타락한 인간이 회개하고 은총의 상태로 옮겨져 자연의 멍에로부터 해방되며 영적인 선을 원하고 그것을 행할 수 있는 것은 전적으로 하나님의 은혜이다. 하지만 온전하게 선만을 원하는 영화의 단계에 이르기 전에는 하나님의 은혜로 구원받은 인간이라 할지라도 그의 의지 안에는 여전히 부패한 일부분의 죄성이 남아 있다고 말한다.

개혁교회 전통에 따르면 대체로 "하나님의 은혜는 생명을 지탱하고 죄인을 그리스도에게로 효력 있게 이끄는" 역할을 감당한다. 칼뱅주의 5대 강령[14]

---

13) Ibid., 87.
14) 총회교육자원부 편, 「개혁교회의 신앙고백」(서울 : 한국장로교출판사, 2007), 287 - 315에 따르면, 무조건적인 선택(예정)과 불가항력적인 은총을 주장한 고마루스(Franciscus Gomarus, 1563~1641)와는 달리, 그리스도는 선택된 자들만을 위해서가 아니라 만인을 위해서 죽으셨고, 또한 하나님의 은혜를 인간이 의지적으로 저항할 수 있다고 주장한 아르미니우스(Jacobus Arminius, 1560 - 1609)의 가르침을 따르는 제자들로 구성된 항변파에 대응하기 위하여, 네덜란드의 도르트레히트(Dordrecht)에서 도르트 장로회총회가 1618년 11월 13일부터 1619년 5월까지 열렸는데, 여기서 결정된 것이 도르트 신조(Cannons of Dordt)이고, 이 신조의 주요내용이 칼뱅주의 5대 강령이다. 그것은 1. 전적 타락(Total depravity), 2. 무조건적인 선택 (Unconditional election), 3. 제한 구속(Limited atonement), 4. 불가항력적인 은총(Irresistible grace), 5. 성도의 견인(Perseverance of the Saints)으로 구성되어 있다. 이것들의 머리글자를 합쳐 약어로 만들면 공교롭게도 네덜란드의 국화인 튤립(TULIP)이 되는데, 칼뱅주의 5대 강령을 약칭하여 "튤립교리"라고도 한다. 이것을 풀어서 설명하면, 인간은 전적으로 타락하여 오직 하나님의 은총으로만 구원을 받을 수 있고, 그리스도를 통하여 하나님께 구원받을 사람들은 창

가운데 '저항할 수 없는 은혜'는 많은 현대의 칼뱅주의자들에 의해서 '효력 있는 은혜'로 해석된다. 즉, 하나님은 반항하는 인간의 의지를 꺾기보다는, 하나님 자신의 능력으로 인간의 의지를 하나님에게 적대적인 태도에서 호의적인 태도로 바꾸시기에, 하나님께 택함을 받은 사람은 특별은총에 끝까지 저항할 수 없다.[15]

'오직 은혜로만'(sola gratia) 구원을 받는다고 십자가 신학을 외쳤던 루터는, 타락 이후의 인간의 자유의지는 죄를 저지를 뿐이라고 말하며, 구원은 선행하는 하나님의 은혜에 대한 죄인의 반응이나 협력에 근거한 것이 아니라고 주장하였다. 그리고 은혜란 가톨릭에서 말하는 것처럼 영혼 안에 주입되어 영혼을 의롭게 만드는 피조된 속성이 아니라, 하나님 안에 있는 성향이며 활동이라고 말했다. 즉, 하나님의 "은혜란 하나님이 우리를 받아들이시며, 우리의 죄를 용서하시고, 그리스도로 말미암아 값없이 우리를 의롭다 하시는 은총이다."[16] 그래서 은혜는 성령께서 우리 심령에 그리스도의 의를 부어 주시기에 전가된 것이다. 루터가 일반은총과 같은 개념을 명시적으로 언급한 것은 아니지만, 너무나도 뿌리 깊은 인간의 죄악성 때문에, 모든 인간의 생존을 위해서 하나님의 선하신 자비와 능력을 베풀어 주심이 절대적으로 필요하다고 하며 그 여지를 남겨 두었다. 하지만 하나님은 자신의 영원한 선택과 예정에 따라서 의롭다 하시는 은혜를 택함을 받은 자들에게 내려 주신다. 그리스도를 통해 나타난 하나님의 의라는 특별은총은, 아무 공로와 가치가 없는 사람들에게 값없이 주어지는 하나님의 주권적인 선

세 전에 무조건적으로 선택 되었으며, 그렇게 예정된 사람들만이 제한적으로 구원을 받고, 하나님은 구원받기로 선택된 사람들을 불가항력적인 은혜를 통하여 어떻게 해서든지 구원하시며, 구원받은 성도들은 약하고 결점이 있지만 천국에 이를 때까지 하나님이 자신의 은혜로 그들을 온전하게 보존하고 굳게 붙들어 은혜로부터 완전히 벗어난 타락의 나락에 떨어지지 않도록 견인한다는 것이다.

15) 브루스 데머리스트, 「십자가와 구원」, 93.
16) Ibid., 98.

물이기에, 인간의 선의나 선행은 구원을 얻는 데 있어서 아무런 소용이 없다. 그래서 루터는 칭의의 은혜가 오직 그리스도를 통해서만 전달되며 복음을 통해 알려진다고 주장하면서 다음과 같이 말했다. "그리스도가 아닌 것은 무엇이든지 길이 아니라 오류이고, 진리가 아니라 거짓이며, 생명이 아니라 죽음이다."[17]

칼뱅은 창조시에 인간이 받아 간직한 하나님의 형상이 타락한 이후에는 무너진 건물의 터와 잔해처럼 그 흔적이 인간 안에 여전히 남아 있지만, 그 본래의 온전한 기능은 다하지 못하는 것으로 생각하였다. 그리고 "불신자들에게 나타나는 모든 주목할 만한 재능은 다 하나님의 선물"이라고 일반은총의 역할을 인정하였음에도 불구하고, 원죄로 인하여 전적으로 타락한 인간의 지성은 하나님을 인식할 수 없을 정도로 어두워졌으며, 그런 인간의 왜곡된 의지는 하나님께 응답할 수 없게 되었다고 주장하였다. 그러므로 전적으로 타락한 인간의 눈 먼 지성과 구부러진 의지는, 하나님이 아무 대가 없이 그리스도 안에서 베푸시는 특별은총을 통하여서만 하나님을 인식하고 기쁘시게 할 수 있다는 것이다. 특별은총은 하나님께 반역한 죄인들에게 하나님이 먼저 찾아오셔서 구원하는 사랑과 자비이며, 즉 자격이 없지만 선택받은 성도들에게 부어 주시는 과분한 의의 전가이다. 인간의 착한 행실들과 선행과 하나님의 은혜에 대한 인간의 협력 이전에 선행하는 특별은총은, 죄의 용서와 화해와 구원을 향하여 효력 있게 작용하며, 타락하여 어두워진 죄인의 지성을 조명하고 죄에 속박된 의지를 자유롭게 만든다. 언제나 자기중심적이고 악한 것만을 생각하는 타락한 죄인은 그리스도 안에서 베풀어지는 자비로운 하나님의 은혜 없이 어떤 영적인 선한 일도 할 수 없고 구원받을 수

---

[17] Ibid., 99.

없다. 그러기에 그리스도를 통하여 하나님의 구원하시는 은혜를 인정하거나 인식하지 못하는 어떤 철학이나 종교에는 그 나름대로의 선함과 가치가 있지만, 신약성경적인 온전한 구원의 통로가 되지 못한다.[18]

2) 니르바나는 구원과 다르다

절대적인 진리를 거부하고 진리의 상대성을 주장하는 포스트모더니즘과, 하나의 종교적 진리라는 가설에 입각하여 진리의 파편적인 다원성을 주장하는 종교다원주의적인 상황들 속에서 생성되어, 우리 사회에 만연한 붓다의 해탈과 그리스도의 구원을 동일시하는 풍조를 비판적인 시각으로 볼 필요가 있다. 세월의 무상한 흐름 속에서 늙고 병든 붓다의 인간적인 죽음의 과정이 팔리 삼장(Pali Text)의 대반열반경(大般涅槃經)에 장엄하게 상술되어 있다. 거기에 등장하는 제자 아난다(Ananda)와 비구들의 무리에게 남긴 붓다의 마지막 유언을 통하여, 우리는 붓다의 연기(緣起)에 대한 깨달음의 특징이 연기론에 입각한 인간중심적인 비신론이라는 것을 짐작할 수 있다. 붓다는 다음과 같이 자신의 마지막 말을 남긴다. "아난다여, 너희들 각자 각자가 너희들 자신을 위한 의지처(원문에는 '섬')가 되어야 한다. 그렇지 않으면 아무도 너희들의 의지처가 될 수 없다. 너희들 모두는 법(dhamma)을 너희들의 의지처로 삼아라. 그렇지 않으면 아무것도 너희들의 의지처가 될 수 없다……. 만일 내가 떠난다면, 내가 너희에게 가르친 법과 계율을 너희들의 스승으로 삼아라! …… 세상의 모든 것은 지나간다. 그러니 너희들의 해탈을 위하여 부지런히 힘써라!"[19]

---

18) Ibid., 100.
19) 김형근, 「마이스터 에크하르트와 불교 : 하나님의 신성과 공」(옥천 : 도서출판 은소몽, 2017), 213.

이처럼 붓다는 인간 밖에 있는 진리를 말하는 것이 아니라, 오히려 불교적 진리인 연기법을 인식하는 인간 안에 내재된 불성을 향한 추구와 자신이 깨닫고 가르친 연기법에 대한 믿음을 강조한다. 왜냐하면 붓다의 관점, 즉 모든 것이 무상하고 인과론적인 연기론의 도식 속에서는 하나님이란 존재가 필요하지 않기 때문이다. 그러므로 붓다가 인간적인 자기 자신의 능력으로 도달한 니르바나는 하나님의 은혜를 통한 죄로부터의 구원이 아니라, 오히려 불교적 진리인 연기법에 대한 인식론적인 깨달음이다. 이미 니르바나를 체험한 붓다가 늙고 병들어 호흡을 거두고 정적(靜寂) 속으로 들어가는 죽음을 통하여 도달하는 반열반(般涅槃)의 최종적인 완성은, 예수의 십자가를 통한 죽음으로부터의 부활을 의미하지 않고, 그리스도와 성령을 통한 성도와 하나님의 연합된 일치를 말하는 것도 아니고, 하나님으로부터 새롭고도 영원한 생명을 받는 것을 뜻하는 것도 아니다. 오히려 붓다의 최고 수승인 열반은, 이 세계의 현실 속에서 지배적인 인과의 업보(karma)로부터 생겨나는 생사윤회(samsara)의 끊임없는 악순환으로부터 벗어나는 해탈을 의미한다고 할 수 있다. 붓다에게 생사의 문제는 니르바나 안에서 인식론적으로 전혀 문제가 되지 않지만, 그럼에도 불구하고 그에게도 닥쳐왔던 죽음 그 자체는, 생명 그 자체에 의하여 극복되지 아니하고 여전히 문제로 남아 있다. 하지만 그리스도에게 있어서 모든 것을 무로 돌리는 죽음의 세력은 십자가의 고통스런 죽음과 부활의 새 생명에 의하여 극복되어 이미 폐기처분된 대상에 불과하다. 즉, 죽음을 바라보는 인식론적인 시각을 전환시키는 해탈과, 죽음 그 자체를 전적으로 무력화시키는 부활은 본질적으로 다르다.[20]

그런 점에서 붓다가 제법무아(諸法無我)와 제행무상(諸行無常)을 말하는 이

---

20) Ibid., 214 - 215.

유는, 고통생성의 원인으로서 무상하여 실체가 없는 것에 대한 갈애와 집착의 소멸을 통한 고통으로부터의 해방을 강조하는 것이다. 그러한 붓다의 니르바나는 모든 인간이 자기 자신들의 능력을 통하여 도달할 수 있는 깨달음의 경지이다. 그러나 그리스도교는 전적으로 타락한 인간이 하나님의 은혜를 힘입어야만, 회개하고 구원을 받아 성령의 선물을 받으며 하나님의 자녀들이 될 수가 있다고 증언한다. 결과적으로 하나님의 전적인 은혜로 그리스도를 믿고 성령의 선물을 받아 영생의 소망을 간직하고 살아가는 하나님의 자녀들에게는, 인과론에 입각한 연기론적인 세계관에서 말해지는 생사윤회의 고통으로부터 벗어나는 해방, 즉 열반은 필요하지 않다. 예수 그리스도를 통하여 영원한 생명 자체이신 하나님 안에 있는 하나님의 자녀들에게는, 건너가야 할 고통스런 생사의 강도 없고, 그 강을 건넌 후에 버려야 할 뗏목도 없다.[21]

4. 구원은 오직 믿음으로만

본 교단 신앙고백서에 따르면, 하나님의 명령인 율법을 지키지 못하고 타락하여 율법의 저주 아래에 있는 인간은, 오직 십자가의 공로를 믿음으로 의롭게 된다. 다시 말해서 인간의 구원은 하나님의 섭리에 따르는 은혜로써 이루어진다는 것이다. 인간에게 영원한 생명을 보증하고 참다운 삶의 길을 열어 주는 거룩하신 하나님의 명령과 율법을 지키지 못하여, 죄를 범한 인간이 하나님의 저주 아래에 놓여 있게 되었다. 이렇게 타락하여 저주받은 인간

---

21) Ibid., 215 – 219.

을 위하여, 공의로우며 사랑이 충만하신 하나님이 자신의 섭리에 따라 구원의 시간이 도래하매, 자신의 독생자 예수의 십자가를 통하여 인간이 당하는 율법의 저주를 소멸하여, 다시 하나님과 인간이 화해하는 구원의 길을 열어 놓으셨다. 거저 주시기에 값없지만, 목숨을 버리는 값비싼 은혜인 십자가의 공로로 이루어진 하나님의 의를 믿으면, 인간은 누구든지 하나님으로부터 의롭다 칭함을 받으며 구원을 얻게 된다는 것이다.[22]

1) 십자가의 죽음을 통한 속죄

일부 교부들과 대부분의 개혁교회들은 그리스도의 속죄사역을 형벌적 대속(penal substitution)으로 이해한다. 안셀름(Anselm of Canterbury, 1033-1109)은 인간의 죄가 하나님의 명예를 더럽힌 것이므로, 그리스도의 속죄가 하나님의 손상된 명예를 보상해 주는 것으로 생각하는 만족설을 주장했다. 그와는 달리 형벌적대속설은 인간의 범죄는 하나님의 명령과 율법을 지키지 않은 것이기에, 죽음이라는 하나님의 공의로운 형벌을 초래할 수밖에 없다는 견해 위에 서 있다. 그러나 그리스도는 자신의 용서와 사랑의 삶으로 율법을 온전히 성취하셨고, 자신의 십자가의 고통스런 죽음으로 인간의 범죄에 대하여 내려질 하나님의 정당한 형벌을 인간 대신 당하셨다. 이러한 그리스도의 대속적 형벌은 하나님의 율법의 정당한 요구를 만족시키고 하나님의 진노를 가라앉혔다는 것이다. 그리스도의 형벌적 대속에 관한 주장들은 로마의 클레멘스(Clement of Rome, ?-99), 이그나티우스(Ignatius, 35-107), 예루살렘의 키릴(Cyril of Jerusalem, 313-386), 아타나시우스(Athanasius,

---

22) 대한예수교장로회총회 헌법개정위원회 편집, 「헌법」, 147.

295-373), 아우구스티누스(Augustinus, 354-430)를 거쳐 종교개혁자들에 이르러 만개하였다.[23]

이와 마찬가지로 루터도, 그리스도의 삶과 죽음이 저주받은 인간의 죄와 그에 따르는 죄책과 형벌을 대신 감당한 것이라고 주장하였다. 즉, 그리스도는 십자가 위에서 인간의 죄에 대하여 하나님의 진노와 율법이 요구하는 정당한 죽음의 형벌을 감당하셨다는 것이다. 나아가 죄에 빠진 인간 대신 희생과 저주와 죽음을 당하신 그리스도는, 자신의 화목제사의 결과를 믿는 성도들을 율법의 저주로부터 해방시키고, 그들에게 완전한 하나님의 의를 전가하며, 하나님과 죄인들을 화해시키고, 또한 죄와 죽음과 마귀를 정복하셨다는 것이다. 그리고 칼뱅은 죄인들이 율법의 형벌로부터 해방되기 위해서는 그에 상응하는 합당한 희생제사가 하나님께 드려져야 한다고 생각했다. 그래서 칼뱅은, 죄 없으신 그리스도가 죄인들의 희생제물이 되어 그들이 지은 죄를 대신 담당하셨기에, 그가 걸머진 치욕스런 십자가를 대속적 희생으로 이해하였다. 그리스도는 십자가의 죽음을 온전한 순종으로 수락하여, 죄인들의 죄책과 하나님의 진노와 죄인들에게 부과된 형벌을 대신 받으셨다.[24]

한 걸음 더 나아가 칼뱅은 그리스도의 대속적 희생이라는 개념을 다음의

---

[23] 브루스 데머리스트, 「십자가와 구원」, 238-240에서, 클레멘스: "우리 주 예수 그리스도는 우리에게 품으신 사랑 때문에 하나님의 뜻으로 말미암아 우리를 위해 당신의 피를, 우리의 몸을 위해 당신의 몸을, 우리의 영혼을 위해 당신의 영혼을 주셨다." 이그나티우스: "이런 모든 고난을 그는 분명 우리가 구원을 받도록 우리를 위해 겪으셨다." 키릴: "그리스도는 '죄로 죽었던 우리'가 당신의 죽음으로 '의를 위해 살도록' 우리의 죄를 '십자가 위에서 당신의 몸으로' 짊어지셨다." 아타나시우스: "그리스도는 '인간이 사망에 진 빚을 청산하고 그를 태초의 죄악에서 해방하시기 위해 당신 자신의 성전(육신)을 만인을 대신해 죽음에 내어 주시며 만인을 위한 희생제사'를 드리셨다." 아우구스티누스: "그리스도는, 죄로 인해 인간 본성 위에 임한 바 죽음을 통해, 우리를 대신하여 죄를 지셨다." 아우구스티누스의 견해에 따르면, 그리스도의 대속적 죽음이 가져다주는 유익들은, 죄인들을 향한 하나님의 진노를 돌이키고, 성도들을 사탄의 속박에서 해방하며, 그들의 죄를 씻어 주고, 그들을 성부와 화목하게 하며, 교회에는 겸손과 고난 중의 인내와 하나님께 대한 믿음의 본을 보인 것이다.

[24] Ibid., 240-241.

세 가지 용어들을 통해 상술하였다. 첫째 하나님 편에서, 그리스도의 대속적 희생은 의로우신 하나님의 요구를 만족시키고 모든 신자들을 향한 그분의 진노를 가라앉히는 속죄제물(propitiation)이다. 둘째 인간 편에서, 그리스도의 희생적 죽음은 하나님이 선택하신 신자들을 죄와 죄책과 죽음의 형벌에서 해방하는 구속(redemption)이다. 셋째 하나님과 인간 양편의 관점을 모두 포괄하여, 그리스도의 십자가의 대속적 희생은 성부를 신자들과 화해하게 만들고, 인간을 감화시켜 하나님과 화해하게 만드는 화해(reconciliation)라는 것이다. 또한 루터파 교회들 사이에 자리 잡았던 개혁교회들의 신앙고백인 "하이델베르크 교리문답"(Heidelberg Cathechism, 1563)에 따르면, 그리스도의 고난의 의미를 인류의 죄에 대한 하나님의 진노를 대신 짊어진 것으로 해석하고, 그것을 통하여 인류가 당할 영원한 심판으로부터 해방되고 신자에게 영생이 주어진다고 고백한다. 그리스도가 죽음의 길을 가신 이유는, 하나님의 공의의 진리가 그것을 요구하고, 오직 하나님의 아들의 죽음만이 성도의 죗값을 치를 수 있기 때문이라는 것이다.[25]

2) 형벌적 대속의 재해석

그리스도의 형벌적 대속을 거부하는 대표적인 신학자들은 스티브 살케(Steve Chalke)와 앨런 만(Alan Mann)이다. 이들은 형벌적 대속설이 사랑의 성부 하나님을 복수심에 빠져 자신의 아들에게 분풀이 하는 잔인한 분으로 전락시킨다고 비판한다. 그리고 이러한 형벌적 대속은 성경의 "하나님은 사랑이시다."라는 그분의 본성과, 세상의 복수법을 떠나 "원수를 사랑하라."는

---

25) Ibid., 241 – 243.

예수의 가르침과 모순된다.[26] 또한 윤철호 교수에 따르면, 형벌적 대속은 구약의 희생제사의 맥락과 근대의 법정적 사고방식으로부터 형성된 속죄론으로 그 당시에 상대적인 적절성이 있었지만, 오늘의 달라진 상황들 속에서 그것에 대한 새로운 이해의 지평이 필요하다는 것이다. 그래서 요엘 그린(Joel B. Green)은 예수의 구원론적인 죽음의 유일한 독특성을 역사적 예수의 섬김과 희생적인 사랑의 삶과 분리시키지 않고 하나의 연속선상에서 보기에, 그의 대속적 죽음을 섬김과 희생적인 사랑을 실천한 공생애의 종착역으로 이해한다. 이러한 견해는 성도들의 신앙이 탈역사화되는 것을 막아 주고, 예수의 뒤를 따르는 제자들이 구체적인 삶의 정황 속에서 역사와 문화를 변혁시키는 실천에 참여하게 하는 의미가 있다는 것이다.[27]

한 걸음 더 나아가 구약의 희생제사의 원래적인 의미는, 죄인의 죄를 전가 받은 짐승을 바쳐 하나님의 진노를 잠재우는 율법적 행위가 아니라 죄인이 자신의 죄를 회개하면서 하나님께 나아올 때, 자비로우신 하나님이 그 죄를 값없이 용서해 주신다는 은혜의 약속에 있다는 것이다. 예수의 죽음을 하나님의 진노를 누그러뜨리는 대리적 희생의 화목제물로 여긴다는 점에서, 형벌적대속설은 받아들여지기에 무리가 따른다고 할 수 있다. 또한 자신의 아들을 형벌적 대속으로 요구하는 하나님 상은, 원수까지 사랑하라는 예수의 무한한 용서의 가르침이나 탕자의 비유를 통해 나타나는 아버지의 사랑, 예수가 십자가 위에서 자신을 못 박는 자들을 위하여 용서를 비는 기도와 너무 거리감이 느껴진다.[28] 그러므로 윤철호 교수는 다음과 같이 말한다. "십자가는 하나님을 향한 인간의 행위를 넘어 궁극적으로 인간을 향한 하나님의 행

---

26) 윤철호, "통전적 구속교리 : 형벌 대속 이론을 중심으로", 「한국조직신학논총」 32집(2012), 8.
27) Ibid., 30 - 31.
28) Ibid., 32.

위이다. 십자가 위에서 하나님은 화해의 객체라기보다는 화해의 주체이다. "하나님이 우리를 사랑하사 우리 죄를 속하기 위하여 화목제물로 그 아들을 보내셨음이라"(요일 4 : 10). 화해를 통해 회복되어야 할 것은 하나님에 대한 세상의 관계이지 세상에 대한 하나님의 관계가 아니다. 하나님은 자신에 대한 세상의 관계를 회복시키기 위해서 인간이 받아야 할 형벌을 예수 그리스도 안에서 대신 담당하셨다. 그러므로 그리스도의 십자가는 보복적 형벌의 상징이 아니라 가장 위대한 고통당하는 사랑의 상징이다."[29]

따라서 그리스도의 죽음은, 죄인을 향한 하나님의 진노를 가라앉혀서 하나님이 죄인을 용서하도록 설득하는 사건이라기보다는, 오히려 하나님의 세 위격들 사이에 상호내주(perichoresis)적인 하나 됨 속에서 활동하시는 삼위일체 하나님 자신의 의도된 고통이며, 아들의 죽음은 아버지의 고통이다. 즉, 십자가에서 아들과 함께 버림받은 분은 성부 하나님 자신이시다. 이렇게 아들의 버림받음에 함께 참여하시는 성부의 고통 속에 인간을 향한 하나님의 무한하고도 극단적인 자비와 사랑이 나타난다. 그러한 사랑의 발로인 십자가의 고통스런 대속적 죽음은 성도들을 죄와 죽음으로부터 해방시키고 하나님과 다시 화목하게 만드는 절대적인 구원의 능력과 지혜이며 사랑인 것이다. 그런 점에서 그리스도의 십자가의 대속적 죽음을 통해서 나타난 하나님의 자기희생적이고 극단적인 사랑은, 하나님의 정의와 거룩을 충족시킬 뿐만 아니라 동시에 그 정의와 거룩을 넘어선다.[30] 다시 말해서, 그리스도의 대속적 죽음은 인간의 죄를 대신하여 하나님 자신이 심판받는 하나님의 정의를 드러낸다. 뿐만 아니라 또한 그 정의는 그것을 믿는 성도들에게 가장 큰 사랑의 계시로서, 그들의 죄를 흰 눈처럼 덮어서 의롭다 여겨 주시

---

29) Ibid., 33.
30) Ibid., 34 - 35.

는 절대적인 하나님의 은총이다.[31]

5. 믿음에 따르는 회개

본 교단 신앙고백서에 따르면, 하나님의 은혜인 구원을 얻기 위해서는 믿음이 필요하지만, 그 믿음은 불순종에서 순종으로 180도 돌아서는 회개를 동반해야만 한다. 다시 말해서 구원을 얻는 믿음은 자비로우신 하나님의 은혜이지만, 믿음의 주관적인 응답의 차원에는 반드시 자기중심성으로부터 벗어나 하나님 중심적인 인식과 삶으로 방향을 전환하는 인간의 회개가 뒤따른다는 것이다. 즉, 예수를 믿는다는 것은 회개한다는 것이며, 그것은 불순종의 인식과 삶으로부터 순종으로 나아감을 의미한다는 것이다. 회개를 통하여 체험되는 구원의 삶은, 하나님의 자녀가 되어 하나님과 화목하게 지내며, 하나님을 알고 적극적으로 하나님이 기뻐하시는 일들을 행하며, 창조주 하나님의 영광과 왕 되신 주권을 즐겁게 찬양하는 것이다.[32]

1) 믿음

그리스도의 영은 택함을 받은 성도들이 복음의 초대에 적극적으로 응답

---

[31] 브루스 데머리스트, 「십자가와 구원」, 239에서, 예루살렘의 키릴도 다음과 같이 그리스도의 죽음을 통하여 하나님의 정의와 사랑이 둘 다 나타나고 있다고 생각하였다. "우리는 죄로 말미암아 하나님의 원수가 되었고 하나님은 죄인의 죽음을 명하셨다. 그러므로 하나님이 당신의 진리로 만인을 멸하시든지, 당신의 인자하신 사랑으로 형벌을 사해 주시든지 둘 중 하나는 필연적이었다. 그러나 하나님의 지혜를 보라. 하나님은 당신의 형벌의 진리와 당신의 인자하신 사랑의 행사를 둘 다 잃지 않으셨다. 그리스도는 '죄로 죽었던 우리가' 당신의 죽음으로 '의를 위해 살도록' 우리의 죄를 '십자가 위에서' 당신의 몸으로 짊어지셨다."
[32] 대한예수교장로회총회 헌법개정위원회 편집, 「헌법」, 147.

할 수 있도록 그들의 어두워진 지성을 일깨우고, 완고한 의지를 자유롭게 하며, 그리스도에 대한 반감을 누그러뜨리는 효력을 발휘하신다. 칼뱅에 따르면, 하나님의 말씀은 해와 같아서 모든 사람들에게 그 빛이 밝게 비치더라도 시각장애인만은 그 빛을 볼 수 없다. 그와 마찬가지로 만민에게 그리스도의 복음이 선포되더라도, 그 복음이 전적으로 타락하여 선천적인 영적 시각장애인이 된 죄인들의 마음속에 받아들여질 수 없다는 것이다. 그래서 내적 스승이신 성령이 죄인의 어두워진 심령을 밝게 비추어, 하나님의 말씀이 그곳으로 들어가는 출입구를 내시지 않으면 죄인의 머릿속에 들어올 수가 없다는 것이다. 즉, 영적으로 어두워진 인간의 이해력이 성령의 조명을 통하여 전과는 다른 수준으로 고양되면, 하나님 나라에 속한 것들에 대하여 보지 못하던 것을 보게 되며, 알지 못하던 것을 알게 되고, 믿지 못하던 것을 믿게 된다는 것이다.[33]

이처럼 성령의 조명을 통하여 그리스도께 효과적으로 인도하시는 구원으로의 부르심, 즉 특별한 소명은 전적으로 하나님의 은혜로부터 말미암는다. 「웨스트민스터 신앙고백」에 따르면, 하나님은 생명을 주시기 위하여 자신이 선택하신 모든 사람들을 말씀과 성령을 통해서 죄와 죽음의 상태에서 불러 내어 그리스도를 믿고 은총과 구원을 받게 하신다. 또한 성도들이 하나님의 구원의 역사를 인식하도록 영적으로 계몽하여, 돌과 같이 굳어진 마음을 아기의 살과 같이 부드럽게 만들고, 그들의 의지를 새롭게 하여 자유롭게 그리스도께 가까이 나오도록 변화시킨다.[34] 결과적으로 성령의 조명을 통한 하나님의 은혜로의 효과적인 부르심은 성도들을 그리스도께 인도하여 구주를 믿고 구원에 이르게 한다. 「웨스트민스터 신앙고백」에 따르면, 그리

---

33) 브루스 데머리스트, 「십자가와 구원」, 314 - 319.
34) 대한예수교장로회총회 헌법개정위원회 편집, 「헌법」, 87 - 88.

스도의 영이 성도들의 마음속에서 역사하는 믿음의 은사로 인하여 택함 받은 성도들은 자신의 영혼의 구원을 확신하게 된다. 그러한 믿음을 통하여 성도들은 말씀 안에서 계시된 모든 것들을 참된 것으로 믿게 된다. 하지만 성도들이 은혜의 약속의 힘을 통하여 하나님으로부터 의인과 성화와 영생을 선물로 받기 위해서 그리스도만을 영접하고 믿으며 그리스도 안에서 안식하게 하는 것이야말로 구원에 이르게 하는 믿음의 주요한 역할이다. 이러한 믿음은 밤하늘에 빛나는 별빛처럼 때에 따라서 강약이 있을 수 있다. 즉, 때로는 성도들의 믿음이 약해질 수도 있지만 최종승리를 얻는다. 성도들의 믿음은 그리스도를 통하여 온전한 확신에 도달하기까지 다양한 모양들로 장성해 나간다. 왜냐하면 그리스도께서 성도들의 믿음의 창조자이시고 완성자가 되시기 때문이다.[35]

2) 회개

전적으로 타락한 인간이 그리스도를 믿고 회개하는 것은 성령을 통한 하나님의 은혜의 역사라고 강조한 칼뱅은, 나무에서 열매가 열리는 것처럼 믿음으로부터 회개가 말미암는다고 주장하였다. 즉, 회개는 항상 믿음에 뒤따르고 믿음으로부터 나온다는 것이다. 하지만 예수는 "때가 찼고 하나님의 나라가 가까이 왔으니 회개하고 복음을 믿으라"(막 1 : 15)고 선포하셨다. 이처럼 '믿음으로부터 회개'나 '회개로부터 믿음'은, 서로 구별되지만 선후를 따지기 어렵고 분리할 수 없는 두 측면을 가진 하나의 행위로 동전의 양면과 같다. 왜냐하면 죄를 버리는 참된 회개는 믿음을 요구하고, 그리스도를 신

---

35) Ibid., 93.

뢰하는 충만한 믿음은 회개하는 심령을 요구하기 때문이다.[36] 「웨스트민스터 신앙고백」에 따르면, 회개는 성도들의 죄를 용서해 주는 원인이 아니다. 그리스도 안에 있는 자유로우신 하나님의 은혜를 통하여 성도들은 회개함으로 영원한 생명을 소유하는 기쁨에 도달한다.[37]

인간의 공로로 죄를 보상하려는 노력인 고해성사와 회개를 동일시하는 가톨릭의 견해를 부정했던 루터는, 모든 악을 거부하고 지은 죄에 대해서 참으로 마음 아파하는 것을 회개라고 생각했다. 회개가 참회이고 동시에 믿음이기도 한 이유는, 참회하는 죄인이 멸망받지 않도록 죄사함의 약속을 굳게 붙잡는 것이기 때문이다. 루터는 면죄부를 반박하면서, 회개는 성령이 죄인의 심령에 주권적인 은혜의 역사로 불러일으키는 것이고, 성도들에게 참회의 삶이란 평생에 걸친 과정이라고 주장하였다. 즉, 하나님은 성령을 통하여 성도들에게 회개하는 마음을 주시고, 그들의 심령으로부터 믿음의 응답을 불러일으키신다.[38]

6. 칭의와 성화

본 교단 신앙고백서에 따르면, 성도는 하나님의 선물인 믿음으로만 칭의를 받아 하나님의 자녀가 되고, 그들에게 역사하시는 성령의 임재를 통하여 거룩한 하나님의 자녀답게 살아갈 수 있다. 다시 말해서, 인간이 회개하고 그리스도의 십자가의 공로를 믿음으로써 그리스도의 외래적인 의의 전

---

36) 브루스 데머리스트, 「십자가와 구원」, 397.
37) 대한예수교장로회총회 헌법개정위원회 편집, 「헌법」, 94.
38) 브루스 데머리스트, 「십자가와 구원」, 371-372.

가를 은혜로 받게 되고, 아울러 하나님의 자녀로 선택된 신분을 누리게 된다는 것이다. 그리고 하나님의 자녀가 된 그리스도인은 일회적 은총인 칭의된 자리에 머물러 있지 않고, 성령의 지속적인 인도하심을 받아 그 신분에 걸맞게 우리 주 예수 그리스도를 닮아 가는 거룩한 삶을 일생동안 살아가야 한다는 것이다. 지상에서 점진적으로 이루어지는 그리스도인의 성화의 삶의 완성은 그리스도의 재림을 통한 부활의 때에 이루어진다는 것이다. 성화의 완성인 부활은 영생으로 이어지는 최종적인 구원의 삶을 보증하기에, 성도는 고난이 극심한 현재의 삶 속에서 그러한 종말론적인 소망을 굳게 붙잡고 포기와 흔들림 없이 자신의 문제 있는 현실들을 헤쳐 나가야만 한다.[39] 다시 말해서, 믿음으로 구원받은 그리스도인은 루터의 말처럼 '항상 의인인 동시에(용서받은) 죄인'이기에 지상에서 완전성화에 이르지는 못하지만, 하나님의 지속적인 은총의 도우심을 받아 점진적으로 우리 주 예수 그리스도의 장성한 분량에 이르도록 늘 힘써야 한다. 즉, 믿음으로 구원받은 그리스도인은 이미 구원을 받았기에 아무렇게나 사는 방탕한 도덕폐기론자가 되거나, 이제 아무런 흠이 없는 완전한 의인이 되었다고 여기거나, 이미 온전한 성화를 이루었다고 자만하거나 교만해서는 아니된다는 것이다. 왜냐하면 성도는 지상에서 완전한 성화의 단계에 도달하지 못하고, 그리스도의 재림시에 하나님의 은혜로 부활하여 완전한 성화를 이루기 때문이다. 그렇지만 지상에서 온전한 성화를 이루기 위해서 힘써 하나님의 자녀답게 살고, 세상의 유혹들에 대하여 끊임없이 믿음의 선한 싸움을 싸우며, 그것들을 이겨 나가야 한다는 것이다. 지상의 성도가 그리스도의 십자가에 나타난 하나님의 의를 믿는 믿음으로 의인화되고, 성령의 역사로 인하여 어느 정도 성화

---

39) 대한예수교장로회총회 헌법개정위원회 편집, 「헌법」, 147.

되었다고 할지라도, 불완전한 지상의 삶 속에서 부지중에 범한 죄를 용서받기 위하여 끊임없이 십자가의 보혈을 의지하여 죄 사함을 받아야 하고, 이미 성령의 세례를 받은 사람도 다시 성령의 충만함을 지속적으로 간구할 필요가 있다는 것이다.[40]

1) 칭의

「웨스트민스터 신앙고백」에 따르면, 그리스도의 의를 의지하는 믿음을 통하여 성도들이 덧입은 칭의는, 가톨릭에서 말하는 것처럼 하나님 자신이 선택한 성도들 안에 의를 주입하시는 것이 아니라, 그리스도를 통하여 그들의 죄를 용서하고 그들을 의롭다고 간주하며 용납하심으로써 이루어진다. 그러므로 칭의는 성도들이 무엇을 행하였거나 어떤 신앙적인 복종으로부터 말미암는 것이 아니라, 아들이 아버지께 순종한 십자가를 통하여 성취된 하나님의 의를 믿음으로만 가능한데, 그러한 믿음도 하나님의 선물이라는 것이다. 즉, 온전히 자유로우신 하나님의 은총에 의하여 성도들이 의롭다고 인정받은 것은, 인간이 아무것도 한 것이 없기에 값없는 은총이고, 죄인들을 대신하여 목숨을 버린 그리스도의 십자가의 공로가 너무나 크기에 값비싼 은총이다.[41] 하나님의 전적인 은혜로 이루어지는 칭의에서 인간의 공로, 즉 "내가 무엇을 했다거나 나는 이런저런 가치가 있는 사람이다."라는 개념은 완전히 사라지고, "나는 아무것도 아니고 그저 죄인에 불과합니다."라는 고백과 함께 오직 그리스도의 의만이 홀로 남아서 하나님의 영광과 은혜를 찬양한다. 거룩하신 창조주 하나님 앞에서 인간은 '나'라고 말할 만한 것이 아무것도 없고, 오직

---

40) Ibid., 148.
41) Ibid., 89 - 90.

그리스도의 참혹한 십자가를 통하여 흐르는 하나님의 풍성하신 사랑과 은혜만이 온누리를 덮는다.

은혜로운 하나님을 발견하려고 몸부림치던 루터는 하나님의 의가 죄인들에 대한 처벌을 가리키는 것이 아니라, 십자가에 달린 그리스도를 믿는 죄인들에게 그리스도의 외래적인(낯선) 의를 전가하시는 하나님의 위대한 선물이라는 결론에 도달했다. 그리스도의 의에 기초한 하나님의 법정적 선언인 칭의로 인해, 죄인들은 하나님으로부터 값없이 용서받고, 의롭다 인정을 받으며, 영생을 받기에 합당한 하나님의 자녀들이 된다. 죄인임에도 불구하고 의롭다거나 흠이 없다고 선언하는 복음에 나타난 하나님의 의라는 것은 믿음으로 사는 자들에게 은혜의 선물로 주어지는 것이다. 즉, 인간들이 의로웠거나 신적인 공의가 요구하는 사항들을 만족시켰기 때문이 아니라, 단지 하나님께서 그리스도의 의를 믿는 자들에게 주시기를 원하셨기 때문에 주어진 것이다.[42] 그러한 믿음은 전적으로 하나님의 선물, 즉 은총에 기인한 것이지, 우리가 무언가를 성취한 후에 하나님께서 보상하신다는 의미가 아니다. 그러므로 복음에 나타난 하나님의 의는 죄인을 정죄하는 의가 아니다. 오히려 하나님의 의는 인간의 죄를 대속하기 위하여 십자가형을 당한 그리스도를 믿고 받아들이는 사람이 여전히 죄인임에도 불구하고, 그가 지은 죄를 의롭다고 하는 것이 아니라 그 죄를 지은 사람을 의로움으로 덧입히는 하나님의 은총으로 거저 주시는 선물이다. 여기서 한 걸음 더 나아가 루터에게 있어서 이신득의(以信得義)는, 의롭다고 인정하는 칭의만이 아니라 믿음에 의한 칭의와 그것에 기초한 삶의 의화(義化) 둘 다를 의미한다. 그리스도인의 의는, 그리스도의 '외래적인 의'를 믿음으로 인한 칭의와 그리스도의 외래적

---

[42] 브루스 데머리스트, 「십자가와 구원」, 533-534.

인 의와 더불어 행하는 '우리 자신의 의'와 같이 두 종류가 있다. 즉, 그리스도의 외래적인 의의 산물인 성도의 의화를 포함한 이신득의는, 믿음으로 말미암아 의롭다 칭함을 받고, 그 후 지속적으로 실제 생활 속에서 하나님이 기뻐하시는 의로운 일들을 행하는 선행으로까지 나아가는 믿음을 말한다.[43]

칭의를 '구원의 전 교리의 원리이자 모든 신앙의 기초'로 생각했던 칼뱅도, 칭의가 의의 주입이라고 말하는 가톨릭과는 달리 그것을 법정적 선언으로 이해했다. 칭의는 하나님이 죄인들에게 그리스도의 의를 전가하여 그들을 의롭다고 여겨 주시는 값없는 은총이다. 칭의의 질료적 원인은 그리스도가 마신 고난의 쓴 잔인 십자가를 통해 드러난 전적인 순종이고, 칭의의 도구적 원인은 모든 행위나 개인적인 공로와는 상관없는 그리스도의 의를 믿는 믿음이다. 하나님은 십자가의 공로를 믿는 성도들에게 확실하게 그리스도의 의를 전가하며, 그들의 전 생애에 걸친 모든 죄를 용서하고, 그들에게서 죄책과 정죄가 사라지게 하며, 그들과 화목하게 되고, 그들에게 영생이라는 선물을 주신다. '두 종류의 의'를 말했던 루터와는 달리, 칼뱅은 의롭다고 인정받는 칭의와 그것에 뒤따르는 삶이 의롭게 변화되는 성화를 서로 의미가 다른 것으로 좀 더 분명하게 구분하였다. 하지만 종교개혁신학의 칭의론이 선행을 경시한다는 가톨릭의 비판 때문에, 칼뱅은 칭의와 성화를 태양과 그 빛의 관계를 들어 종합적인 것으로 말하기도 하였다. 그래서 그리스도가 성도에게 "지혜와 의로움과 거룩함과 구원함"(고전 1 : 30)이 되셨기에, 성화의 삶을 이루어 가는 자만이 그리스도를 소유하게 된다는 것이다.[44]

2) 성화

---

43) 이양호,「루터의 생애와 사상」,(서울 : 대한기독교서회, 2002), 6 - 8.
44) 브루스 데머리스트,「십자가와 구원」, 535 - 536.

개혁신학의 전통에서 칭의와 성화는 밀접한 관련이 있지만, 서로 뚜렷하게 구별되기도 한다. 즉, 전가되어 덧입혀진 의(imputed righteousness)를 말하는 칭의가 하나님 앞에서 죄인에게 의인의 지위를 인정하는 법정적 선언의 은총이라면, 그와 달리 분여된 의(imparted righteousness)를 뜻하는 성화는 삶이 실제로 거룩하게 변화되는 과정으로서 성령께서 성도들을 의롭게 만드시는 은총이다. 그리고 칭의가 일회적인 사건이라면, 그와 달리 성화는 평생에 걸쳐 지속되는 과정이다. 또한 칭의는 정도의 차이가 없지만, 성화는 그 성취에 있어서 정도의 차이가 있다. 다른 한편으로 칭의와 성화의 내적 통일성의 차원에서 보면, 칭의는 점진적인 성화로 귀결됨으로써 값비싼 은혜를 값싸게 만드는 싸구려 의인(義認)에서 벗어나게 된다. 그와 동시에 성화는 값없는 은혜인 칭의에 그 기초를 설정함으로써 행위로 말미암은 공로적인 의라는 잘못된 가르침을 피해 갈 수 있다. 다시 말해서 성화는 인간의 자력적인 성취가 아니라, 성령이 주도적으로 시작하여 계속하시고 믿음으로 소유하게 하시는 하나님과 성도의 상호작용이다. 순례자인 성도는 성령의 인도하심으로 삶 속에서 죄와 사탄을 거부하고 그리스도를 닮아 간다. 성도는 회개하고 주 예수를 믿는 동시에 성령세례를 일회적으로 받지만, 성령의 충만함은 성도들이 하나님의 뜻에 순종할 때마다 반복적으로 일어나기에, 그것으로 죄에 물든 충동과 성향과 행실을 죽이고 거룩한 성향으로 변화되어 하나님이 기뻐하시는 선행을 실천한다. 루터의 말처럼 그리스도인은 항상 의인인 동시에 용서받은 죄인이기에, 넘어져도 다시 그리스도의 의를 믿음으로 용감하게 일어나 영적인 싸움과 전투와 고난과 연단을 통하여 점차적으로 그리스도를 닮아가게 된다. 그러므로 성화는 죄를 정복하시는 성령의 능력으로 인하여 성도들 자신 안에 있는 죄를 점차적으로 뿌리뽑아 가는 과정이다. 성령의 감화하시는 역사 속에 있는 성도들은, 두려움보

다는 믿음과 사랑으로 하나님의 성품과 뜻이 반영된 계명들에 순종하여 하나님께 영광을 돌린다.[45]

마찬가지로 「웨스트민스터 신앙고백」에 따르면, 하나님의 선택을 받아 중생한 사람들은, 그리스도의 죽음과 부활의 공로를 통하여 그들 안에서 역사하시는 말씀과 성령으로 인하여 실제로 또는 주체적으로 성화된다. 성도들을 괴롭히는 죄의 권세와 그로 인한 죄의 소욕은 점차적으로 파괴되어 사라지고, 구속의 은혜 안에서 하나님이 기뻐하시는 거룩한 삶을 살도록 자극받는다. 하나님의 은혜 안에서 장성하고 하나님을 경외함으로 거룩함을 온전하게 하는 성도는, 그리스도의 성화시키는 영의 지속적인 도움으로 전 생애에 걸친 지상에서의 영적 싸움인 성화를 점진적으로 이루어 나간다. 영, 혼, 육의 모든 부분에 부패된 어떤 부스러기가 여전히 남아 있는 성도들은, 지상에서 완전한 성화에 도달하지는 못하지만 종말론적인 부활의 때에 최종 승리를 얻을 것이다.[46] 다른 한편으로 아우구스티누스, 루터와 칼뱅 그리고 아르미니우스주의로부터 영향을 받은 존 웨슬리(John Wesley, 1703-1791)는, 의인화의 은총을 '제1의 축복'으로 성화를 '제2의 축복'으로 말할 정도로 성령의 은혜인 성화를 강조하면서, 출발점이 되는 순간적인 성화와 그 이후의 성장하는 과정으로 점진적인 성화를 말하였다. 웨슬리는 "회개가 종교의 현관이고, 신앙의인화가 종교의 문이라면, 사랑의 성화는 종교 자체"라고 말하면서 성화중심적인 신학을 펼쳤다. 웨슬리가 말한 성화와 완전의 의미는 죄악으로부터의 성결과 하나님을 사랑하는 단순한 마음으로 요약된다. 신앙이 하나님의 자유로운 선물이라면, 하나님을 사랑하는 단순한 마음은 죄를 싫어하고 영혼의 모든 가능성을 마음에 채우는 신인협조적인 성화의 행

---

45) Ibid., 597-599.
46) 대한예수교장로회총회 헌법개정위원회 편집, 「헌법」, 92.

위이다. 이러한 웨슬리의 성화사상은, 개인의 내면적인 차원을 넘어서 사회에 참여하여 사회문제들을 개혁하는 성화운동에 큰 영향을 끼쳤다.[47]

한 걸음 더 나아가, 웨슬리는 그리스도인이 지상의 생애에서 도달 가능한 목표인 '완전성화'(entire sanctification), 즉 '그리스도인의 완전'(Christian perfection)을 주장하였다. 동생 찰스 웨슬리(Charles Wesley, 1707-1788)는 죽음의 문턱에 이르러서야 완전을 체험할 수 있다고 생각했지만, 존 웨슬리는 죽기 5년 전, 10년 전이나, 그보다 더 이전, 거듭난 즉시도 완전을 경험할 수 있다고 믿었다. 존 웨슬리가 말하는 완전의 의미는, 온전한 인간성의 회복과 아울러 하나님의 거룩한 성품에 참여하는 것이며, 죄의 뿌리가 뽑혀 죄가 남아 있지도 않는 것이고, 하나님과 이웃을 순수하고 단순하게 사랑하는 성도의 생활이다. 그런데 여기서 웨슬리가 말하는 완전은 어린아이와 같이 단순한 마음으로 순수하게 하나님과 이웃을 사랑한다는 의도의 순수성을 의미하는 것이며, 구원에 관계없는 육체적인 인간의 실수와 견해나 실천에서 범할 수 있는 실수, 무지, 연약성과 유혹의 요소가 남아 있지 않은 절대적 완전이 아니라 상대적 완전이다. 그러므로 웨슬리에게 완전성화란 고정된 상태가 아니라 지속적인 과정으로서의 완전이다. 이러한 성화중심의 웨슬리의 구원론은 인간의 원죄로 인한 타락을 강조하면서도, 그 죄보다도 더 위대한 하나님의 은총이 역사할 때 인간의 능력과 책임성(선재적 은총으로 변화된 자유의지)이 응답함으로써 구원을 이룬다는 '복음적인 신인협조설'(evangelical synergism)이고, '은총의 낙관주의'(optimism of grace)라 할 수 있다.[48] 그러나 하나님의 불가항력적 은혜에 순응하거나 저항할 수 있는 인간의 자유의지의 역할을 강조한 아르미니우스주의적인 요소를 지닌 웨슬

---

47) 김홍기, 「존 웨슬리 신학의 재발견」(서울 : 대한기독교서회, 1993), 102-113.
48) Ibid., 117-120.

리의 성화신학은, 아우구스티누스가 언급했던 선재적 은총으로 인하여 변화된 인간의 자유의지가 하나님의 구원의 은혜에 협동적으로 반응한다는 것과, 성도들의 나태한 성화를 자극하려고 성화의 목표점을 설정하여 죽기 전에도 완전성화가 가능하다고 말한 것을 제외하면, 칼뱅의 성화신학과 내용적으로 크게 차이가 나지 않는다.

성령 하나님의 사역을 강조한 '성화의 신학자'로 불리는 칼뱅은, 그리스도를 통하여 의롭다 칭함을 받은 사람은 그와 동시에 거룩하게 변화된다고 말하였다. 하나님의 아들 예수를 닮아야만 천국 시민이 된다는 것이다. 성령은 성도가 옛 사람을 멸하고 거룩의 모범이 되시는 그리스도의 형상을 본받아 새사람으로 변화되어, 하나님이 기뻐하시는 일을 행할 수 있게 하신다. 칼뱅에 따르면 성화는 일회적인 완성이라기보다는 점진적이다. 성도는 일생을 통하여 회개를 실천하고 죄와 싸우는 영적인 전투를 죽을 때까지 지속하기 때문이다. 모든 성도들이 힘써야 할 성화의 목표는, 그들의 생각과 행위가 하나님의 뜻에 온전히 일치하는 것이다. 하지만 성도들이 부패하고 무질서한 정욕이 자리 잡은 육신의 허울을 벗기까지는 그들 속에 죄의 속성이 잔존하기에, 이 땅에서 완전한 성결을 달성할 수 없고 부활의 때 거기에 도달하게 된다.[49] 칼뱅은 다음과 같은 이유로 지상에서의 완전성화를 거부한다. "나는 복음적 완전에 아직 이르지 못한 사람은 그리스도인이라고 인정하지 않을 정도로 그런 완전을 엄격하게 요구하지 않는다. 왜냐하면 그렇게 되면 그런 완전과 거리가 멀지 않은 사람이 아무도 없으니 모든 사람을 교회에서 몰아내야 할 것이기 때문이다."[50]

---

49) 브루스 데머리스트, 「십자가와 구원」, 600 - 602.
50) Ibid., 603.

7. 그리스도 안에서 선택하시는 하나님의 섭리로 구원받는다

본 교단 신앙고백서에 따르면, 전적으로 타락한 인간은 자신의 노력과 의로 구원받는 것이 아니라, 창세 전에 그리스도 안에서 성도를 선택하시는 하나님의 섭리인 선행은총으로 구원받는다. 다시 말해서, 전적으로 타락한 인간의 구원에 있어서, 그 주도권은 인간 자신의 내재적인 덕과 선한 성품을 발견하여 함양하는 혹독한 수행과 고도의 인내에 있는 것이 아니라, 거저 주시는 하나님의 은혜인 그리스도의 십자가를 통하여 구원하시고자 하는 하나님의 예정하신 선택에 있다는 것이다. 한 걸음 더 나아가 범죄한 인간의 구원에 있어서, 그 주도권은 하나님이 베푸신 구원의 은혜인 그리스도의 사랑에 응답하는 인간의 신앙고백적인 차원에 있지 않다. 즉, 인간의 믿음보다 우선하여 창세 전에 인간이 타락할 것을 예지한 하나님이 죄인들을 그리스도 안에서 선택하고 구원하시는 사랑의 예정섭리가 인간과 우주를 감싸고 있었음에 있다는 것이다. 이러한 그리스도를 통하여 베풀어지는 특별은총(Gnade)의 예정섭리는, 창조시에 하나님의 형상을 닮아 창조된 인간이 지닌 본성인 일반은총(Natur)을 무시하거나 파괴하는 것이 아니다. 특별은총은 일반은총을 장식하고 완성시키기에 상호 보완적이고 양자 모두가 하나님의 은총인 것이다. 즉, 타락한 인간의 양심으로부터 나오는 왜곡된 자유의지의 산물인 불완전한 인간의 선행은 그 나름대로 가치가 있지만, 거룩하신 하나님 앞에서 온전하지 못하고 인간을 구원하기에 부족하기 때문에, 그리스도를 통하여 베풀어진 구원의 은혜인 하나님의 의가 절대적으로 필요하고, 그 특별은총을 통하여 일반은총인 인간의 양심은 밝아지고 의지는 곧아지며 하

나님이 기뻐하시는 선행에 더욱 힘쓰게 된다는 것이다.[51]

1) 하나님의 선택

복음이 모두에게 전해지는 것도 아니고, 전해진 복음에 대한 반응도 사람마다 다르며, 어떤 사람에게는 구원이 값없이 베풀어지나, 어떤 사람에게는 구원에 들어갈 길이 막히는 일을 목회현장에서 경험한 칼뱅은, 하나님의 영원한 선택으로 말미암아 어떤 이들은 구원에 이르도록, 또한 어떤 이들은 멸망에 이르도록 예정되었다고 다음과 같이 말한다. "그러므로 우리는 성경이 분명히 보여 주는 바와 같이 그의 영원하고도 불변한 계획을 통해서, 하나님께서는 구원에 이르도록 받아들이실 자들과 또한 그 반대로 멸망에 내어 주실 자들을 오래전에 단번에 정하여 세우셨다고 말한다. 택함 받은 자들에 대해서는 이 계획이 인간의 가치와는 상관없이 하나님의 값없이 주신 긍휼하심을 기초로 한 것이라는 것과, 반대로 정죄에 내어 주신 자들에 대해서는 공의롭고 비난할 수 없으며 또한 불가해한 그의 판단에 의하여 생명의 문을 막아 놓으셨다는 것을 주장한다. 택함 받은 자들에 대해서는 그 부르심이 선택의 증거라고 간주한다. 그리고 칭의를, 그들이 영광 가운데로 들어가 선택이 완성되기까지 그 선택의 사실을 드러내 주는 또 하나의 표징으로 본다."[52] 사람들이 창세 전에 차별적으로 생명과 영원한 저주로 이중예정되었다는 칼뱅의 입장은, 그의 후계자인 테오도르 베자(Theodore Beza, 1519-1605)에 의해 예정론이 창조론과 결부되어 더욱 강경하게 계승되었다. 베자는 모든 일들이 영원 전부터 하나님이 뜻하신 방식으로 일어나고, 하나님이

---
51) 대한예수교장로회총회 헌법개정위원회 편집, 「헌법」, 148.
52) 존 칼빈, 원광연 옮김, 「기독교강요」(고양 : 크리스찬다이제스트, 2003), 중권, 524.

어떤 이들은 생명을 위해서 또한 어떤 이들은 저주를 위해서 창조하셨다고 주장하였다.[53] 그 후에 칼뱅의 예정론은 칼뱅주의 5대 강령 가운데 '무조건적인 선택'과 '제한 구속'이라는 강경한 교리로 체계화된다. 이처럼 창세 전에 결정된 선택과 유기를 말하는 이중예정론은, 전적으로 타락한 인간들 가운데서 하나님이 인간의 공로와 상관없이 무조건적인 은혜로 선택하신 사람들만이 제한적으로 구속함을 받고, 선택받지 못한 사람들은 버려져 구원받지 못한다는 것이다. 이러한 운명결정론적인 이중예정론을 고수하는 한국의 개신교 교단들은 자신들이 정통주의신학의 후예임을 자처하며 우리 주변에 여전히 존속하고 있다.

칼뱅과 거의 동일한 맥락에서 말하는 「웨스트민스터 신앙고백」은, "선택하시는 하나님의 영원하신 경륜에 관하여" 말하면서, 그것은 하나님이 인간에게 허락하신 자유의지를 침해하는 것이 아니라는 비교적 원숙한 개혁신학의 입장을 보여 준다. 즉, 하나님의 영원 속에서의 예정이 하나님을 악과 죄의 창시자로 만들거나, 인간의 자유의지를 부정하거나, 제2원인의 자유와 우연성을 제거하는 것이 아니라, 오히려 그것을 확립하신다는 것이다. 다시 말해서, 하나님이 자신의 전능한 지성적 파악에 있어서 앞으로 발생하든지 발생할 수 있는 모든 것을 아신다 하더라도, 하나님이 그것을 미래로 예견하셨거나 혹은 일정한 상태로 일어날 것이라고 해서 그것을 정하신 것은 아니라는 것이다. 그러나 「웨스트민스터 신앙고백」은 다시 원점으로 돌아가 이어서 고백하기를, 하나님의 영광을 나타내고 하나님의 영화로운 은혜를 찬양하게 하시려고, 생명으로 예정된 사람들을 창세 전에 그리스도 안에서 선택하셨다는 것이다. 즉, 어떤 이는 영생으로 어떤 이는 영원한 죽음으로 미

---

53) 브루스 데머리스트, 「십자가와 구원」, 159-162.

리 경륜되었기에, 선택받은 무리들의 숫자는 특별하고 변함이 없게 결정되어 증감이 없다는 것이다.54)

이와는 달리 온건한 개혁신학은 무조건적이고 이중적인 선택과 유기가 아니라, 유기를 제외한 구원받을 자에 대해서만 무조건적이고 단일한 선택을 말한다. 즉, 하나님의 자유로우신 은혜와 사랑을 통해 조건 없이 선택받은 죄인들이 구원에 이를 수 있지만, 죄인들이 버림받아 구원받지 못하는 것은 하나님이 미리 예정하신 것이 아니라, 차별없이 전해지는 복음을 거부한 그들의 자유의지적인 반응에 기인한 것이다.55) 마찬가지로 요한복음 3 : 16~21의 증언은, 세상이 구원을 받지 못하는 것은 하나님의 탓이 아니라, 독생자를 내어 주는 하나님의 지극한 사랑인 예수의 이름을 거부하고 믿지 아니하며, 자신의 악한 행위가 탄로날까 두려워 그것을 더 사랑하는 어두움으로부터 빛이신 그리스도에게로 나오기를 거부하는 것, 바로 그 자체가 하나님으로부터 스스로 버려지는 심판의 이유라는 것이다.

2) 이중예정론의 재해석

창세 전에 영원하신 하나님이 결정하신 선택과 유기를 말하는 이중예정론의 목적은, 인간의 구원에 있어서 하나님의 절대적인 주도권과 하나님으로부터 자유롭게 베풀어지는 은총을 찬양하려는 것이다. 이런 선한 의도에도 불구하고, 이중예정론은 아무 잘못도 없이 유기되기로 작정된 사람들의 억울함을 해명하지 못하고, 하나님의 선택과 그 선택을 완성시키는 불가항력적 은혜 앞에서 인간의 자유의지에 따른 응답이 무시되는 결과를 낳았기

---
54) 대한예수교장로회총회 헌법개정위원회 편집, 「헌법」, 74 - 75.
55) 브루스 데머리스트, 「십자가와 구원」, 167.

에 많은 비판을 받아왔다. 다시 말해서, 이중예정론은 운명결정론적이고, 인간의 자유의지와 상충하며, 하나님을 죄의 창시자로 만들고, 인간의 선한 동기들을 무효화시키며, 형평성의 원칙에 어긋나고, 열정적인 선교를 방해하며, 보편구원을 말하는 성경구절들과 부합하지 않는다는 것이다. 마찬가지로 칼 바르트(Karl Barth, 1886-1968)도, 고정된 체계를 말하는 기계적인 예정론이 역사 속에서 선택하고 버리시는 하나님의 활동의 자유와 주권을 침해하고, 인간의 자유의지와 결단을 무의미한 것으로 전락되는 비성경적인 결과들을 불러왔으며, 진지한 회개로 부르시는 하나님의 소명에 응답하는 인간의 책임성을 약화시킨다고 비판했다. 무엇보다도 전통적인 예정론의 결정적인 문제점을 지적한 바르트에 따르면, 선택과 유기를 작정하신 하나님과 아들이 순종으로 감당한 십자가의 대속적 고통에 동참한 성부의 아픔과 사랑의 속성이 서로 일치하지 않는다는 것이다. 아들을 십자가에 내어주며 함께 고통에 동참했던 성부는, 무조건적으로 사람들을 유기하여 지옥에 보내는 하나님이 아니라, 그리스도 안에서 무조건적으로 사람들을 선택하여 모두가 구원받기를 바라는 보편적인 사랑과 은혜가 충만한 하나님이라는 것이다. 이런 점에서 바르트에게 예정론은, 하자가 있는 교리라기보다는 오히려 그리스도를 통하여 하나님의 은혜와 사랑을 전하는 "복음의 총화"이다.[56] 하지만 구원의 주관적인 차원에서 성령의 역사로 인한 믿음의 응답 여부에 따라 그리스도 안에서 구원이 결정되기에, 결과적으로 하나님의 보편적인 사랑을 보여 주는 만인화해론이 만인구원론이나 만유화해론이 되기 어렵고, 또한 종말론적인 이중심판을 피해갈 수 없다.

    그리스도의 십자가 사건을 통해 나타나는 은총의 하나님을 발견한 바르

---

56) 김명용, 「칼 바르트의 신학」(서울 : 이레서원, 2007), 150-157.

트의 1942년의 예정론은, 만개한 은총의 복음을 보여 준다. 그 내용을 요약하면, 예수 그리스도는 영원 전에 일어난 하나님의 자기규정이다. 이것은 하나님이 그리스도 밖이 아니라, 그리스도 안에서 존재하고 세상을 창조하며 인간을 만나신다는 의미이다. 즉, 창조 세계와 역사의 중심이신 그리스도 안에 있는 하나님은, 그리스도의 십자가를 통해서 자신을 계시하는 하나님이시다. 그리스도 안에 존재하는 하나님은 영원 전에 인간을 사랑하기로 결의하였기에, 그리스도 안에서 인간을 선택하여 긍정하기를 원하시는 하나님이시다. 그러므로 하나님의 이중예정은, 그리스도 안에서 인간을 선택하고 인간을 대신하여 하나님 자신이 버림받는 하나님의 극단적인 사랑과 은총의 계시인 그리스도의 십자가 사건을 의미한다. 하나님은 인간을 무조건적으로 유기하는 것이 아니라, 즉 인간을 버리는 대신에 그리스도 안에서 인간을 선택하고 하나님 자신을 버림으로 예수 그리스도가 '단 한 분 버림받으신 분'이 되신다. 그리스도 십자가 사건은 인간을 정죄하고 버리는 것이 아니라, 극단적인 대리적 교환으로 버림받은 그리스도를 통하여 인간을 선택하고 사랑하겠다는 하나님의 자기 계시이다. 그래서 하나님의 만민을 향한 보편적인 선택은, 성령의 역사를 통하여 그리스도를 영접하는 믿음의 사건으로 현재의 시간 속에서 지속적으로 일어나는 것이다. 그럼에도 불구하고 버림받은 자들이 존재하는 이유는, 하나님은 언제나 그리스도 안에서 인간에게 사랑과 은총의 선택으로 다가서지만, 그러한 하나님의 선한 의지가 계속해서 거절당하기 때문이다. 결론적으로 그리스도를 믿는 성도는 하나님으로부터 영원 전에 그리스도 안에서 선택된 사람들이며, 그리스도의 십자가는 바로 하나님의 영원한 선택의 보증으로 서 있다. 에베소서 1 : 4~7에서, 바울이 "곧 창세 전에 그리스도 안에서 우리를 택하사 우리로 사랑 안에서 그 앞에 거룩하고 흠이 없게 하시려고 그 기쁘신 뜻대로 우리를 예정하사 예수 그리스도로 말미암아 자기의 아들들이 되게 하셨으니 이는 그가 사랑하시는 자 안에서 우리에게 거저 주시는 바 그의 은혜의 영광을 찬송하게 하려는 것이라 우리는 그리스도 안에서 그의 은혜의 풍성함을 따라 그의 피로 말미암아 속량 곧 죄 사함을 받았느니라"고 말하는 바와 같이, 그리스도의 구원의 복음을 전하고 하나님의 은혜를 찬양하는 교리가 바로 이중예정론이다.[57] 이런 점에서, 창세 전에 선택과 유기를 말하는 칼뱅과 창세 전에 그리스도 안에서의 선택을 말하는 바르트의 이중예정론의 내용은 다르지만, 칼뱅의 이중예정론의 목적과 그것에 대한 바르트의 재해석의 의도는 하나님의 절대주권을 높이고 하나님의 은혜의 영광을 찬양한다는 점에서 일맥상통한다. 죄인의 구원에 있어서, 칼뱅은 엄위하신 하나님의 절대주권의 주도권을 드높이고, 바르트는 그리스도의 십자가를 통해서 나타난 하나님의 극단적인 사랑과 자비의 주도권을 강조한 것 같다.

8. 하나님의 사랑에 사로잡힌 그리스도인의 자유

본 교단 신앙고백서에 따르면, 구원받은 그리스도의 제자는 죄를 지을 자유를 버린 자유인으로서, 공의로우신 하나님의 사랑의 고삐에 사로잡혀 교회와 사회 속에서 사랑을 실천하고 하나님의 공의가 이루어지도록 힘쓰고 하나님의 평화를 추구해야만 한다. 다시 말해서 구원을 받아 부활의 소망을 가슴속 깊이 아로새긴 그리스도인은 "눈은 눈으로, 이는 이로 갚으라."는 세상의 법칙을 따라가지 말고, 예수님이 산상수훈에서 가르치신 바와 같이 원

---

[57] Ibid., 162 – 174.

수를 사랑하고 원수를 위해서 기도해야 한다. 성도가 원수를 위해 눈물로 통곡하며 기도하면, 그 원수가 자신의 잘못된 길에서 돌이켜 회개할 수도 있고, 그렇지 않더라도 성도는 직접적으로 원수를 갚지 말고 자신을 이유 없이 괴롭히는 원수를 공의로우신 하나님의 손에 맡겨야 한다. 이렇게 사는 삶이야말로 십자가에서 자신을 못 박는 자들을 용서하신 그리스도의 뒤를 따라가는 거룩한 삶이며, 시기와 증오나 보복살인이 난무하는 세상 속에서 그리스도인이 자신의 정체성을 잃어버리지 않고 살아가는 길이다. 성도는 자신의 이익을 위하여 남을 이용하고 이용가치를 상실한 친구를 헌신짝처럼 버리지 말고, 남을 위하여 자신의 목숨을 버린 십자가 위의 그리스도처럼 대리적인 삶을 살아가야 한다. 하나님의 사랑과 공의를 따르는 그리스도인은, 하나님 나라의 건설과 그리스도의 재림을 앞당기기 위하여 애쓰는 삶을 살아야만 한다. 그러한 그리스도인의 삶은 신앙의 사적인 영역인 가정과 교회의 영역을 넘어서 직장과 사회와 국가의 영역에 이르기까지, 더 나아가 전 세계와 온 우주의 영역에 이르기까지 공적으로 책임지는 삶으로 확대되어야 한다. 하나님의 거룩하심이, 구원받아 부활의 소망을 품은 그리스도인들의 거룩한 생활을 통하여 죄악으로 가득한 전 세계와 온 우주를 덮도록 힘써야 한다는 것이다.[58]

9. 성도의 견인과 영화

성도의 신앙은 성령으로 말미암아 주어지는 하나님의 선물이다. 그래서

---

[58] 대한예수교장로회총회 헌법개정위원회 편집, 「헌법」, 148 - 149.

칼뱅은 성도의 심령에 신앙을 일으키는 것이 성령의 주요한 사역이라고 하였다. 성령의 은밀한 에너지로 인하여 성도는 그리스도와 그의 모든 유익들에 도달하기에, 그리스도는 성령의 띠를 통하여 성도들을 자신에게 효과적으로 연합시킨다.[59] 중세 후기의 마이스터 에크하르트(Meister Eckhart, 1260-1328)는, 성령의 역사로 인하여 초연하고 초탈되어 가난한 영혼의 근저 안에 하나님의 아들의 탄생이 일어나면, 하나님의 자녀가 된 성도들과 하나님이 인식론적, 존재론적, 윤리적인 일치를 이룬다고, 즉 하나님으로부터 하나님과 함께 하나님 안에서 신비적인 일치에 도달하는 하나 됨을 설교하였다.[60] 하지만 칼뱅은 그리스도 안에서의 신비로운 연합은 그리스도의 본질과 성도가 합쳐지는 것이 아니라, 성도가 그리스도를 경험적으로 소유하는 것, 즉 그리스도로 옷 입는 것으로 생각하였다. 다시 말해서 성도와 그리스도의 연합은 본체론적인 것이 아니라, 성도의 심령 속에 그리스도와 그의 은사가 영적으로 내주하는 것을 의미한다는 것이다.[61]

이처럼 그리스도와 연합하여 의롭다 칭함을 받은 성도들도 때로는 믿음이 약해지거나 하나님께 불순종하거나 죄를 지을 수도 있다. 하지만 하나님은 자신의 사랑과 은혜로 그리스도 안에서 선택하여 구원으로 부른 성도들을 끝까지 인내하고 보존하시어, 성령을 통해 그들의 최종적 구원을 보증하신다. 칼뱅에 따르면, 하나님이 성령의 은혜로 인내하는 성도들의 견인을 확고하게 함으로써 자신의 구원사 전체를 완성하신다는 것이다. 그러므로 성도들은, 자신들의 의지가 아니라 그리스도와 성령의 은혜로 말미암은 의로운 하나님의 아들의 신분에서 버려지거나 탈락되지 아니하고 종말론적인

---

59) 이양호, 「칼빈 : 생애와 사상」(서울 : 한국신학연구소, 2010), 176.
60) 김형근, 「마이스터 에크하르트와 불교 : 하나님의 신성과 공」, 183.
61) 브루스 데머리스트, 「십자가와 구원」, 484.

부활의 소망으로부터 끊어지지도 아니한다.[62] 이렇게 하나님의 무한한 은혜로 끝까지 견인된 성도들은, 그리스도의 종말론적인 재림을 통하여 영생의 부활의 몸으로 영화될 것이다. 영화된 성도들은 그리스도를 직접 대면하고, 그들에게서 모든 죄의 흔적들이 사라지며, 영원한 그리스도의 온전한 형상으로 변화되는 성화의 완성이 이루어져, 구원하시는 하나님의 영광을 영원히 찬양하며 예배하게 될 것이다.[63]

10. 결론

오늘의 다양한 상황들 속에서, 우리는 그리스도의 속죄론의 확대와 아울러 일어나는 구원론의 지평의 확대를 심사숙고해야 할 필요가 있는 것 같다. 즉, 전통적인 개혁신학의 구원론이, 기득권층들의 구원으로부터 고통당하는 여러 부류의 사람들에게로, 오직 선택받은 인간만의 구원으로부터 만인에게로, 자연과 우주적 지평으로까지 확대되어 말해지고 있다. 한편으로, 남미의 해방신학은 불의한 사회구조 속에서 경제적으로 착취당하고 정치적으로 억압당하는 가난한 자들을 우선적으로 편드는 선택과 그들의 구원을 위해 오신 해방자 그리스도를 말했다. 또한 북미의 흑인신학은 백인들로부터 인종적으로 차별받는 흑인의 해방과 구원을 위해서 오신 흑인인 그리스도를 외쳤다. 그리고 온건한 여성신학은, 그리스도를 통하여 이루어지는 구원이란 가부장제의 억압적이고도 침묵과 인내를 강요하는 구조 속에서 성차별을 받는 것으로부터 해방되어, 하나님의 형상을 따라 창조된 여성성을 온전

---

62) Ibid., 652–657.
63) Ibid., 700–709.

히 실현하는 것을 여성의 완전한 구원의 완성으로 본다. 한국의 민중신학은 사회구원의 차원에서 고된 노동과 저임금에 시달리는 노동자들의 인권의 회복을 온전한 구원으로 보았고, 예수는 고난당하며 신음하는 민중들의 해방자로 오셨다고 증언하였다. 거기서 한 걸음 더 나아가 생태신학은, 전통적인 인간중심적인 구원론을 비판하면서 생태계를 파괴하는 죄로 물든 인간의 이기심으로부터 창조질서를 회복하고 보존하는 것을 전 피조세계의 구원으로 본다.64) 하지만 이런 상황신학들은 루터나 칼뱅이 말한 전통적인 구원론을 결코 간과해서는 안 될 것이다. 다른 한편으로, 그리스도의 십자가 사건을 통하여 일어나는 바르트의 객관적인 구원론인 만인화해론은 성령의 역사를 통한 믿음에 의해 그리스도 안에서 구원의 여부가 결정되기에 만인구원론은 분명히 아니다. 하지만 바르트의 만인화해론에 영감을 받은 가톨릭 신학자 칼 라너(Karl Rahner, 1904-1984)는, 하나님의 무한하신 은총에 기초하여 '익명의 그리스도인'을 언급하면서 만인구원론으로까지 밀고 나갔다. 그러나 만인구원론은 성경의 이중심판론과 명백히 충돌한다. 또한 바르트의 만인화해론을 발전시킨 개혁신학자 위르겐 몰트만(Jürgen Moltmann, 1926-)은, 「오시는 하나님」이라는 자신의 저서에서 하나님의 무한하신 사랑의 영원성에 근거하여 모든 인간의 구원을 넘어 피조세계 전체와 온 우주를 포함하는 만유구원론의 희망으로까지 그리스도의 구원을 확장시켜 해석하였다.65) 이것은 몰트만의 희망의 신학의 차원에서 하나의 소망으로 머물러 있다. 이처럼 하나님이 선택받은 자들을 넘어 세상 전체를 사랑하고(요 3:16), 세상 전체와 화해하였고(고후 5:19), 그리스도 안에서 만물의 통일

---

64) 박만, 「최근신학연구」(서울 : 나눔사, 2002), 8. 그리고, 다니엘 L. 밀리오리, 신옥수 백충현 옮김, 「기독교 조직신학 개론」(서울 : 새물결플러스, 2106), 349-390의 "상황 속에서 예수 그리스도 고백하기"를 참고하라.
65) 김명용, 「칼 바르트의 신학」, 237-234.

(엡 1 : 10)과 그리스도의 십자가의 피로 이룬 만물의 화해(골 1 : 20)를 주장하는 라너와 몰트만의 견해들은, 이중심판론으로 영생과 심판의 부활을 말하는 성경의 증언들(요 5 : 29, 계 20 : 6, 12-15)과는[66] 좀 색다르고 다양한 신학적 전망들을 제시한다. 이처럼 성경 안에는 다양한 신학들이 공존하기에, 성경을 교리적으로 획일화시키는 것보다, 오히려 그 다양성을 열어 두는 것이 성경을 더 성경 되게 하는 것처럼 보일 수도 있다. 그러나 목회현장에서 분명한 진리의 길을 제시하며 하나님의 말씀을 선포하는 목회자들과 또한 그들로부터 하나님의 말씀을 듣는 교회의 성도들을 고려할 때, 만인구원론이나 만유구원론보다 요한복음 5 : 29(선한 일을 행한 자는 생명의 부활로, 악한 일을 행한 자는 심판의 부활로 나오리라)에 근거한 생명의 부활과 심판의 부활이라는 이중심판론이 더 설득력을 가진다.

결론적으로 전적으로 타락한 인간은, 자신의 공로나 자유의지가 아니라 오직 하나님의 은혜로만 구원받고, 오직 사랑의 계시인 예수 그리스도를 믿음으로 의롭다 칭함을 받고, 오직 성령의 은혜를 통하여 점진적으로 성화되어 가며, 오직 그리스도의 종말론적인 재림을 통하여 영원한 생명의 부활로 영화롭게 변화되어, 성화를 완성하고 최종적인 구원에 이른다. 인간의 구원에 있어서, 하나님 아닌 것과 죄인인 '나'는 사라지고, 오직 하나님의 은총만이 어두움을 몰아내는 아침 햇살처럼 영롱하게 빛난다.

---

66) 최윤배, "깔뱅의 구원론," 「구원론」(서울 : 대한기독교서회, 2015), 154에서, 이중심판론을 지지하는 최윤배 교수에 따르면, "깔뱅은 신령한 몸의 부활을 영화로 이해하고, 예수 그리스도의 재림 시에 있을 부활과 심판을 영생과 영벌이라는 이중결과로 이해함으로써 기독교역사 초기 오리게네스로부터 오늘날 몰트만에까지 이르는 만유구원론(총괄갱신론 : apokatastasis)을 수용하지 않는다."

9장
종말론[1]

최태영(영남신학대학교)

"우리 주 예수 그리스도의 아버지 하나님을 찬송하리로다. 그의 많으신 긍휼대로 예수 그리스도를 죽은 자 가운데서 부활하게 하심으로 말미암아 우리를 거듭나게 하사 산 소망이 있게 하시며, 썩지 않고 더럽지 않고 쇠하지 아니하는 유업을 잇게 하시나니, 곧 너희를 위하여 하늘에 간직하신 것이라"(벧전 1 : 3-4).

---

[1] 본 종말론의 구조와 내용의 상당 부분은 최태영,「죽음 너머 영원한 삶」(서울 : 한들, 2011)에서 취하고, 김명용,「이 시대의 바른 기독교 사상」(서울 : 장로회신학대학출판부, 2001)과 회커마(A. A. Hoekema),「개혁주의 종말론」(서울 : 기독교문서선교회, 1986) 및 로이드존스(Martyn Lloyd - Jones),「영광스러운 교회와 아름다운 종말」(서울 : 부흥과개혁사, 2007)을 많이 참조했음을 밝힌다.

1. 서론

트뢸취(E. Troeltsch)는 "종말론의 사무실은 굳게 닫혀 있다."고 하였다. 종말론은 사람들의 관심의 대상이 아니라서 찾는 사람들이 거의 없다는 뜻이다. 그러나 그것은 자유주의가 지배하던 19세기 상황에 해당한다. 발타자르(H. U. von Balthasar)는 말하기를, "그 세기 이후 종말론 사무실은 업무 외 시간의 일을 하고 있다."2)고 하였다. 20세기 이후 종말론은 최고의 호황기를 맞이하였다. 과거의 조직신학은 종말론을 마지막에 위치시키고, 마치 부록처럼 취급했다. 그러나 현재는 종말론이 교의학의 출발점 또는 중심점으로 여겨지고 있다. 종말의 관점에서 현재를 보고 미래를 조망한다. 종말론은 신학의 끄트머리에서 다른 교의를 따라가는 위치가 아니라 오히려 신학을 이끌어 가는 향도의 위치에 서 있다고 말해도 과언이 아니게 되었다.

종말론은 신학에서만 중요한 것이 아니라 그리스도인의 삶을 위해서도 매우 중요하다. 기독교 신앙은 종말신앙이다. 바른 종말론이 그리스도인다운 올바른 삶으로 인도한다. 종말론은 원래 미래에 대한 지식이다. 미래를 안다는 것은 현재를 올바로 살 수 있는 근거가 된다. 따라서 종말론은 미래를 위한 신학이면서 현재를 위한 신학이다. 성경학자인 윌리엄 헨드릭슨(W. Hendriksen)은 "영원의 빛 가운데서 인생사를 보지 않으면 현재의 우리의 삶은 결코 올바로 평가될 수 없다."3)는 주목할 만한 말을 남겼다. 예수 그리스도는 하나님의 나라를 선포하신 종말적 선지자이셨다. 그리스도인도 종말에 대한 지식을 가지므로 이 시대의 선지자로 살아야 한다. 종말론은 그리스도인으로 하여금 선지자로서의 삶을 가능하게 만든다. 그리스도인이라

---

2) 참조, Gerhard Sauter, 최성수 역, 「종말론 입문」(서울 : 한들출판사, 1999), 58.
3) William Hendricksen, 오성종 역, 「내세론」(서울 : 새순출판사, 1978), 19.

면 미래를 선취하는 삶을 살아야 한다. 종말론은 미래의 선취가 무엇인가를 알려 준다. 그리스도인은 지금 성령 안에서 종말적인 하나님 나라의 능력과 지혜로 살 수 있다. 기독교에서 최고로 선망되는 삶은 순교적 삶이다. 바른 종말론은 우리로 하여금 순교적 삶을 가능하게 한다. 삶의 가치가 이 세상에 있는 것이 아니라 하나님 나라에 있음을 알게 함으로써 하나님 나라를 위한 삶을 살게 한다. 그것은 이 세상에서의 삶을 순교적 삶이 되게 인도한다.

그런데, 종말론에서 말하는 종말이 무엇인가? 자우터(G. Sauter)에 의하면 종말에 관하여 세 가지 개념이 혼재하고 있고, 따라서 종말론은 세 가지로 이해된다.[4] 첫째는 마지막 사건들에 대한 교리라는 이해이다. 종말을 역사의 마지막에 일어나는 사건으로 이해하는 것이다. 우리말로는 말세학 혹은 말세론이라 하면 쉽게 이해될 것이다. 19세기까지만 해도 종말론은 이러한 말세론의 의미에서 사용되었다. 그런데 20세기 후반에 들어 종말의 개념이 획기적으로 바뀌게 되었다. 종말론을 단지 역사의 마지막에 나타날 사건들에 대한 사전적인 이론이 아니라, 기독교가 가진 미래의 희망에 대한 교리로 이해하는 것이다.[5] 이제 종말론은 미래에 대한 신학적 사고로서, 미래를 지향하는 현실 변혁적인 행위를 내포하게 되었다. 그런데 종말의 개념은 여기서 멈추지 않고 다시 한 번 근본적으로 새로운 해석을 취하게 된다. 그것은 바로 하나님이다. 종말은 마지막 일들과 무관하고, 오히려 하나님 자체가 종말이라는 것이다. 따라서 종말론은 하나님에 대한 교리로서 종말 신학, 곧 종말의 관점으로 하나님을 말하는 하나의 신학 체계가 되는 것이다.

종말론은 그 다루는 범위에 따라 셋으로 나눌 수 있다. 첫째는 개인적 종말론이다. 여기에는 개인의 종말 사건인 죽음, 중간 상태, 부활, 영생 등이

---

4) Sauter, 「종말론 입문」, 23–60.
5) 1964년에 출간된 몰트만(J. Moltmann)의 「희망의 신학」이 이것을 대변한다고 볼 수 있다.

포함된다. 둘째는 역사적 종말론이다. 이 세계의 역사가 어떻게 끝이 나고 완성될 것인가를 다룬다. 시간의 종말, 예수 그리스도의 재림, 최후의 심판, 천국과 지옥, 천년왕국 등이 여기에 해당한다. 셋째는 우주적 종말론이다. 개인과 인류의 역사뿐만 아니라 이 세계와 우주, 곧 하늘과 땅의 미래와 완성은 어떻게 되는지를 다룬다. 새 하늘과 새 땅, 새 예루살렘 등의 주제가 여기에 해당된다. 이 많은 주제를 단 한 가지로 총괄하면 하나님 나라라고 할 수 있다. 예수께서 전파하신 것은 한마디로 하나님의 나라였다. 하나님의 나라는 이 땅에서 장차 완성될 것이며, 하나님의 다스림과 다스리시는 하나님을 의미하므로, 위에서 말한 종말론에 대한 세 가지 개념과 세 가지 범위를 능히 포괄한다고 말할 수 있다. 그래서 종말론을 하나님 나라의 교리로 부를 수 있는 것이다.

2. 죽음

인간은 죽음(Death)이 두려워 종교를 만들었다고 말할 만큼 죽음은 인간 실존의 가장 크고 두려운 존재다. 성경과 기독교가 다른 경전과 종교에 비해 탁월한 것은 죽음 문제에 대한 완전한 해결책을 가지고 있다는 것이다. 예수께서 세상에 오신 목적은 "죽기를 무서워하므로 한평생 매여 종노릇하는 모든 자들을 놓아 주려 하심"(히 2 : 15)이라 한 것이 그것을 말한다.

1) 죽음의 종류

세상 사람들은 몸이 죽는 것만을 죽음이라 생각하지만 성경에는 세 가지 종류의 죽음이 언급되고 있다. 영적 죽음(spiritual death, mors spiritualis), 육체적 죽음(physical death, mors corporalis), 영원한 죽음(eternal death, mors aeterna)이 그것이다.[6]

영적 죽음은 하나님과의 관계가 단절되는 것을 가리킨다. 한 사람의 영혼이 생명의 근원인 하나님으로부터 분리되는 것이다. 선악을 아는 나무의 열매를 먹은 아담에게 처음 내린 형벌이 이것이다(창 3 : 8). 그 결과 아담은 생명나무가 있는 에덴동산으로부터 추방되었고, 모든 인류는 에덴동산 밖에서 태어나 살고 있는데, 이것이 바로 원죄 상태라고 할 수 있다. 하나님과의 관계가 단절된 상태, 곧 영적 죽음의 상태에서 태어나 사는 것이다. 모든 사람의 실존은 영적 죽음인데, 이렇게 일평생 살다가 그대로 죽으면 영원한 죽음으로 들어간다. 그러나 아직 중생의 기회가 남아 있다는 것이 다행스러운 것이다.

육체적 죽음은 생물학적 죽음 혹은 의학적 죽음이라 불린다. 사람들이 죽음을 말할 때 일차적으로 생각하고 알고 있는 것이 바로 육체적 죽음이다. 성경에서는 영혼이 육체를 떠나는 사건으로 표현되어 있다. 사람은 영혼과 육체가 결합되어 있는 존재인데, 만약 영혼이 육체로부터 분리되어 떠나면 육체만이 아니라 그 사람이 죽는 것이다. 영적 죽음처럼 육체적 죽음도 모든 사람이 당하게 되지만, 에녹과 엘리야만은 예외적으로 이런 종류의 죽음을 당하지 않았다고 성경이 말하고 있다. 예수께서 재림하시면 그때까지 살아 있을 의인들도 육체적 죽음을 당하지 않을 것이다.

영원한 죽음은 생명의 근원이신 하나님으로부터 영원히 분리되는 사건으로서, 구원받지 못하는 사람만 당하게 되는 영원한 버림이다. 영원이라는 단

---

[6] 1964년에 출간된 몰트만(J. Moltmann)의 「희망의 신학」이 이것을 대변한다고 볼 수 있다.

어가 암시하듯이 하나님과의 관계 단절이라는 죽음의 상태가 공고화된 것을 의미하며 소생의 기회를 완전히 상실한 상태를 가리킨다. 요한계시록에 나타나는 둘째 사망, 예수께서 언급하신 지옥불이 이것을 가리킨다. 이것은 하나님을 불신하고 불순종함으로 버림받은 상태에서 회개할 기회를 끝까지 거부한 죄인들에 대한 하나님의 최후의 심판이라고 할 수 있다.

우리는 흔히 죽음이란 어떤 존재가 사라지는 것, 소멸되는 것이라고 생각한다. 그러나 위에서 본 것처럼 죽음은 존재의 소멸이 아니라 한 존재가 다른 존재와 가지는 관계가 결정적으로 바뀌는 것임을 알 수 있다. 성경은 죽음을 몸과 혼의 분리로 설명하는데(왕상 17 : 21-22 ; 전 12 : 7 ; 약 2 : 26 ; 요 19 : 30), 이것은 죽음으로 그 존재가 소멸되는 것이 아님을 보여 준다. 벌코프(L. Berkhof)에 의하면, 육체의 죽음은 결코 소멸이 아니다. 하나님은 당신의 피조물 중 어떤 것도 없애지 않으신다. 죽음은 존재의 중지가 아니고 개체와 자연과의 관계의 단절이다. 삶과 죽음은 존재와 비존재로서 대립되는 것이 아니라, 단지 서로 다른 존재의 양태로서만 대립하는 것이다.[7]

따라서 죽음의 진정한 의미는 하나님의 생명으로부터의 단절이다. 성경에 의하면 하나님은 생명의 하나님이다. "하나님은 죽은 자의 하나님이 아니요 살아 있는 자의 하나님이다"(눅 20 : 38). 하나님의 나라에는 죽음이 없다. 하나님이 계신 곳에는 죽음이 없고, 죽음이 있는 곳에는 하나님이 안 계신다. 죽음은 생명과 반대요, 따라서 하나님으로부터의 단절이다.

우리는 여기서 크게 두 가지 인생의 길이 있음을 알게 된다. 하나는 불신자의 길이다. 그것은 원죄, 곧 영적 죽음의 상태에서 태어나 일평생 살다가 육체적 죽음에 이르는 것이다. 그런데 그 육체적 죽음은 영원한 죽음이 된

---

7) Louis Berkhof, 권수경, 이상원 공역, 「조직신학」(서울 : 크리스챤다이제스트, 1992), 936.

다. 지옥불이라 불리는 곳에 떨어지고 하나님으로부터 영원히 분리되는 것이다. 다른 하나의 인생은 신자의 길이다. 신자도 불신자처럼 원죄라는 영적 죽음의 상태에서 태어나 사는 것은 동일하다. 그런데 이들은 중생, 즉 거듭남의 기회를 붙들었다. 예수 그리스도를 믿고 영적으로 새 생명을 얻은 것이다. 이들이 육체의 죽음에 이르게 되면 하나님의 나라에서 영원히 살게 된다. 영원한 죽음과 영원한 생명은 육체로 살아 있을 때 중생의 기회를 얻느냐 얻지 못하느냐에 달린 것이다. 신자와 불신자의 차이는 이 세상에서는 크게 나타나지 않을 수 있다. 그러나 육체적으로 죽을 때 비교할 수 없는 차이가 벌어진다. 영원한 지옥 아니면 영원한 생명의 차이이기 때문이다. 예수 그리스도에 대한 태도가 각 사람의 영원을 결정하는 것이다.

2) 그리스도인의 죽음

성경은 죽음의 원인을 죄라고 규정한다(롬 6 : 23). 그런데 육체의 죽음을 죄의 삯이라고만 말하면 해결할 수 없는 문제가 생긴다. 바로 그리스도인의 육체적 죽음이다. 그리스도께서 우리를 위하여 죽으시고 승리하셨다면, 그리스도를 믿고 죄 용서를 받은 그리스도인이 왜 또 죽어야 하는가? 생각해 보면 논리적으로 풀지 않으면 안 될 문제임을 알 수 있다.

이 문제에 대해 제일 먼저 언급된 권위 있는 신앙고백이 있다. 바로 하이델베르크 교리문답(Heidelberg Catechism, 1563)이다. 제42문답에서 이렇게 답하고 있다. "우리의 죽음은 죄에 대한 벌이 아니라, 죄에 대하여 죽고 영생에 들어가기 위한 문이다." 여기서 죄에 대하여 죽는다는 것은 죄짓는 일을 끝낸다는 뜻이다. 알다시피 우리가 그리스도인이 되었다 하더라도 여전히 죄를 짓는다. 우리의 몸이 죄를 짓는 몸이기 때문이다. 이 육체로 사는 한 죄를 안 짓는다는 것은 불가능한 일이다. 언젠가는 죄를 짓지 않는 때가 와야 하는데, 그것이 바로 육체적 죽음의 순간이다. 그러므로 죄에 대하여 민감하고 그것을 심각하게 고민하는 그리스도인은 더 이상 죄를 짓지 않게 되는 죽음의 순간을 무서워하기보다 오히려 환영할 수 있다.

성경은 그리스도인이 죽는 것은 부활하기 위해 필요한 일이라고도 말한다. 죽은 자의 부활의 장으로 알려져 있는 고린도전서 15장은 이렇게 선포한다. 씨는 죽지 않으면 살아나지 못한다는 원리에 따라, 썩은 것으로 심고 썩지 아니할 것으로 다시 살고, 욕된 것으로 심고 영광스러운 것으로 다시 살고, 약한 것으로 심고 강한 것으로 다시 살고, 육의 몸으로 심고 신령한 몸으로 다시 살 것이라고 말이다(고전 15 : 42-44).

그러므로 그리스도인의 죽음은 최후의 원수, 최대의 적이라는 관점이 아니라 새로운 세계로 나아가는 문으로 파악해야 한다. 회커마(A. A. Hoekema)는 "우리의 가장 두려워하는 대적자가 우리를 위해 하늘의 복락에 들어가는 문을 열어 주는 하인이 되었다. 그러므로 그리스도인들에게는 죽음은 끝이 아니라 영광스러운 새로운 시작이다. 우리의 최후의 적(고전 15 : 26)인 죽음이 그리스도의 사역을 통하여 우리의 친구가 되었다."[8]고 말했다. 그래서 성경은 그리스도인 내지 성도의 죽음을 부정적으로 묘사하지 않고 거룩하고 복된 것으로 그리고 있다.[9]

---

8) A. A. Hoekema, 유호준 역, 「개혁주의 종말론」(서울 : 기독교문서선교회, 1986), 119.
9) 다음의 성경 구절들을 참조하라. 시 116 : 15 ; 눅 16 : 22 ; 눅 23 : 43 ; 요 14 : 2 ; 딤후 4 : 6-8 ; 빌 1 : 23 ; 고후 5 : 8 ; 살전 4 : 13 ; 빌 1 : 23 ; 계 14 : 13.

3) 죽음 의식의 유익

이 세상에서 살아가고 있는 동안에 육체의 죽음을 의식하며 사는 것은 삶을 위해 유익할까, 아니면 해로운 것일까? 대개의 사람들은 죽음이 꺼림칙하게 여겨지므로 아예 생각하지 않고 살려고 한다. 죽음에 대해 생각만 해도 기분이 좋지 않기 때문이다. 그러나 죽음을 우리의 의식에서 배제하는 것은 바람직하다고 할 수 없다. 성경은 우리가 죽음이라는 현실을 인정하고 의식하며 사는 것이 좋다고 말한다. 하나님과 인간의 차이가 죽지 않음과 죽는다는 데 있고, 인간과 동물의 차이는 죽음을 의식하며 사는 것과 의식하지 못하고 사는 것에 있다고 한다.[10] 평시에 죽음을 의식하지 않고 살면 인간적이라기보다 동물적인 수준으로 낮아질 수 있다. 죽음을 직시하고 준비하는 삶을 사는 것이 올바른 삶을 위해 유익할 뿐 아니라, 실제 죽음에 임박하여 당황하지 않고 올바로 대처할 수 있다. 따라서 죽음을 생각하고 죽음과 친근해지는 것이 좋다. 죽음을 의식하는 것이 삶을 위해 어떤 유익이 있을까?

죽음에 대한 의식은 삶의 지혜를 제공한다. 전도서에 "지혜자의 마음은 초상집에 있으되 우매한 자의 마음은 혼인집에 있느니라"(전 7 : 4)는 말씀이 있다. 혼인 잔치에 가서 죽음을 생각하기는 힘들다. 초상집에 가면 반드시 죽음을 생각하게 될 것이다. 전도서 말씀은 죽음을 생각할 때 삶의 지혜를 얻게 된다는 뜻이다. 시편 90 : 12도 같은 뜻의 말씀이라 생각된다. "우리에게 우리 날 계수함을 가르치사 지혜로운 마음을 얻게 하소서." 날을 계수할 때 삶의 지혜가 생긴다고 하였다. 날을 계수한다는 것은 살아온 날 수와 앞으로 살아갈 날 수를 헤아린다는 것인데, 그 중심에 죽음이 있다. 곧 죽음

---

10) 최태영, 「그리스도인은 죽을 때 부활한다」(대구 : 아름다운사람들, 2000), 8.

을 생각하는 것이다. 죽음을 생각하지 않으면 우리가 마치 영원히 살 것 같은 착각을 하지만, 죽음을 생각하는 순간, 인생이 영원하지 않다는 사실을 실감하게 되어 영원을 진정으로 사모하게 될 것이다. 하나님께서 인간에게 영원을 사모하는 마음을 주셨는데, 유한한 인생에서 영원을 찾아가는 것이 성경이 가르치는 지혜라고 말할 수 있다.

죽음에 대한 생각은 삶을 진지하게 만들어 준다. 죽음을 진지하게 생각하면 우리의 인생이 무한하지 않고, 유일회적이며, 또 불가역적임을 깨닫게 된다. 되돌아갈 수 없는 단 한 번의 인생이라는 절실한 생각을 하게 되고, 따라서 살아 있는 순간을 성실하게 살도록 만들어 줄 것이다. 사람은 죽음이 없었으면 좋겠다는 생각을 하지만, 만일 죽음이 없다면 인생이 어떻게 될까? 만사는 시들하게 되어 삶은 지극히 권태로울 것이다. "죽음과의 만남을 약속하였을 때 보다 개선된 삶을 영위할 수 있다. 곧 죽을 것이라 예측할 때 더 깊고 열정적인 사랑, 더 풍요한 삶을 살게 된다."[11]

죽음 생각은 역설적으로 삶에 대한 감사와 기쁨을 얻게 만든다. 그것은 우리로 하여금 삶이 당연한 것이 아니라 하나님의 선물이라는 것을 깨닫게 한다. 죽음을 생각하지 않을 때는 삶을 원래 자기의 소유인 양 생각하고 감사할 줄을 모른다. 그러나 죽음을 의식하게 되면 삶이 밖으로부터 주어진 선물, 바로 하나님의 선물임을 깨닫게 되고, 그러면 이 순간 잠깐이라도 살아 있다는 사실 자체를 감사하고 기쁘게 여길 수 있는 것이다. 뿐만 아니라 죽음은 그리스도인들로 하여금 성화에 이르게 만든다. 죽음에 대한 의식이 신자들을 겸손하게 하고, 정욕을 억제하게 만들고, 세속적인 마음을 제어하며, 영적인 마음을 가지도록 촉진한다.[12] 죽음 후에 있을 최후의 심판을 의

---

11) G. Greshake, 심상태 역, 「종말신앙」(서울 : 성 바오로출판사, 1980), 78.
12) Louis Berkhof, 권수경, 이상원 공역, 「조직신학」(서울 : 크리스챤다이제스트, 1992), 938.

식하며 자기를 부인하고 자기 십자가를 지고 주님을 따르는 삶을 살게 만드는 것이다. 그러므로 죽음을 의식하는 것이 가장 훌륭한 삶의 방법이라고 말할 수 있다.

3. 죽은 자의 부활

죽은 자의 부활(Resurrection of the Dead)은 예수 그리스도의 부활과 구별되는 사건이므로 혼동하지 말아야 한다. 그러나 이 둘은 불가분의 관계가 있다. 슈바이처(A. Schweitzer)가 이것을 잘 설명했다. "만약 예수께서 부활하셨다면, 이제는 이미 초자연적 시대라는 것을 의미한다. 이것이 바울의 견해다. 그는 예수의 부활을 고립된 사건으로 간주할 수 없었다. 그것을 죽은 자의 부활의 시작이 되는 사건으로 보았음이 분명하다."[13] 그에 의하면 예수 그리스도의 부활의 능력이 이 세계 속에 이미 활동하고 있다. 예수님의 부활의 능력이 모든 죽은 자에게도 영향을 미치게 된 것이다. 로이드존스(Lloyd-Jones) 목사는 "사망을 폐하시고, 복음으로써 생명과 썩지 아니할 것을 드러내신"(딤후 1 : 10) 분은 예수 그리스도인데, 부활의 사실은 이미 존재하고 알려져 있었지만, 주님이 그것을 밝히 드러내셨다고 하였다.[14]

쿨만(Oscar Cullmann)은 그의 역저에서 성경의 가르침은 영혼의 불멸이 아니라 죽은 자의 부활이라 하였다.[15] 사도신경에는 영혼의 불멸교리가 없다. 몸의 부활과 영생이 있을 뿐이다.

---

13) A. Schweitzer, *The Mysticism of Paul the Apostle*, 98.
14) Lloyd - Jones, 359.
15) Oscar Cullmann, *Immortality of the Soul or Resurrection of the Dead?*(London : the Epworth Press, 1958).

죽은 자가 부활한다고 할 때 죽은 자의 무엇이 부활한다는 것일까? 백지 상태의 영혼과 몸이 부활하는 것이 아니다. 개인의 전체 역사가 부활한다. 즉, 그의 전 역사를 가진 개인이 부활한다. 죽을 때의 마지막 순간으로 부활하는 것이 아니다. 하나님 나라에서 개인의 전체 역사를 다시 찾음을 의미한다.[16] 그러면 죽은 자들은 언제 어떻게 부활하는지 알아보자.

1) 영혼불멸론적 부활론

이것은 한국 교회 특히 장로교회에 잘 알려져 있는데, 플라톤 철학의 영육이원론에 근거한 사상으로 이해된다. 이것에 의하면 죽음은 몸에만 해당하는 것이고, 영혼은 불멸하므로 그리스도인의 영혼은 죽은 후 하늘나라로 가서 산다. 다시 말해서 몸은 죽어서 소멸되지만 역사의 마지막 날에 부활하여, 하나님 나라에 거하고 있던 영혼과 재결합하여 새 하늘과 새 땅에서 살게 된다.

그런데 이 견해는 성경적으로 맞지 않는다는 비판을 받게 되었다. 성경은 인간을 영혼과 몸으로 이루어진 전인(whole man)으로 이해하기 때문이다. 영혼과 몸이 분리되면 인간은 죽는다. 영혼이 몸을 잃으면 더 이상 살 수 없다. 몸 없는 영혼만 하늘나라에 간다는 것은 성경의 사상이라 볼 수 없다는 것이다. 죽은 성도에 대한 성경의 묘사는 항상 몸을 전제하고 있다. 뿐만 아니라 역사의 마지막 날 하늘에 있던 영혼과 땅에서 부활한 몸이 재결합한다는 사상이 성경에 전혀 나타나지 않는다는 것이 또 하나의 큰 문제점이다. 이와 같이 영혼불멸론적 부활교리는 우리 한국 교회에 익숙한 것이고, 장로

---

16) Greshake, 96.

교의 전통이기는 하지만 성경적 근거가 흔들리고 있음을 직시하여 좀 더 바른 견해를 찾아 나가야 할 것이라 생각된다.

2) 영혼수면론적 부활론

영혼의 잠이라고도 알려진 이 견해는 사람이 죽으면 그 영혼이 잠자는 상태에 들어간다고 한다. 무의식의 상태로 무덤 속에서 머물다가 역사의 마지막 날에 영혼의 잠에서 깨어 전인적으로 부활한다. 잠자는 상태이므로 오랜 시간이 흐르지만 시간의 경과를 의식하지 못한다.

이 견해의 장점은 영혼과 몸의 분리라는 이분법적 오류를 피할 수 있다는 것이다. 그리고 예수님과 바울이 죽음을 잠으로 묘사하였다는 것도 친근감을 가지게 만드는 요인이 된다. 그러나 이 견해도 영혼불멸론적 부활론과 마찬가지로 성경적인 문제점을 가지고 있다. 개인의 죽음과 부활 사이의 중간기 상태를 무의식의 상태로 묘사하지 않고 주님과 교제하는 상태로 이야기하는 곳이 성경에 있기 때문이다. 잠이라는 표현은 죽음에 대한 은유이지 사실적 용어가 아니라는 것도 염두에 둘 필요가 있다. 따라서 이 견해는 장점도 있지만 죽은 자의 상태에 대하여 성경이 말하는 바를 다 담아 내지는 못한다는 약점을 가지고 있는 것이다.

3) 죽음 안에 있는 부활론

이 견해는 앞의 두 전통적인 견해가 성경적인 문제점을 가지고 있어서 받아들이기 힘들게 되자, 좀 더 깊은 성경연구와 신학적 사색을 통하여 나타난 비교적 최근의 견해다. 이것이 주장하는 바는 그리스도인 혹은 의인은 죽을 때 하나님 나라에서 부활한다는 것이다. 의인의 죽음의 세계가 곧 부활의 세계다. 의인은 죽음을 통해 부활의 세계, 곧 하나님 나라로 들어간다. 부활한 자는 역사의 마지막 날, 예수께서 재림하실 때 주님과 함께 새 하늘과 새 땅에 출현한다는 것이다.

죽음 안에 있는 부활로 알려져 있는 이 견해는 신약성경과 초대 교회의 문헌, 특히 기독교가 탄생할 당시의 유대교와 고대 교부들의 글에 많이 나타나며, 이론적으로 가장 타당하다고 평가될 수 있다.[17] 전통적인 두 견해의 문제점들을 해결할 수 있을 뿐만 아니라 그리스도인에게 가장 유익한 견해이기도 하다. 즉, 이 견해는 부활의 가까움을 의식하게 만듦으로써 죽음에 대해서 가장 긍정적으로 접근할 수 있게 하며, 시신 및 장기 기증, 화장 등, 죽음 문화에 대한 개혁의 근거를 제공하는 등, 하나님의 선하심과 능력을 가장 잘 나타내는 부활론이라 할 수 있다. 다만 우리나라 장로교가 전통적으로 유지해온 것은 영혼불멸론적 부활론이므로, 이에 관한 더 많은 성경적, 신학적 대화와 토론이 요청된다.

4. 천년왕국

천년왕국론(Doctrine of Millennium)은 성경적으로는 요한계시록 20장에만 나오는 개념인데, 전통적 종말론에서는 상대적으로 매우 비중 있게 다루어져 왔다. 성도들이 예수님과 더불어 천 년 동안 세상을 다스린다는 것이다. 천년왕국과 하나님 나라를 혼동하는 성도들이 많은데, 잘 구별할 필요

---

17) 이 교리의 성경 및 문헌적 근거와 더 자세한 사항에 대해서는 다음을 참조하라. 김명용, 「이 시대의 바른 기독교 사상」, 230-273. 최태영, 「죽음 너머 영원한 삶」, 71-114.

가 있다. 천년왕국은 역사 안에서의 왕국이요, 하나님의 나라는 역사 이후의 왕국이기 때문이다. 천년왕국론은 역사 안에 있는 것이므로, 자연히 역사의 변혁에 대한 기대와 변혁운동의 근거로 역할 지어져 왔다. 현세적 구원론의 핵심적인 개념이기도 하다. 천년왕국론은 크게 세 가지가 경쟁적으로 전개되어 왔다. 곧, 후천년왕국설(이하 후천년설), 전천년왕국설(이하 전천년설), 그리고 무천년왕국설(이하 무천년설)이 그것이다. 이것들은 모두 예수님의 재림이 언제 일어나느냐에 대한 관심과 관련되어 있다.

1) 후천년설

후천년설(postmillennialism)은 천년왕국 다음에 예수님이 재림하신다는 주장이다. 따라서 예수님의 재림 전에 천년왕국이 이루어진다고 한다. 예수님의 재림 전에 이루어지는 것이므로, 이것은 그리스도께서 직접 통치하시는 것이 아니라 간접적으로, 곧 말씀과 성령을 통하여 통치하시는 왕국이 된다. 후천년설은 낙관적 역사관을 가진다. 세계의 역사는 발전하고 성장한다는 것이다. 복음 전파와 성령의 사역을 통하여 세계는 마침내 기독교화된다. 그리하여 그리스도의 통치가 전우주적으로 완전하게 이루어지고, 평화가 편만하고, 악은 실질적으로 사라진다. 이 기간이 천 년간 지속된 후 재림이 있을 것이다. 그런데 주후 1,000년 이후, 천 년이라는 기간을 수정하여 교회 역사 전체를 의미하는 것으로 보았다. 즉, 천년왕국은 그리스도의 초림과 더불어 시작되어 교회시대 동안에 누릴 영적인 황금시대를 의미하는 것이 되었다.

그러나 후천년설은 성경의 많은 예언과 맞지 않는다는 비판을 받았다. 특히 예수 그리스도의 재림 전에 불법이 성행하고, 많은 사람들이 믿음에서 떠날 것이라는 신약의 가르침과 모순되는 사상이다. 누가복음 18 : 8에 "인자가 올 때에 세상에서 믿음을 보겠느냐?"라고 예수께서 말씀하셨는데, 후천년설은 이 말씀에 위배된다. 예수님이 재림하실 때 세상에는 믿는 사람이 많지 않을 것이라 하신 말씀인데, 후천년설에 따르면 세계가 거의 기독교화된 때에 예수님이 재림하신다고 가르치기 때문이다. 마찬가지로 종말이 대격변과 함께 도래하리라는 신약의 예언에도 위배된다. 뿐만 아니라 후천년설은 역사 안에서 자행되는 죄 문제를 올바로 보지 못하고 있다는 비판도 받는다.

2) 전천년설

전천년설(premillennialism)은 천년왕국론을 대표하는 견해로서 특정한 수식어 없이 천년왕국이라고 말하면 대개 전천년설을 지칭할 정도로 보편화되어 있다. 전천년설은 그리스도께서 재림하셔서 부활한 성도들과 함께 직접 세상을 천 년 동안 다스린다고 주장한다. 그러니까 재림이 천년왕국 이전에 일어난다는 것이다.

이 견해는 요한계시록 20 : 4~6을 문자적으로 이해하는데, 적어도 두 번의 부활이 있어야 한다. 후천년설과 정반대로 역사를 비관적으로 본다. 역사가 발전한다는 사상을 배격하고, 따라서 인간의 노력에 기대하지 않고, 오직 예수 그리스도의 재림에 의한 역사의 격변을 기대한다. 역사의 진행과 더불어 세상은 점점 더 악해질 것이다. 재림 직전은 최악의 상황이 될 것이다. 말세에 적그리스도가 강하게 활동하여 교회를 심히 박해하고, 악이 증가하고, 세상은 파국으로 치달을 것이다. 그때 그리스도께서 재림하여 천 년 왕국을 건설하시고, 부활한(첫째 부활) 성도들이 천 년 동안 지상에서 그리스도와 함께 통치할 것이다. 천 년이 지나면 사탄이 재기하여 일시적으로 광포가 나타난다. 이때 악인들이 부활(둘째 부활)한다. 대전쟁이 일어나고 그리스도께서 승리하신 후, 사탄과 사탄의 무리들에 대하여 최후의 심판을 하신 다음, 새 하늘 새 땅이 이루어지게 된다.

전천년설은 역사적 전천년설과 세대주의적 전천년설로 나뉘어지는데, 후자가 훨씬 더 문자주의적으로 접근하는 특징을 가지고 있다. 세대주의자들은 천년왕국의 목적이 이스라엘에 대한 하나님의 언약을 성취하는 것, 곧 이스라엘 민족의 회복에 있다고 본다. 그에 비해 역사적 전천년설은 교회를 영적 이스라엘로 간주한다.

전천년설은 많은 사람들이 추종하고 있지만, 알고 보면 성경 및 신학적으로 대단히 큰 문제점을 가지고 있는 사상이라는 사실을 먼저 말하고 싶다. 전천년설에 대한 중요한 비판 몇 가지만 말하고자 한다.

첫째, 예수님의 재림과 종말 사이에 천 년이라는 상당한 시간적 간격을 설정하였는데, 성경적 근거가 명확하지 않다. 오히려 성경은 예수님이 재림하시면 곧 바로 최후의 심판이 있고 하나님의 나라가 완성된다고 말하고 있음을 지적할 수 있다. 둘째, 천년왕국이 왜 필요한지 설명되지 않는다. 그리스도인이 희망하는 것은 이 땅에서의 천년왕국이 아니라 하나님의 나라다. 이 세상의 삶과 영원한 하나님 나라의 삶 사이에 과도기적인 천년왕국이 존재해야 할 필요가 무엇인가? 성도라면 천년왕국이 아니라 곧바로 하나님의 나라에 들어가는 것이 더 좋을 것이다. 셋째, 천년왕국 후에 왜 사탄이 재기해야 하는지 이해하기 힘들다. 천년왕국은 예수님께서 세상의 왕이 되셔서, 부활한 거룩한 성도들과 함께 통치하시는 나라다. 재림하신 예수께서 천 년이라는 긴 시간 동안 통치하시셨는데, 그 나라의 마지막에 이르러 그리스도를 대적하는 수많은 무리가 어떻게 갑자기 생겨난다는 것인지 설명하기 힘들

것이다. 넷째, 전천년설이 말하는 천년왕국은 부활한 성도들이 변화되지 않은 지상에서 죄인들을 다스리는 나라다. 다스리는 자들인 부활한 성도들은 다시는 죽지 않는 자들인데 비하여, 다스림을 받는 자들은 시집가고 장가가고 또 아이들을 생산하고 죽고, 그 자자손손이 태어나 죽고 한다는 것은 참으로 이상한 현상이 아니겠는가? 그러므로 전천년설은 언뜻 성경을 문자적으로 잘 대변하고 있는 듯하지만, 좀 더 생각해 보면 대단히 비현실적인 견해라는 것을 알 수 있다.[18]

베드로는 그리스도의 재림을 기다리는 그리스도인들을 위로하면서 베드로후서를 썼는데, 이 편지에 천년왕국에 대한 암시조차 없다. 그는 심판과 멸망 그리고 새 하늘과 새 땅으로 위로할 뿐이다. 바울도 모든 서신서에서 종말론을 언급하면서도 전천년설에 대해서는 아무 말도 하지 않았다는 것을 염두에 두어야 할 것이다.

3) 무천년설

천년왕국론의 세 가지 유형에서 후천년설과 전천년설은 앞에서 본 바처럼, 문제가 적지 않아서 받아들이기 힘들다는 것을 알 수 있다. 그렇다면 우리가 수용할 수 있는 것은 무천년설(amillennialism)밖에 남지 않았다. 장로교 혹은 개혁교회는 대체로 무천년설의 입장을 취하고 있는데, 이것은 지상에서의 천년왕국은 없다고 보는 견해다. 흔히 무천년설은 예수님의 재림을 부인하는 견해로 알려져 있는데, 이것은 완전한 오해다. 오히려 예수님의 재림이 지상의 천년왕국과 아무 상관없이 오리라는 것을 가르친다.

---

18) 로이드존스에 의하면 개신교의 모든 위대한 신앙고백들은 전천년설을 정죄했다. 참조, M. Lloyd-Jones, 323.

이 견해에 의하면, 천년왕국론의 핵심 성경구절인 요한계시록 20장 앞부분은 교회 역사의 마지막 기간에 대한 언급이 아니라 교회 역사 전체에 대한 조망이다. 천 년이라는 기간이 성경의 다른 곳에서는 언급되지 않았다는 사실을 주목한다. 무천년설은 후천년설과 마찬가지로 요한계시록 전체를 매우 상징적인 책으로 보고, 따라서 문자적으로 취급해서는 안 된다고 본다. 천 년이라는 기간도 상징, 곧 승리를 의미하는 언어로 이해한다.

회커마는 무천년설의 일종으로서 실현된 천년왕국을 주장했다.[19] 그는 그리스도와 성도들의 천 년의 통치가 지상의 역사 속에 일어나는 것이 아니라 하늘에서 일어나는 것으로 보았다. 천년왕국의 가장 중요한 본문인 요한계시록 20 : 4의 보좌는 지상의 것이 아니라 하늘에 있는 보좌다.[20] 따라서 천년왕국은 죽은 성도들의 영혼이 하늘에서 그리스도와 더불어 왕 노릇 하는 것을 가리킨다. 그러므로 그 시기는 예수님의 재림 이후가 아니라 교회시대와 같다. 지상에는 그리스도를 머리로 하는 교회가 복음을 전하며 하나님의 나라를 위하여 활동하고 있고, 하늘에서는 성도들의 영혼이 그리스도와 더불어 왕 노릇 하는데, 그것은 예수께서 재림하실 때까지 계속될 것이다. 주님이 재림하시면 지상에서 천년왕국이 세워지는 것이 아니라 하나님의 나라, 새 예루살렘 성이 세워진다. 회커마의 견해 중에서 '하늘에 있는 성도들의 영혼'을 '하늘에서 부활한 성도'로 수정하면, 죽음 안에 있는 부활 교리와 일치한다는 것을 알 수 있다. 하늘에는 의인들의 영혼이 육체 없이 사는 것이 아니라, 죽을 때 부활한 의인들이 보좌에 앉으신 주님과 더불어 지상의 왕들이 누리는 것과 비교할 수 없는 영광을 누리고 있는 것이다.

21세기 초반인 현재 한국 교회의 목회자들에게 대단히 큰 관심의 대상이

---

19) Hoekema, 319.
20) William Hendricksen, 오성종 역, 「내세론」(서울 : 새순출판사, 1978), 198 - 199.

되고 있는 것이 요한계시록이다. 한국 교회를 어지럽히는 이단들이 요한계시록을 가지고 수많은 성도들을 미혹하고 있기 때문에 교회를 지키기 위한 목적으로 더욱 그렇게 되었다고 볼 수 있다. 그런데 요한계시록 해석이 대체로 전천년설의 틀 안에서 이루어지고 있는 것을 본다. 전천년설은 앞에서 살펴본 것처럼, 성경적으로, 또 신학적으로 바른 교리라 할 수 없다. 개혁교회의 전통을 따라 지상에서의 천년왕국을 희망하기보다는 예수 그리스도의 재림과 함께 실현되는 하나님의 나라를 희망하는 것이 올바른 종말신앙이다.

5. 예수 그리스도의 재림

이 세계의 창조주이신 하나님의 아들이 이 지구에 오신다는 것은 어마어마한 사건이다. 알고 보면 이 지구의 희망은 오직 하나님의 아들이신 그리스도에게 달려 있기 때문이다. 그리스도는 그의 왕국을 시작하기 위하여 초림하셨고, 그 왕국을 완성하기 위하여 재림(Second Coming)하실 것이다. 로이드존스 목사에 의하면, 성경의 삼십 분의 일은 재림에 관한 언급이다. 베들레헴에서 아기로 초림하신 그리스도에 대하여 한번 언급할 때마다 주님의 최후의 재림에 대해서는 여덟 번의 비율로 언급한다.[21]

주님이 재림하신다는 것은 주님 자신이 실제로 오신다는 것을 말한다. 주님의 가르침과 삶이 역사에 끼친 영향력을 가리키지 않는다. 그리스도는 교회를 만드셨고, 교회의 삶에 영향을 끼치셨으며, 교회를 통해 세상에 영향을 끼치셨다. 그러나 그에 더하여, 신약성경은 주님 자신이 장차 오신다는 것을

---

21) Lloyd - Jones, 138 - 9.

가르친다.[22] 주님이 재림하신다는 것은 성령강림을 가리키는 것도 아니다. 영적으로 임하시는 것을 가리키는 것도 아니다. 여호와의 증인은 1914년 10월에 예수께서 영적으로 이미 재림하셨다고 주장한다. 그러나 신약성경은 예수께서 육체적으로 재림하실 것이라 약속하였다. 승천하실 때의 모습과 동일한 모습으로, 즉 가시적으로 오실 것이라 약속하였다(행 1 : 11 ; 마 24 : 30). 주님의 재림은 불예측적인 성격을 가진다. 그때가 언제인지 도무지 알 수 없다는 것이다(마 24 : 37 ; 살전 5 : 2-3 ; 마 25 : 1-13). 그것을 계산하거나 계시를 통해서 알 수 있다는 전제에서 활동하는 시한부재림론자들의 주장은 성경적으로 지지받을 수 없다. 또 재림은 영광스러운 승리의 사건이 될 것이다(마 24 : 30 ; 살전 4 : 16 ; 마 25 : 31-46). 초림은 말구유에 누인 아기의 모습으로 혹은 섬기는 종의 모습으로 오셨지만, 재림은 능력과 영광 가운데, 천사장의 소리와 나팔 소리를 울리며, 심판주로서 오시는 것이므로, 초림과 분명한 차이가 있음을 알 수 있다.

1) 재림 기대의 상실

그리스도의 재림에 대한 기대가 초대 교회의 특징이었다. 그런데 현대 교회에서 그러한 특징을 발견하기는 쉽지 않다. 오늘날 그리스도인들이 재림에 대한 기대를 상실하고 있는 이유가 무엇일까? 무엇보다도 물질적이며 세속적인 것들에 연연하고 있기 때문이다. 이것은 교회의 세속화의 결과일 것이다. 세상의 가치관이 교회 안으로 물밀듯 들어온 결과, 그리스도인의 가치관이 세상 사람들의 그것과 큰 차이가 없어진 것이다. 그래서 예수님이 오셔

---

22) Lloyd - Jones, 148.

야 할 필요성을 못 느끼고, 재림을 기다리기는커녕 오히려 은근히 두려워할 정도가 되었다. 현 세상에서 누리고 있는 즐거움이 만만치 않기 때문이다.

설령 재림하시는 주님을 사모하는 마음은 있다 할지라도, 과연 재림이 실제로 일어날 수 있을까에 대한 회의가 많은 그리스도인에게 자리 잡고 있다. 지난 2천 년 동안 재림을 고대하던 사람들은 결국 그날을 보지 못하고 죽어갔다는 것이다. 그렇게 오랫동안 일어나지 않은 재림이 자기가 사는 시대에 일어날 것이라고 어떻게 믿을 수 있겠느냐는 것이다. 그래서 재림이 설령 일어난다 할지라도 나의 삶과는 무관할 것이라는 막연한 생각이 그리스도인들을 사로잡고 있을 가능성이 크다. 결과적으로 현대 그리스도인들은 재림을 기다리지 않는 것이다.

재림을 기다리지 않는 데는 성경적인 이유도 있다고 한다. 곧 예수님은 승천하실 때 머지않아 곧 재림하신다고 약속하셨는데, 너무도 오랫동안 재림이 지연되었다는 것이다. 그러므로 곧 재림하신다는 예수님의 약속, 성경에 기록된 그 말씀은 신빙성이 상실되었고, 그 결과 그리스도인들이 재림을 기다리는 것을 포기하고 더 이상 기다리지 않게 되었다는 것이다. 여기서 문제는 "과연 예수님은 그렇게 짧은 시간 내에 재림하신다고 약속하셨는가?"이다. 그리스도께서는 정말로 당시 청중들의 세대 중에 오실 것이라고 예언하셨는가? 사도 바울과 초대 교회가 참으로 재림이 불과 수십 년 내에 일어날 것이라고 생각하였는가? 만약 이것이 사실이라면 현대 그리스도인들이 재림을 기다리지 않게 된 것을 그리 탓할 수 없을 것이다. 이에 대하여 좀 더 살펴보자.

공관복음은 재림의 시기에 대하여 세 가지 유형의 말씀들을 기록하고 있다. 첫째는 임박한 재림, 둘째는 지연된 재림, 셋째는 재림 시기의 불확실성이 그것이다. 임박한 재림에 대하여 말하는 구절들은 대략 마가복음 9 : 1

(마 16 : 28 ; 눅 9 : 27), 마가복음 13 : 30(마 24 : 34 ; 눅 21 : 32), 그리고 마태복음 10 : 23 등이다. 이 말씀들이 과연 임박한 재림을 말하고 있는가를 알아보기 전에 주목해야 될 예수님의 말씀이 있다. 그것은 "그러나 그날과 그 때는 아무도 모르나니 하늘에 있는 천사들도 아들도 모르고 아버지만 아시느니라"(막 13 : 32 ; 마 24 : 36)이다. 즉, 예수님은 자기의 재림의 시기를 알지 못하셨다. 그러므로 다른 어떠한 말씀도 재림의 시간을 정확하게 나타내고 있는 구절로 해석할 수 없다는 대전제를 잊지 말아야 하겠다. 한편, 지연된 재림에 대하여 말하는 구절들은 공관복음서에 매우 많이 나온다는 사실을 생각해야 한다.[23] 결국 이 말씀들은 예수님의 재림이 상당한 기간이 흐르지 않고서는 일어나지 않을지도 모른다는 가능성을 남겨 두었다.

재림 시기에 관한 신약성경 말씀은 이렇게 정리할 수 있다. 첫째, 그리스도의 재림의 정확한 시기는 알 수 없다. 그러므로 우리는 항상 준비하고 경성해 있어야 한다. 즉, 깨어 있어야 한다는 말씀이 항상 강조되고 있다. 둘째, 예수님은 우리에게 정확한 재림의 날짜는 정해 주시지 않았으나 재림의 확실성에 대해서는 말씀하고 계셨다. 즉, 언제 오실지는 알 수 없으나, 반드시 오신다고 약속하셨다는 것이다. 셋째, 신약 저자들에게 있어서 그리스도의 재림의 임박성은 연대기적인 가까움이 아니라 구속사적 가까움이다. 다시 말해서 그리스도의 재림이 너무도 확실하기에 그것은 어떤 의미에서 항상 가까이 있는 것이다.

---

23) 여기에 해당되는 구절들은 대략 다음과 같다. 마 24 : 14 ; 막 14 : 7, 9 ; 막 13 : 7 ; 눅 19 : 11 ; 마 25 : 19 ; 눅 12 : 45 ; 마 25 : 5 ; 마태복음 13장의 비유들, 곧 가라지 비유, 겨자씨 비유, 누룩의 비유 등.

2) 재림신앙의 중요성

예수 그리스도의 재림을 기다리는 신앙을 특별히 재림신앙이라고 말한다. 초대 교회 성도들은 뜨거운 재림신앙을 가지고 있었으나 현대 그리스도인들에게는 재림신앙이 희미해졌음을 앞에서 이야기하였다. 재림신앙이 약화된 것이 그렇게 큰 문제라고 할 수 있을까? 재림신앙의 중요성이 무엇일까?

재림에 대한 기대가 교회에서 사라진 중요한 한 원인은 소위 종말론적 이단들이 잘못된 재림론을 가르쳐 왔기 때문이다. 잘못된 재림론의 특징은 재림하실 주님을 기다리는 방법과 관련되어 있다. 재림이 임박했다는 가르침이나, 재림을 간절하게 기다리게 하는 것 그 자체는 전혀 문제가 없고 매우 바람직한 것이다. 그러나 재림에 대한 기다림이 세상에서의 과제를 방기하게 만들고, 마냥 하늘만 쳐다보게 만든다면 그것은 큰 오류다. 그러한 가르침이 비생산적인 타계(他界)주의로 반박을 받는다. 내세에 대한 기대가 현세의 책임을 등한히 하게 만든다면 그것은 잘못된 것이다.

올바른 재림론, 혹은 재림신앙은 현세의 책임을 더욱더 성실하게 이행하도록 만든다. 내일이 없다면 오늘 아무렇게 살 수 있다. 이 세상이 끝이라고 보기 때문이다. 그러나 내일이 있다면, 다시 말해서 주님이 재림하시고, 재림하실 주님이 이 세상을 심판하시고, 또 나를 심판하신다면, 아무렇게 살 수 없을 것이다. 재림하실 주님은 심판주이시다. 주님은 재림하셔서 우리의 살아온 모든 것을 평가하실 것이다. 평가하시고 그에 따라 보상하실 것이다. 그렇다면 우리는 재림하실 주님을 의식하고, 그분이 기뻐하시고 칭찬하실 만한 삶을 살기 위해 노력하게 될 것이다. 이처럼 올바른 재림신앙은 그리스도인이 이 세상에서 올바른 시민으로서의 삶을 살도록 결정적인 동력을 제공하는 것이다.

재림신앙은 항상 현세의 삶을 어떻게 살아야 하는지에 대한 가르침과 결부되어 있다. 아무렇게 살더라도 주님이 재림하시는 순간 요행히 잠자지 않고 깨어 있다가 주님을 맞이하면 다 되는 것이 아니다. 재림하실 주님을 기다린다고 하늘만 쳐다보다가 공중에서 재림하시는 주님을 제일 먼저 발견하면 큰 상을 받는 것이 아니다. 육안으로 하늘을 쳐다볼 필요가 없다. 주님이 원하시는 것은 달란트 비유, 므나 비유에서처럼, 주인이신 예수 그리스도께서 당부하신 일을 우리가 이 세상에서 최선을 다하여 성실하게 감당하는 것이다. 그렇게 한다면 설령 구름을 타고 강림하시는 예수님을 육안으로 일찍 보지 못하는 일이 있다 한들 아무 문제가 되지 않는다. 열 달란트, 열 므나를 남김으로 칭찬받은 종처럼 주님의 칭찬과 상급을 받을 것이기 때문이다.

재림에 대한 기다림, 곧 재림이 아주 가까이 온 것으로 의식하는 것은 현재의 삶에 대단히 긍정적인 의미를 부여한다. 그것은 이생에 대한 책임을 약화시키는 것이 아니라 오히려 증진시킨다. 예수님의 재림이 사실상 몇 천 년 이후의 일이 된다 할지라도 그것을 아주 가까운 사건으로, 임박한 사건으로 믿는 것이 성경적인 재림신앙이다. 그것은 우리로 하여금 세상의 빛과 소금의 역할을 더 잘하게 만든다. 주님을 기다리면서 깨어 있다는 것은 생물학적으로 잠을 자지 않고 있다는 것이 아니다. 영적으로 깨어 있음을 의미한다. 주님의 오심을 기다리면서, 주님이 칭찬하실 만큼, 이 세상에서 우리가 할 일을 성실하게 하는 것이 영적으로 깨어 있는 것이다. 그리스도인답게 거룩하게 사는 것이다. 그러므로 주의 재림에 대한 기대는 거룩한 삶을 강화하는 역할을 한다. 재림에 대한 기다림이 경건하고 성실한 그리스도인을 만든다.

3) 재림신앙과 기독교의 본질

재림신앙은 단순히 예수 그리스도의 재림 사건이 실제로 일어나느냐 하는 것 못지않게 그 신앙에 담긴 의미가 중대하다. 재림신앙의 의미는 크게 두 가지로 설명할 수 있다. 하나는 나 중심에서 그리스도 중심의 신앙으로의 중심 이동을 나타낸다. 재림을 기다린다는 것은 그리스도의 영광을 기다린다는 뜻이다. 예수께서 하늘로부터 내려오시면 세상의 모든 영광은 소멸되고 오직 예수 그리스도의 영광만이 빛나게 될 것이다. 소멸하게 될 세상의 모든 영광 중에는 그동안 나 중심으로 구축해 놓은 나의 모든 영광도 포함된다. 그러므로 참으로 우리가 예수 그리스도의 재림을 대망한다면 자기의 영광을 기대하거나 도모하지 않을 것이다. 그런 의미에서 재림신앙은 곧 그리스도 중심적 신앙을 가리킨다.

둘째, 재림신앙은 현세 중심에서 내세 중심의 삶을 산다는 것을 의미한다. 재림을 기다리는 것은 현세에 삶의 목표를 두지 않는다는 뜻이다. 세상의 재물, 권력, 명예, 업적, 인기, 인간관계 등을 목표로 살지 않는다. 삶의 목표는 하늘에 있다. 하늘에 계시는 예수 그리스도, 곧 이 세상에 오실 예수 그리스도에게 모든 목표를 둔다. 칼뱅은 누가복음에 나오는 "일어나 머리를 들라"(눅 21 : 28)는 말씀을 자주 언급했다. 이 땅에 소망을 두지 말고 머리를 들고 하늘을 바라보는 삶, 곧 소망을 하늘에 두는 삶을 살아야 한다는 것이다. 그가 말하는 하늘은 곧 내세를 가리킨다. 우리는 이 세상 후에, 내세에 하늘나라에서 영원히 살게 될 것이기 때문이다.

셋째, 재림신앙은 기독교의 본질이 무엇인가를 분명하게 제시한다. 기독교와 다른 종교의 큰 차이는 진리관에 있다. 다른 종교들은 어떤 개념이나 사상을 진리라고 주장한다. 예를 들면 타종교는 진리를 공(空), 무(無), 도

(道), 인(仁) 등으로 표현한다. 공자나 부처는 그저 진리를 깨닫고 그것을 가르쳐 준 선생님일 뿐이다. 유교에서 공자나, 불교에서 부처는 진리가 아니라 진리로 안내하는 자다. 그런데 기독교의 진리는 그런 개념이나 사상이 아니다. 기독교에도 사랑, 은혜, 의(義) 등의 개념도 있고, 믿음으로 의롭다 함을 얻는다는 등의 사상이 있지만, 그것이 본질적인 진리가 아니다. 기독교의 진리는 그런 개념이 아니라 한 인격이다. 바로 예수 그리스도가 진리다. 그래서 기독교는 교리의 종교가 아니라 한 인격의 종교라고 말할 수 있다. 재림신앙은 진리 자체인 예수님을 기다리는 것으로서 기독교의 본질을 지시하는 것이다.

그러므로 예수 그리스도의 재림을 기다린다는 것은 어떤 일부 그리스도인들의 특징이라고 말할 수 없다. 그가 참으로 그리스도인이라면 예수님의 재림을 대망할 수밖에 없다. 만약 재림에 대한 기다림이 없거나 그에 대한 관심이 없다면 그는 예수님을 참으로 믿는 사람, 혹은 올바로 믿는 사람이 아니라고 단정할 수 있다.

6. 최후의 심판

종말론에 속한 여러 주제 가운데 현대인들이 가장 싫어하는 것이 있다면 그것은 최후의 심판(Final Judgment)에 관한 교리일 것이다. 그러나 심판 교리는 대단히 중요하다. 그것이 다른 모든 교리들을 뒷받침해 줄 뿐만 아니라 그리스도인으로서 경건한 삶을 살도록 촉구하는 역할을 감당하기 때문이다.

1) 심판 개념을 기피하는 현대 그리스도인

현대 그리스도인들조차 심판이라는 주제를 기피하는 데는 자유주의적 신학의 부정적 영향이 적지 않다. 자유주의 신학의 한 가지 특징은 하나님의 사랑을 강조하는 반면, 하나님의 정의를 약화시키는 것이다. 죄인을 사랑하시는 하나님에 근거하여 심판을 하나님과 맞지 않는 것으로 치부한다. 예수님은 죄인을 구원하기 위해 오셨지 심판하기 위해 오신 것이 아니라는 것이다. 그러나 그런 주장은 성경의 하나님을 온전히 말한 것은 아니다. 심판을 말하더라도 최후의 심판만은 부정하는 그리스도인이 적지 않다. 그 이유는 심판을 하나의 교정 수단으로 생각하기 때문이다. 즉, 심판의 목적은 형벌 자체에 있지 않고 교정에 있다는 것이다. 교정 수단으로서의 심판과 최후의 심판은 비슷하게 보이지만 전혀 다른 가르침이라 할 수 있다.

사회에서 범죄가 발생하면 사법권이 작동되어 그 범죄자를 체포하고 기소하고 재판하고 감옥에 가두는데 그 감옥을 흔히 교도소라 부른다. 교도라는 것은 착한 사람이 되도록 가르치고 인도한다는 뜻이다. 또 감옥의 존재 자체가 사람들로 하여금 감옥에 가지 않도록 법을 잘 지키게 만든다. 이처럼 세상에서는 범죄자를 교도하고 사회를 선하게 만드는 것이 사법권의 주된 목적일 것이다. 그러나 하늘의 법정은 그렇지 않다. 하늘의 법정은 교도가 아니라 형벌 그 자체가 목적이기 때문이다. 하늘의 법정도 세상의 법정이 그렇듯 하나님의 법을 잘 지키게 만드는 효과가 적지 않다. 그러나 최후의 심판을 세속적 교정 수단의 일종으로 생각하는 것은 거룩하신 하나님에 대한 심각한 오류와 연관되어 있다. 성경이 가르치는 최후의 심판은 선을 위한 수단이 아니라 그야말로 오직 형벌일 뿐이기 때문이다.

물론 성경에도 교정 또는 훈련을 위한 징계나 징벌 이야기가 무수히 나온다. 이 세상에 살아 있을 동안에 받는 징계나 징벌이 그것인데, 그것은 선을 위한 수단으로서 대단히 큰 역할을 한다. 그러나 그것조차도 최후의 심판과 형벌에 대한 예고 또는 맛보기로서 주어지는 것임을 분명히 알아야 한다. 왜냐하면 예수님께서 율법의 일점일획도 없어지지 않고 다 이루어질 것이라고 하셨고, 요한계시록에서는 예언의 말씀 중에 한 자라도 더하거나 빼면 저주를 받을 것이라고 경고하고 있기 때문이다. 이 말씀들은 단순히 선을 위한 징계나 교정이라는 의미를 훨씬 넘어간다. 교정이 아니라 영원한 형벌을 위해서 최후의 심판이 있다는 것이 성경의 가르침이라는 사실을 부정할 수 없다.

하나님은 죄인을 구원하시는 사랑의 하나님일 뿐 아니라 악인을 심판하시는 정의의 하나님이다. 악인의 죄를 전혀 묻지 않는다면 하나님을 어떻게 의로우신 하나님이라 할 수 있겠는가? 세상에서도 어느 정도 정의가 있어서 선한 일을 행한 자에게 상을 주고 악한 일을 행한 자에게 벌을 준다. 불의한 세상도 그러한데 하물며 의의 나라인 하나님의 나라에서 어떻게 의인과 악인을 구분하지 않겠는가? 사랑의 하나님을 지나치게 강조한 나머지 하나님을 죄인과 악인을 용납만 하시는 분으로 생각하는 것은 심각한 오류다. 이 세상에 사는 동안에는 죄인에게 회개할 기회를 주시는 것이 하나님의 성품에 합당하다. 그러나 죽은 이후에도 선인과 악인을 똑같이 대우한다면, 아브라함이 항변한 것처럼(창 18 : 25) 공의로우신 하나님이라 할 수 없을 것이다. 하나님은 사랑이시요, 또 자비로우신 하나님이시지만, 그것을 지나치게 강조하여 심판하시는 하나님, 공의로우신 하나님을 배제하는 지경에 이르면 성경의 진리라 할 수 없다. 교회는 하나님이 사랑의 하나님이심과 더불어 공의의 하나님이심을 균형 있게 가르쳐야 할 것이다.

2) 천국

최후의 심판의 결과는 이중적이다. 천국(Heaven) 아니면 지옥이 그것이다. 최후의 심판을 통하여 인간의 최종적인 운명이 천국 또는 지옥으로 영원히 결정된다는 이 교리는, 그리스도인에게는 가장 환영받는 것이지만 비그리스도인에게는 거의 저주나 다름없는 것이므로 가장 큰 도전을 받는다. 자유주의의 영향을 받은 현대 그리스도인들이 최후의 심판 교리를 기피하는 것처럼, 그 당연한 귀결이겠지만, 천국과 지옥에 대해서도 곧이곧대로 믿지 않는 경향이 있다. 그러나 우리는 천국과 지옥의 교리를 분명하게 알아야 할 필요가 있다. 그것은 축구 경기에 비유한다면 골문을 지키는 골키퍼의 역할을 하기 때문이다.

천국은 하늘나라(Kingdom of Heaven) 혹은 하나님의 나라(Kingdom of God)로 표기되는데, '나라'의 성경적 의미는 영토 또는 장소의 개념과 더불어, 그 이상으로 통치 또는 상태를 가리킨다. 따라서 천국은 하나님의 다스림을 가리키고, 나아가 하나님의 다스림이 실현된 곳을 의미한다. 하나님의 다스림이 있는 어디나 천국이 되는 셈이다. 천국을 사람이 죽어서 이르게 되는 최종적인 상태로 사용하는 경우가 많은데, 이 경우 천국은 하나님의 통치가 완전히 이루어진 상태를 가리킨다. 죽어서 천국에 간다는 것은 바로 이 최종적 상태에 이른다는 뜻이다.

그레샤케(G. Greshake)는 천국을 하나의 사회적 실재로 보았다.[24] 그는 천국을 삶의 완성 혹은 사랑의 완성으로 보았는데, 그것은 다른 사람과의 공동체에서 일어나기 때문이다. 우리는 천국을 나 혼자 올라가서 혼자 살아

---

24) G. Greshake, 심상태 역, 「종말신앙」(서울 : 성바오로출판사, 1980), 111.

가는 곳으로 생각할 수 없다. 천국은 요한계시록이 잘 묘사하고 있는 것처럼 삼위일체 하나님, 천군 천사들, 그리고 흰 옷 입은 구원받은 수많은 성도들이 다 함께 하나님을 찬양하는 곳이다. 아브라함, 이삭, 야곱을 비롯하여 에녹, 모세, 엘리야, 다윗, 세례 요한, 베드로와 열두 사도들 등, 우리가 성경에서 읽은 신앙의 위인들과 교회사의 믿음의 선배들이 영원히 함께 살아가는 사회다.

천국은 죄와 악이 더 이상 없는 곳이다. 범죄자도 없고 교도소도 없는 곳이다. 의와 평강과 기쁨이 완전히 충만한 곳이다(롬 14 : 17). 천국은 하나님이 완전히 임재하신 곳이요, 하나님의 영광이 빛나는 곳이다. 거기에는 하나님에 대한 완전한 지식이 가능하고 완전한 행복이 있는 곳이다. 영생을 누리는 곳이다. 영생은 유일하신 하나님과 예수 그리스도를 아는 것이라 하였는데(요 17 : 3), 천국에 가면 하나님과 예수님에 대한 완전한 지식을 얻을 수 있을 것이다. 우리는 지금 이 땅에서 하나님을 알기 위하여 열심히 공부하지만, 천국에 이르면 하나님을 그저 눈으로 보고 알게 될 것이다.

그러면 누가 천국에 들어가게 되는가? 예수님은 니고데모에게 성령으로 거듭난 사람이 천국에 들어간다고 하셨다(요 3 : 5). 구원받은 사람들이 들어가고, 의인들이 들어가고, 죄 용서를 받은 사람만이 들어가고, 예수 그리스도를 믿는 사람들만 들어가고, 천국의 백성으로 선택받은 사람만 들어간다. 천국으로 들어가는 문이 그렇게 넓지 않다. 인간의 힘으로 그 문에 들어가기는 불가능하다. 부자가 천국에 들어가기는 낙타가 바늘귀로 들어가는 것보다 더 어렵다고 하신 것처럼, 어떤 사람도 자기 노력으로는 천국에 들어가지 못한다. 오직 예수 그리스도를 믿는 믿음이 필요하다. 십자가에 달린 강도를 포함하여 예수님을 믿는 자는 모두 천국에 들어가지만, 아무리 선한 사람이라 칭송을 받더라도 예수님을 믿는 믿음이 없으면 들어가지 못하는 곳이 천국이다.

　천국의 삶에 관하여 두 가지 논쟁되는 이슈가 있다. 하나는 천국에서도 과거를 기억할 수 있느냐 하는 것이다. 천국은 기쁨과 즐거움의 장소인데, 이 세상에서의 슬프고 고통스럽고, 그래서 도저히 다시 떠올리기조차 끔찍한 사건들을 기억하게 된다면, 천국이 어떻게 천국이 될 수 있겠느냐고 질문할 수 있다. 그래서 어떤 사람들은 천국은 과거의 기억이 깨끗이 도말되어, 새 하얀 백지에서 그림을 그리듯이 완전히 새롭게 시작하는 삶이라고 생각한다. 그러나 기억은 깨끗이 지워지면 안 된다. 한 민족의 역사가 없다면 그 민족의 존재도 사라지듯이, 한 개인의 기억이 지워지면 그 개인의 존재도 사라진다. 개인의 정체성은 기억에 달려 있다. 사고로 기억을 잃은 사람이 자기가 누구인지조차 알지 못하는 경우를 본다. 이처럼 우리가 부활하여 천국에 간다면, 이 땅에 살 때의 나에 대한 기억이 있어야만 남이 아닌 바로 내가 부활하여 천국에 있음을 알게 될 것이다. 그러므로 기억을 가지고 천국에 가는 것이 맞다. 그런데 땅에서의 모든 기억을 그대로 가지고 가는 것이 아니라, 옷을 세탁하듯이 기억을 깨끗이 세탁하여 가는 것으로 비유적으로 말할 수 있다. 과거의 군대 생활은 한국 남자들이 겪는 고난의 상징이었다. 그런데 성인 남자들이 공통적으로 가장 즐겨 이야기하는 과거가 바로 군대 생활이다. 군대에서 고생을 제일 많이 한 사람일수록 더욱 신나게 군대 생활을 이야기한다. 두 번 다시 돌아가고 싶지 않지만 그때를 회상하는 것은 즐겁다는 것이 무엇을 말하는가? 이 세상에서의 모진 경험도 천국에서 회상할 때는 즐거운 기억으로 변할 것이다.

　또 하나의 난제는 상급에 관한 것이다. 천국에 가면 참으로 상을 받느냐고 질문한다. 상급이 없다고 하면 상급에 대해 기록한 성경 말씀을 변호하기가 어려울 것이다. 상이 있다고 대답해야 하는데, 그렇다면 곧바로 이런 반문이 생긴다. 천국에 갔는데, 다른 사람은 큰 상을 받고 나는 작은 상을 받았다면, 비교 의식 때문에 그곳이 기쁘고 즐거운 곳이 될 수 없지 않느냐고 말이다. 그렇다고 모두 똑같은 상을 받는 것이라고 하면, 그러면 상으로서의 의미가 없지 않느냐고 할 것이다. 이 문제에 대한 하나의 답으로서 이렇게 말하고 싶다. 상급이 있고, 상급의 차이가 있다. 그러나 그 차이는 객관적인 차이가 아니라 주관적인 인식의 차이이다. 즉, 똑같은 상을 받지만, 그 상을 받는 사람의 기쁨의 정도는 다 다르다는 것이다. 동일한 상을 받고 매우 기뻐 환호하는 사람도 있고, 시무룩한 표정을 지을 사람도 있을 것이다.

우리가 천국에 가면 받을 상을 하나님은 아주 일찍부터 준비해 놓으셨다. 그것을 하나님은 일찍이 아브라함에게 말씀하셨다. "내가 너의 지극히 큰 상급이니라"(창 15:1). 아브라함은 그때 하나님의 말씀을 잘 이해하지 못했지만, 하나님은 대단히 중요한 말씀을 해 주신 것이다. 하나님 자신이 바로 우리의 가장 큰 상급이다. 우리가 천국에 가면 하나님이라는 지극히 큰 상급이 기다리고 있다. 만유의 창조자요 주님이신 하나님이 바로 우리의 하나님이요 우리의 아버지라는 것보다 더 큰 상급이 어디 있겠는가? 다름 아닌 삼위일체이신 하나님이 믿고 구원받은 자들의 최고의 상이다. 이 상급의 가치를 얼마만큼 실감나게 알고 느끼는가는 그 사람의 믿음의 정도에 달려 있는 것이다.

3) 지옥

하나님의 최후의 심판을 받아들이지 않는 사람들이 가장 싫어하는 것이 지옥(Hell)에 대한 가르침이다. 그들은 여러 가지 합리적인 이유를 들며 지옥의 존재를 부정하지만, 신약성경은 단호하고 명백하게 지옥을 말하고 있다. 영원한 불(마 25 : 41), 바깥 어두움(마 8 : 12), 영원한 벌(마 25 : 46), 불과 유황의 고난(계 14 : 10-11), 무저갱(계 9 : 1-2, 11), 하나님의 진노(롬 2 : 5), 둘째 사망(계 21 : 8), 영원한 멸망(살후 1 : 9) 등이 그것이다. 그러므로 우리는 여호와의 증인들처럼 지옥은 없다는 말을 더 이상 하지 말아야 할 것이다.

지옥이 어떤 곳이며 어떤 상태냐는 질문에 대해서는 천국과 정반대로 답변하면 된다. 천국이 하나님이 충만히 임재하신 곳인 반면 지옥은 하나님이 부재하신 곳이다. 하나님의 임재로부터 추방된 상태가 지옥이다. 하나님의 부재를 말할 때 무소부재이신 하나님의 본질에 위배되는 것 같아 거리낄 수 있다. 그러나 하나님의 부재 곧 지옥은 하나님과 아무 관계가 없는 곳이라거나 하나님의 통치에서 벗어난 곳이라고 생각하지 말아야 한다. 지옥조차도 하나님의 통치에서 벗어나지 못한다. 하나님은 부정적으로, 곧 어두움으로 지옥을 통치하신다.

지옥은 이 세상에서 당하는 최악의 운명과 비교할 수 없이 비관적인 곳이다. 보다 나은 상태로 변화될 희망이 전혀 없는 곳이기 때문이다. 최후의 심판은 그야말로 최종적인 운명을 결정하는 사건으로서, 한 번 결정되면 그 다음에 변경될 가능성이 없다. 일단 지옥에 가지만 언젠가는 마침내 구원된다고 하는 만인구원론이나 지옥에서도 다시 구원받을 두 번째 기회가 있다는 사상은 거부되어야 한다. 천국에서의 영생이 영원하듯이 지옥의 형벌은 영원히 지속되는 것이다.

불의한 자를 지옥으로 보내시는 하나님이 참으로 의로운 분이 맞느냐는 것은 지옥 교리를 거부하는 사람들의 단골 메뉴다. 그러나 지옥에도 불구하고 하나님은 의로우신 분이며, 오히려 지옥이 있으므로 하나님의 의로우심이 드러난다고 할 수 있다. 하나님은 의로우시므로 불의와 함께 거하실 수 없는 것이며, 또 불의는 의로우실 뿐만 아니라 의 자체이신 하나님 가까이에 있을 수 없는 것이다. 불의한 자를 지옥에 보내시는 것밖에 다른 방법이 없다면 하나님의 전능하심이 손상을 입는 것 아니냐는 질문에 대해서는, 하나님의 전능이 모든 것을 다 행하심을 의미하는 것은 아니라고 답할 수 있다. 간단히 말하면, 하나님은 불합리한 것을 행하실 수는 없는 분이다. 하나님이 의로우시면서 동시에 불의하실 수는 없는 것이 아닌가? 죄인이 끝까지 하나님을 거역한다면 그가 하나님과 함께 거할 수 없는 것은 당연하지 않는가? 지옥에 빠지는 사건은 두 가지 측면에서 설명할 수 있다. 하나님이 불의한 자를 지옥에 보내시는 측면이 있는 반면, 또 다른 측면은 불의한 자가 스스로 의로우신 하나님을 기피하는 것이다.

천국의 상급을 논할 때, 동일한 상급을 받지만 그것이 각 사람에게 주는 행복은 다 다를 것이라고 한 것처럼, 지옥의 형벌도 같은 원리로 설명할 수 있다. 지옥의 형벌에도 등급이 있다는 것이다. 여기에 대해서 아우구스티누스가 재미있는 설명을 한 적이 있다. 악한 행적의 심각한 정도에 따라 지옥의 영원한 불이 더 괴로운 사람들과 덜 괴로운 사람들이 있을 것이라는 것이다. 이것은 각 사람의 행적에 따라 불 자체의 온도가 다르거나, 온도는 같으면서도 고통을 느끼는 정도가 사람에 따라 다르기 때문이라고 하였다.[25]

4) 만인구원론에 관하여

만인구원론은 모든 죄인들이 궁극적으로 구원을 받는다는 이론으로서 구원론과 종말론에 걸쳐 있는 난제에 속한다. 20세기 후반에 몰트만이 이 주

---

[25] Augustinus, *de civitate Dei*, 21, 16.

제를 과감하게 들고 나와 논쟁의 불을 지폈는데, 사실 이것은 바르트의 예정론이 등장했을 때 이미 뜨거운 논쟁을 예고하고 있었다. 몰트만은 모든 사람이 구원받는다는 만인구원을 넘어서 모든 피조물이 다 구원을 받는다는 만유구원론을 주장하였다. 김명용에 의하면 몰트만의 만유구원론은 바르트의 은총의 선택론과 객관적 화해론에 나타난 만인을 구원하시려는 하나님의 의지를 구현화한 이론이다.[26]

만인구원론 논쟁의 핵심은 지옥이 궁극적으로 어떻게 될 것인가에 있다. 만인구원론은 지옥은 있고 오래 지속될 것이지만 문자적으로 영원하지는 않다고 말한다. 지옥은 죄인을 충분히 형벌한 다음에 그 역할을 다하고 문을 닫을 것이고, 지옥에 들어갔던 사람들은 모두 구원받아 천국으로 가게 된다는 것이다. 그렇게 보아야 하는 많은 이유가 있는데, 주목할 만한 것은 대략 다음과 같다. 영원한 형벌에서의 영원을 나타내는 성경언어인 헬라어 아이오니오스(aionios)와 히브리어 올람(olam)은 헬라적인 절대적 영원이 아니라 단지 긴 시간을 가리킨다는 것, 그리스도에 대한 인간의 불신보다 인간을 구원하고자 하시는 하나님의 구원 의지가 더 강하다는 것, 죄인을 심판하시는 분은 십자가에 달리신 은총의 하나님이라는 것 등이다.

만인구원 내지 만유구원에 대한 희망은 십자가에 계시된 하나님의 무한한 사랑의 지평을 잘 보여 주고 있는 점에서 긍정적인 면이 있다. 그러나 천국과 지옥의 균형 및 지옥의 영원성을 명시적으로 말하고 있는 성경의 제한을 돌파하기는 어려울 것인데, 왜냐하면 성경은 만인구원론 보다 이중심판이라는 교회의 전통을 더 지지하고 있는 것으로 보이기 때문이다. 한편 만인의 구원에 대한 논쟁은 그 자체보다도 더 중요한 주제로 우리의 관심을 이

---

[26] 김명용은 몰트만의 만유구원론을 구원론의 새로운 지평을 연 것으로 평가하며 자세히 소개하고 있다. 참조, 김명용, 283 - 315.

끝났다. 그것은 하나님의 사랑과 공의의 관계 및 하나님의 의지와 인간의 의지와의 관계에 관한 것이다.

만인에 대한 하나님의 사랑과 구원의 의지가 분명히 있다. 또 죄에 대한 형벌로 대표되는 하나님의 공의가 있다. 만인구원론은 전자가 후자보다 더 강하다고 보고 있는데, 성경적으로 입증할 수 있느냐 하는 문제가 있다. 인간의 의지보다 하나님의 의지가 더 강하다는 것은 두말할 필요가 없겠지만, 그것을 구체적으로 한 개인에게 단순히 적용할 수는 없다는 사실을 고려해야 한다. 하나님은 전능하시지만 개인의 선택권을 침해하시지 않는 것으로 보이기 때문이다. 하나님은 인간을 책임적인 존재로 만드셨기 때문에, 인간이 끝까지 그리스도를 받아들이지 않는다면, 하나님의 구원 의지에도 불구하고 영원한 지옥은 불가피한 것이 아닐까?

만인구원론은 종교개혁자들의 위대한 재발견인 이신칭의론과 다소 불편한 관계가 있는 듯하다. 이신칭의는 오직 믿음으로 의롭다 함을 얻는다는 것으로 믿음의 중요성을 극대화한 진리다. 이에 비해 만인구원론에서는 믿음의 중요성이 상대적으로 약화되고 있다. 개혁신학은 죄인을 위해 십자가에 달리신 그리스도를 믿음으로 구원을 얻는 진리를 그 토대로 하고 있다. 그리스도의 십자가와 개인의 믿음이 균형을 이루고 있다. 그에 비해 만인구원론은 십자가를 강조하는 반면, 개인의 믿음은 상대적으로 약화시키고 있는 것으로 보인다. 만인구원론은 신약성경이 증언하는 예수님의 가르침의 본질이 무엇인지 다시 한 번 깊이 생각하게 만든다.

7. 결론

　그리스도인의 신앙은 종말론적 신앙이고, 그리스도인의 삶은 종말론적 삶이다. 종말은 마지막일 뿐만 아니라 새로운 시작이며, 희망이요, 궁극적으로는 하나님 자신이다. 그리스도인은 종말론적 신앙으로 살기에 힘써야 한다. 그리스도인은 죽음으로써 사라지는 것이 아니라 새로운 삶을 시작한다. 죽음이라는 문을 열고 부활과 영원한 삶의 세계로 들어간다. 부활하기 위하여 역사의 마지막 날까지 기다릴 필요가 없다. 예수님이 바로 부활이요 영원한 생명이므로, 예수님을 믿는 자는 부활과 영생을 이미 얻은 것이며, 죽을 때는 부활 생명으로 하나님의 나라에서 그리스도와 함께 거하다가, 장차 그리스도께서 이 세상에 다시 오실 때 그와 동행하게 된다. 그리스도의 다시 오심에 대한 기다림이 우리로 하여금 이 세상에서 경건하고 성실한 삶을 살게 만든다. 하나님은 의로우신 분이므로 반드시 심판하신다. 우리는 모든 사람들의 구원을 위하여 복음을 전하고 기도하기에 힘써야 한다.